Günter Mosler

Geboren in Schlesien

Eine Familiengeschichte

Autobiografie

Herausgeber: Verlag DeBehr, Radeberg
Erstauflage: 2018
ISBN: 9783957535276

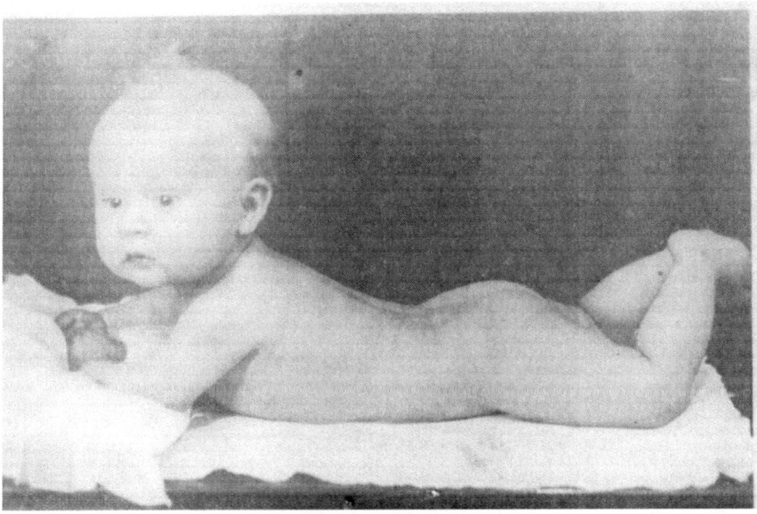

Günter Mosler, Jahrgang 1934

Inhaltsverzeichnis

Meine Kinderjahre bis 1948

Am 19. Februar 1934 erblicke ich das Licht der Welt in Mikultschütz/Oberschlesien in einer Grubenarbeiterfamilie, Vater Franz, Jahrgang 1907, Mutter Hildegard, Jahrgang 1912, Hausfrau. Geschichtlich gesehen bin ich 20 Tage nach der Machtergreifung der Nationalsozialisten unter Adolf Hitler in Deutschland geboren. Deutschland im nationalsozialistischen Rausch!

12.10.1933, Hochzeit meiner Eltern

Wir sind Christen katholischen Glaubens, meine Mutter streng gläubig, mein Vater mäßig, sechs Tage nach meiner Geburt werde ich getauft, so die Empfehlung des Pfarrers in der Laurentius-Kirche zu Mikultschütz.

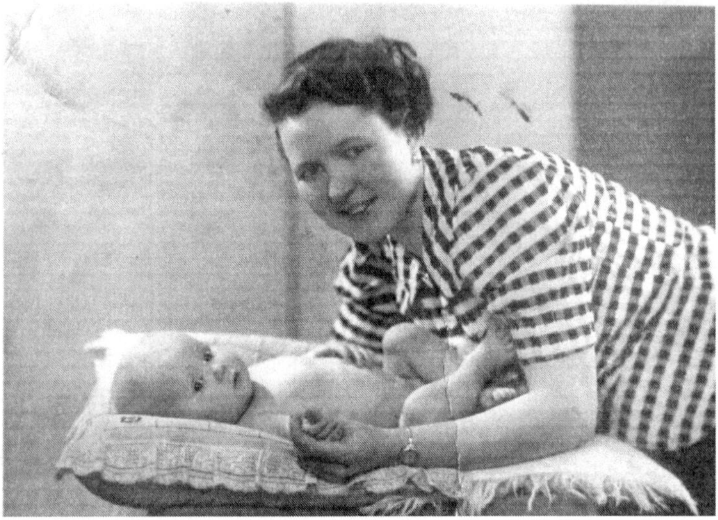

Ich, Günter, von Mutter behütet, Februar/März 1934

Die Taufe ist das erste und grundlegende Sakrament, durch das ein Mensch in die Glaubensgemeinschaft der Christen aufgenommen wird. Das Morgen-, Mittag- und Abendgebet lerne ich schnell, meine Mutter achtet darauf, meine Eltern sind nicht politisch gebunden, mein Vater verfolgt den politischen Tagesablauf.

Mit Erlass des Oberpräsidenten in Breslau vom 19.12.1935 wird Mikultschütz umbenannt in Klausberg. Von den Turbulenzen der 1920er Jahre erholt sich Deutschland politisch und wirtschaftlich, es wird viel gebaut, u. a. die Autobahn Beuthen – Gleiwitz am Rande von Klausberg, Staatsaufträge werden vergeben an Industriebereiche zur Aufrüstung des Reiches, die Wehrpflicht wird 1935 gesetzlich eingeführt. Deutschland steuert auf eine Diktatur und Krieg zu.

1935

Auf dem Parteitag 1936 verkündet Adolf Hitler, dass die Zahl der Arbeitslosen von 1933 bis 1936 von 6 Millionen auf 1 Million zurückgegangen ist.

Am 22.8.1937 kommt mein Schwesterchen Dorothea Maria zu Hause zur Welt, ich rühre mich nicht von der Seite der Neugeborenen, es macht mir Spaß zuzusehen, wie die Hebamme und später Mutter das kleine Wesen versorgt. Gerufen wird die Kleine Dorothea, Dorele, Dorchen, Dorota, weit später, wenn

Mutter auf Hochtouren ist, „Dora, du Biest“, ich werde meine Schwester Dorota nennen.
Unter vielen Menschen in Deutschland breitet sich Zufriedenheit aus, zu ihnen zählen auch meine Oma, Opa August, ihre Kinder haben Arbeit, bringen Geld ins Haus, die Lebensqualität hat sich gebessert. Langsam verblassen die schrecklichen Erinnerungen an den I. Weltkrieg 1914 bis 1918 und die Folgen danach. Am Sonntag zum Frühstück kann Oma warme Wurst servieren, sie kann dem Opa August und Söhnen belegte Brote mitgeben zur Arbeit, überalterte Bekleidung kann erneuert oder ausgetauscht werden, ein Wohlstand, der gelobt wird.

1938, Dorota mit Vater

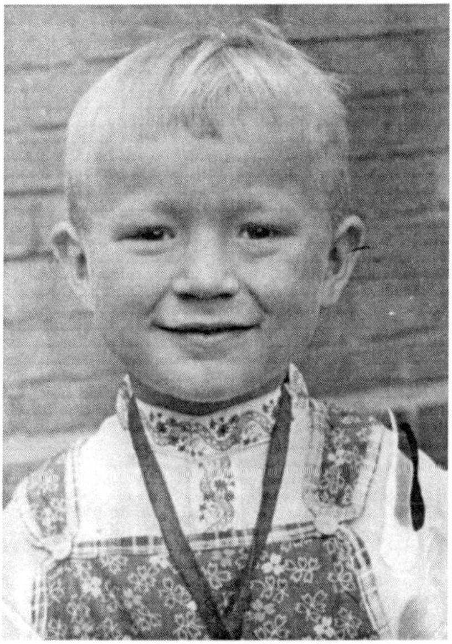

1938, fertig zur Spielschule

Ich bin reif für die Klosterspielschule (Kindergarten), die Erzieherinnen sind nett, Leiterin der Einrichtung ist eine alte katholische Nonne, Schwester Laurentine genannt. Geburtstage der Kinder werden großzügig gefeiert mit Singen, Tanzen, Gedichten und Kuchen. Zur Geburtstagsfeier der Nonne Laurentine sitze ich mürrisch da, singe nicht, tanze nicht, habe geschlossene Augen, schubse mit dem Ellbogen meine Nachbarin, man wird aufmerksam auf mich.

Ich werde angesprochen, plötzlich weine ich laut, der 19. Februar ist auch mein Geburtstag, man hat mich vergessen. Entschuldigungen folgen und plötzlich bin ich im Mittelpunkt, sitze freudestrahlend neben der Nonne mit Kuchen und Milch, was für eine Ehre.

In der Nacht vom 9. auf den 10. November 1938 beginnt im gesamten Deutschen Reich die Jagd auf Juden und ihr Eigentum, Synagogen, Bücher werden verbrannt, Schaufenster beschmiert und von Uniformierten eingeschlagen, jüdische Friedhöfe werden zerstört. Juden werden abgeführt, ermordet oder in Konzentrationslagern inhaftiert, in der jüdischen Bevölkerung breitet sich Panik aus. Die einzige Synagoge in Hindenburg ist zerstört, das Geschäft der Friedländers in Klausberg geschlossen, die ganze Familie auf der Flucht, verhaftet oder ermordet, kein Lebenszeichen von ihnen.
In Familien, wo kein Jude ist, wird das Vorgehen der Nazis durch Mund-zu-Mundgeflüster nicht ernsthaft verfolgt. Radios gibt es nicht und wer kauft schon Presseerzeugnisse, wenn das Geld andere Verwendung findet. Meine Oma, meine Eltern sprechen oder diskutieren nicht darüber, anders war es in der gehobenen Bevölkerungsschicht.
Ab 1939 bekommen Frauen, die mehrere Kinder lebend geboren haben, jährlich zum Muttertag das Mutterverdienstkreuz und das Adolf-Hitler-Buch „Mein Kampf“ vom Ortsgruppen-Leiter der NSDAP ausgehändigt. Meiner Oma, die sieben lebende Kinder, drei Mädchen und vier Jungen geboren hat, wird die Ehre im Jahr 1940 zuteil.

Von 1933 bis 1940 wechseln meine Eltern drei Mal die Wohnung, die erste Einzimmer-Wohnung, in der ich geboren bin, ist sehr klein, in der Nachbarwohnung ein Ehepaar ständig im Streit, auch nachts, sie schlagen sich, auch krankenhausreif.
Meine schönste Beschäftigung bis zum dritten Lebensjahr ist das Sitzen auf der Ofenbank mit dem Hut meines Vaters, ein Fuhrwerkgespann mit Pferd aus Holz vor mir und laut dirigierend: „Wio, hätta, wio, hätta“, meine Mutter kann das nicht mehr hören.

Die linke Brustwarze juckt eines Tages immer stärker, meine Mutter nimmt noch keine Notiz davon, am Abend beim Waschen wird die Entzündung sichtbar. Am nächsten Morgen ist der Warzenbereich sogar vereitert. Wir eilen zum Arzt Dr. Kokoschka, wo meine Mutter als Haushälterin gedient hat, die entzündete Stelle wird mit einer dunklen stinkigen Ichthyol-Salbe versorgt, die hat eine entzündungshemmende und juckreizstillende Wirkung. Nach der Behandlung fragt der Arzt: „Günter, was möchtest du werden?“ Kurze Antwort: „Lumpensammler.“ Diese Antwort hören meine Eltern öfter bei Besuchen oder Begegnungen.

Ich mag nicht gestört werden beim Spielen, zwei Mädchen des Vermieters kommen und bitten, mich mitnehmen zu dürfen zum Spazieren, Mutter freut sich, ich nicht. Sie zieht mich schick an, ich gehe unwillig zwischen beiden den stolzen jungen Damen. Nicht weit vom Haus bemerkt ein Mädel, das ich in die Hosen geschissen habe – vor Wut. Mutter ist enttäuscht, ich muss gewaschen werden, mein kleiner Arsch wird versohlt, ich weine, tobe und bald sitze ich wieder auf der Ofenbank und dirigiere mein Pferdgespann, bis mein Vater von der Schicht kommt.

Die Mietpreise in privaten Häusern sind hoch. Die vierte Wohnung auch in Klausberg (Mikulczyce) in der Wilhelmstraße 17, heute ulica Gogola 9, ist eine Betriebswohnung der Ludwigsglückgrube. Das sind Reihen-Familien-Häuser, ein Haus mit je neun bis zehn Zweizimmerwohnungen, bestehend aus Küche und Schlafzimmer, Klosett und Trinkwasser in jeder Zwischenetage für drei Familien. Meine Eltern sind stolz, die Mietpreise sind erträglich zum Verdienst meines Vaters.
Im Sommer fahren wir aufs Land, mit der Eisenbahn nach Zakrau (heute Zakrzow), wo mein Vater geboren ist. Vaters

Geschwister und Opa Anton leben in dem Ort, Pferde, Kühe, Schweine, Ziegen, Schafe, Gänse, Puten gibt es viele, ich bin vergnügt – bis auf ein Mal. Eine Gans mit Küken fühlt sich bedrängt, zischend kommt sie auf mich zu, ich eile rückwärts davon und falle in die offenstehende Güllegrube hinein bis an den Hals, ich schreie. Mutter, Vater, Tanten, Onkels, Kinder rennen aus dem Haus, sehen mich nicht gleich, mein Vater in Gefahr, selbst hineinzustürzen, greift meinen Arm, zieht mich aus der penetrant stinkenden Brühe, meine Mutter hat das Vergnügen, mich vom Ekel zu befreien.
Meine Oma Matylde, Jahrgang 1893, stammt aus einer Großfamilie, Vater Werkmeister, rechtes Bein nach einem Betriebsunfall amputiert, Mutter Hausfrau, vier Söhne und zwei Töchter. Omas Leben gleicht einem Tragikfilm. Herr Theodor Christoph, um die 40, alleinstehend, angesehener Geschäftsmann, Inhaber eines Lebensmittelgeschäftes in Biskupitz (heute Biskupice) stellt eine 16-jährige Teenagerin als Verkäuferin ein, meine spätere Oma. Er missbraucht sie, das Resultat meine Mutter, geboren am 12.9.1912. Ein Spießrutenlauf damals für meine Oma, ein erzkatholischer und angesehener Geschäftsmann wurde von seiner jungen Verkäuferin verführt, wird erzählt. Das Paar heiratet, die Ehe steht unter keinem guten Stern, Theodor musiziert auf Hochzeiten, Geburtstagen, Veranstaltungen, Alkohol ist sein Begleiter, er bleibt oft der Familie fern. Omas vier Brüder schalten sich ein, schlagen ihn auch krankenhausreif. Der Laden läuft nicht gut, Theodor handelt illegal mit alkoholischen Getränken im großen Stil, das fliegt auf, er muss Strafe und Steuern nachzahlen. Das Geld fehlt, er verkauft alles, auch seine Musikinstrumente, um ins Reine zu kommen. Mittlerweile ist die Anzahl der Kinder auf vier gestiegen, auch Fehlgeburten erleidet Oma, sie ist 28 Jahre alt. Die Familie lebt in Armut, zieht von Biskupitz nach Mikulschütz in ein altes Mietshaus um, zwei Zimmer und ein

kleiner Raum, geeignet für eine Schusterwerkstatt, Theodor ist Schustermeister von Beruf. Die Armut setzt sich fort, Schusterei bringt nicht viel ein, die Kinder betteln in Häusern um Brot, Geld, meine Mutter ist damals mit sieben bis acht Jahren die Älteste. Theodor geht oft nach Biskupitz, erhofft sich Hilfe und Unterstützung im Freundes- und Familienkreis mit wenig oder ohne Erfolg.
Das Jahr 1924, Theodors Schwester Emilie bittet ihn, sie zu begleiten nach Beschlebie zum runden Geburtstag einer Schwägerin, er ist einverstanden. Auf dem Rückweg, es ist dunkel, der Weg schlecht zu erkennen, entscheiden sich beide, entlang der Eisenbahnstrecke zu gehen. Unerklärt bleibt, ob beide betrunken oder so stark ermüdet sind, dass keiner die heranfahrende Eisenbahn gesehen oder gehört hat. Theodor wird erfasst und stirbt vor Ort an seinen Verletzungen, hinterlässt eine schwangere Frau ohne Einkommen und vier Kinder im Alter von zwölf (Hildegard, meine Mutter), zehn (Ernst), acht (Fedor), sechs (Else), Oma steht hilflos da. Das Problem ist die Beisetzung, kein Platz in der Wohnung, den Leichnam aufzubewahren, die Gemeinde vermietet einen Raum, kein Geld für Sarg und Beisetzungskosten, die Geschwister des Verstorbenen, auch angesehene Geschäftsleute, sind zurückhaltend im Geben, die Gemeinde schießt vor, irgendwann muss das Geld zurückerstattet werden. Eine schwere Zeit, an die meine Oma nicht erinnert werden möchte. Nach der Beisetzung steht Oma da mit vier hungrigen Mäulern, bald ist der fünfte da und kein Einkommen. Die Kinder müssen helfen, bekommen wieder einen Korb in die Hand gedrückt und gehen von Haus zu Haus benachbarter Straßen sowie nächstliegenden Ortschaften und betteln um Brot, Mehl, Kartoffeln, Geld. Omas Geschwister steuern im Rahmen des Möglichen etwas bei.

Links Oma Matylde um ca.1925 mit Walter im Arm (das fünfte Kind)

Aus dem weiteren Familienkreis und einer Vermittlung macht Oma Bekanntschaft mit einem alleinstehenden Herren, der bereit ist, meine Oma zu ehelichen und für das Wohl der kinderreichen Familie zu sorgen, ein Geschenk des Himmels, Walter ist das fünfte Kind. Ein Jahr ist noch nicht vergangen nach dem verheerenden Unfall und die zweite Ehe von Oma Matylde wird mit Opa August geschlossen. Die Familie des tödlich Verunglückten nimmt meiner Oma die schnelle Heirat sehr übel, mindestens ein Jahr nach dem Tod soll getrauert werden, so die praktizierte Regel. Die Witwe hat die Zeit nicht eingehalten, die liebe Verwandtschaft zieht sich zurück, auch meine Urgroßtante Emilie, Schwägerin meiner Oma, die ich später oft besuchen werde. Vom ersten Einkommen nach Eheschließung wird dem neuen Opa August ein beträchtlicher Betrag vom Arbeitslohn zur Tilgung der Beisetzungskosten seines Vorgängers eingezogen, ein unfreundlicher Akt der Gemeinde, des

Staates. Die Familie hält sich über Wasser, die Älteste, meine spätere Mutter, hat die Volksschule abgeschlossen, arbeitet in der Ziegelei. Sie verunglückt und wird als Haushalthilfe an einen Arzt vermittelt mit freier Kost, Logis und Taschengeld, ein Geschenk des Himmels,
Aus Omas zweiter Ehe stammen zwei Kinder, Tochter Edith und Sohn Werner. Bei Oma bin ich gerne, laufe oft von zu Hause weg, wenn ich getadelt werde, Oma tröstet mich und spricht ein ernstes Wort mit meiner Mutter. Mit Werner verbindet uns keine Freundschaft, er ist egoistisch, möchte nur haben, nichts geben, versteckt Spielsachen vor mir, petzt meiner Mutter meine Verfehlungen, solche Verhaltensweisen mag ich nicht.

Meine Mutter nimmt mich Zweijährigen mit zum Shopping nach Beuthen (heute Bytom) mit der Straßenbahn, in der Hauptstraße betreten wir einen Laden mit Glas- und Porzellanwaren. Mutter interessiert sich für eine Schüssel, diskutiert mit der Bedienung, in der Zeit verlasse ich unbeachtet aus Langeweile den Laden, das Drama nimmt seinen Lauf. Ich bin nicht aufzufinden in der langen Straße, Mutter und die Verkäuferin befragen Passanten, einige schließen sich der Suchaktion an. Dann antwortet eine Befragte, sie hätte eine junge Frau mit einem kleinen Jungen in der Nebenstraße gesehen. Die Verfolgung wird sofort aufgenommen und meine Freundschaft mit der netten jungen Dame endet im lauten Geschrei und Streit zwischen Mutter und der Dame, besiegelt wird mein unerlaubtes Ladenverlassen mit mehreren Handbewegungen meiner Mutter auf meinen zarten Arsch.
Meine Mutter behält mich stets im Auge, wenn ich mit dem Roller draußen herumgondle, nach dem Vorfall in Beuthen besonders, und doch verfehlt sie erneut ihre Wachsamkeit, rennt in der Gegend herum, befragt Bekannte und ruft nach

mir. Mein Vater kommt von der Schicht, wird angehalten zum Suchen, aber er sagt: „Ein Kollege hat unseren Günter in Hindenburg mit einem kleinen Mädchen gesehen“, aber sie glaubt ihm das nicht. Sofort fährt mein Vater mit dem Fahrrad nach Hindenburg, schaut sich überall um, tatsächlich findet er mich mit dem besagten Mädchen, auch mit Roller herumfahrend im Zentrum. Auf Vaters Frage, was ich hier mache, kommt die Antwort: „Ich suche den Dukatenscheißer.“ Mein Vater führt mich an die Stelle, ich erfreue mich dieser kleinen Statue neben dem Eingang ins Kino.

Wollige und kratzige Bekleidung ertrage ich nicht, das kratzt, juckt, macht mich unruhig, wenn ich Strümpfe oder Pullover anziehen muss, weine und trample ich, gehe steif, was meine Mutter nicht verstehen kann. Ich werde getadelt und manchmal verspüre ich ihre Hand am Po.

Meine Eltern kaufen mir einen blauen Marineanzug in Hindenburg, ich freue mich, bin stolz darauf, aber darf diesen erst Ostern zum Gottesdienst anziehen. Dann der Tag, meine Mutter zieht mich an und schon verspüre ich das wollige und kratzige Material, weine, trample, mein Po wird versohlt, Vater und Mutter streiten sich. Ich nutze diesen Moment, laufe weg zu Oma durch Feld und Wiese. Meine Oma beruhigt mich, sagt, wenn das kratzt, dann gib deinen Marineanzug dem Lumpensammler. Und schon ist Mutter da, Streit ist vorprogrammiert. Tage später brüllt ein Lumpensammler „Lumpen, alte Bekleidung …“ auf der Straße, Mutter ist beim Einkaufen, ich greife nach dem Marineanzug, der Lumpensammler freut sich, ich bekomme eine Trillerpfeife und pfeife freudig in der Wohnung. Mutter ist da, will wissen, woher die Trillerpfeife kommt, die Antwort ist kurz und schon jagt meine Mutter ergebnislos in der Gegend nach dem glücklichen Empfänger. Dann die Frage: „Junge, warum hast du deinen neuen Marineanzug weggegeben?“ Antwort: „Oma hat mir gesagt, wenn er kratzt, gib ihn dem Lumpensammler.“

Der Nationalsozialismus verschärft immer stärker seine Macht und lässt deutlich seine barbarischen Absichten erkennen. Durch die grauenvollen Machenschaften der Nazis sind Angst und Schrecken auf der Tagesordnung. Nicht weit von Weimar entsteht das Konzentrationslager Buchenwald, in dem Menschen unter grausamen Umständen den Tod finden, wie die Weltöffentlichkeit später erfahren wird.
Am 1. September 1939 wird Polen als erstes Land, ohne Vorwarnung, brutal überfallen. Hitler brüllt im Radio: „Seit 5:45 Uhr wird zurückgeschossen!“ Heute in der Nacht haben die Polen den Gleiwitzer Sender angegriffen und zeitweise in ihre Gewalt genommen. In Wirklichkeit war das ein vorgetäuschter Angriff von der SS mit polnischen Häftlingen auf den Sender. In den nachfolgenden Tagen sehen wir aus dem Fenster Wehrmachtskolonnen marschieren in voller Ausrüstung in Richtung Polen, die Grenze ist nicht weit von Klausberg. Die Vorbereitung Adolf Hitlers zum Überfall auf die Sowjetunion ist im Propagandafeldzug der Nazis zu spüren, irgendwas hängt in der Luft, sagt mein Vater zum Nachbar, auch in Nordafrika vergreift sich Hitler, das alles kann nicht gut enden. Es herrscht eine bedrückende Stimmung in fast allen Familien, die Mobilmachung für die Wehrmacht ist im vollen Gange, Oma weint, zwei Söhne mussten gehen, der dritte, Walter, bereits gemustert, wartet auf die Einberufung. Auch mein Vater ist gemustert worden für den Wehrmachtsdienst, aber freigestellt als Bergmann-Hauer in der Ludwigsglückgrube (Kopalnia Ludwik), er muss sich bereithalten.

Hindenburg (Zabrze) im Jahr 1940

1940 werde ich eingeschult in einer neu erbauten Schule für Knaben, die Schule trägt den Namen Adolf Hitler, die kurz nach der Machtergreifung der Nazis im Januar 1933 fertiggestellt wurde. Anfangs begleitet mich Mutter zum Unterricht, jeder Schüler hat eine Schiefertafel, an der ein Schwamm mit Lappen hängt, ein Schieferstift zum Schreiben, bis zur zweiten Klasse in gotischen Buchstaben. Meine Begeisterung zum Schulgang hält sich am Anfang in Grenzen, ich habe gravierende Schwierigkeiten, die Zahl Drei senkrecht zu schreiben, ich schreibe sie waagerecht, Mutter zeigt mir, führt meine Hand auf der Tafel, kein Ergebnis. Sie tobt, schimpft mit mir laut, ich schreibe weiter waagerecht. Das laute Schreien und Weinen hört zufällig meine Tante Else, Schwester meiner Mutter, tadelt meine Mutter und die liebe Tante versucht mir beizubringen, die Drei richtig zu schreiben, ihre pädagogische Lehrkunst endet mit fünf fast gebrüllten Worten: „Günter, du bist ein Idiot!"

Noch in der ersten Klasse schreibe ich die Drei korrekt.

1940, Einschulung, daneben Dorota

1941, 1. Klasse

Am frühen Morgen des 22. Juni 1941 zwischen 3:00 Uhr und 3:30 Uhr beginnt der Angriff gegen die Sowjetunion. Das Hauptziel der NS-Führung besteht darin, Moskau zu erobern, sich das Öl und das Getreide im Kaukasus und in der Ukraine zu sichern. Der Angriff auf Moskau kommt zum Erliegen, die Rote Armee geht zur Gegenoffensive über, am 15. Januar 1942 erteilt Hitler den Befehl zum Rückzug.

Unser bereits erwähnter Wohnungswechsel in die Wilhelmstraße 17 (heute Gogola 9) hat einen Schulwechsel in die Eichendorfschule zur Folge. Auf dem Gelände steht auch die Mädchenschule, in der später meine Schwester Dorota eingeschult wird. In der ersten und zweiten Klasse unterrichtet der

Lehrer Hellmin, in der dritten Klasse unterrichtet der Lehrer Wilhelm Jäger im hohen Alter, ein sympathischer Lehrer, der schon meine Mutter unterrichtet hat. Ein trauriges Ereignis überschattet sein Leben, am helllichten Tag wird sein Sohn in seiner Apotheke in Klausberg erschossen. Unter vorgehaltener Hand wird getuschelt, in Zivil verkleidete SS- oder SA- Männer sind die Mörder. Später in der dritten Klasse unterrichtet Lehrer Gawel, in der vierten Lehrer Bruno Kiebel und Rochus Lissy, alle Lehrer sind aus Altersgründen für die Wehrmacht nicht tauglich

In Kindesjahren leidet Dorota, meine Schwester, unter einem Mangel an roten Blutkörperchen (Erythrozyten) im Blut (Anämie), sie liegt blass und apathisch im Bett, der Sauerstoffmangel ruft Symptome wie Konzentrationsstörungen, Müdigkeit und Schwäche hervor. Dr. Gladisch, unser Hausarzt, ein älterer Herr, ist besorgt, in kurzen Zeitabständen ist er da zum Hausbesuch, meine Eltern leben in Angst, es ist Kriegszeit. Nach dem auch im Magen-Darm-Trakt Schmerzen zu beklagen sind, entscheidet der Arzt, meine Schwester ins Krankenhaus nach Martinau (jetzt Rokitnica) zu überweisen, es ist das Kriegsjahr 1942. In einer idyllischen Lage am Rande der Ortschaft steht das zivile und gegenüber das Wehrmachtskrankenhaus, in dem Kranke und verwundete Wehrmachtssoldaten versorgt werden. Mittwoch und Sonntag fahren wir zum Krankenbesuch mit dem Omnibus, der mit Holzgas angetrieben wird, der Busfahrer einhändig, eine Kriegsverletzung, es macht mir Spaß zuzuschauen, wie der Ofen mit Holzstücken beheizt wird. Bei meiner Schwester schlagen Medikamente nicht an, Ärzte entscheiden sich für eine Bluttransfusion, die Blutgruppe meiner Eltern stimmt nicht überein mit der Blutgruppe meiner Schwester, der behandelnde Arzt beruhigt, wir finden schon einen Blutspender.

Der Arzt kommt mit einem großen Soldaten, einem Angehörigen der Waffen-SS, aus dem Militärkrankenhaus und stellt ihn uns als den Blutspender vor. Meine Eltern sind überglücklich, ich bin stolz, dass der Spender ein Soldat der Waffen-SS ist. Der Körper meiner Schwester nimmt die Transfusion an, der Gesundheitszustand bessert sich zusehends.

Im Jahr 1942 beginnen Luftangriffe erst auf norddeutsche Städte. Am 02.02.1943 kapituliert die 6. Armee in Stalingrad, 130.000 deutsche und rumänische Soldaten gehen in sowjetische Gefangenschaft. Dem Propagandaminister Goebbels reichen diese Niederlagen nicht, er ruft 18.02.1943 zum „totalen Krieg“ auf.

Es klopft an der Wohnungstür, eine kleine Frau mit starkem Schulterbuckel, am Kragenrevers ein NSDAP-Abzeichen, steht auf der Schwelle und informiert lautstark: „Wegen grober Nötigung, zeige ich Sie, Familie Mosler, bei der Polizei, meiner NSDAP-Dienststelle an“, und drückt ihre Brust hervor. Meine Eltern denken, ich habe wieder was ausgefressen, die Augen gehen in meine Richtung. Die Frau setzt fort: „Ihre Tochter Dorota und Traudel Schade wollten mich zu Boden werfen, in letzter Sekunde konnte ich gerade noch mein Gleichgewicht halten.“

„Was, meine Tochter?“, fragt Mutter und bittet zu warten, holt beide Mädchen von der Straße. Unter Tränen schildert Dorota den Vorgang: „Wir wollten nur wissen, ob so eine kleine Frau auch schwer ist, Traudel und ich haben blitzschnell die Beine gepackt und wollten sie anheben, sie war zu schwer.“ Vater schmunzelt unbemerkt, Mutter geht laut auf Dorota ein, verpasst Handschläge, Vater beruhigt. Die betroffene Frau scheint mit der Reaktion der Eltern zufrieden zu sein, verspricht Abstand zu nehmen von einer Anzeige, empfiehlt den Vorgang mit Frau Schade zu besprechen und dann folgen Seitenhiebe.

„Herr und Frau Mosler, erziehen Sie bitte Ihre netten Kinder im Geiste des Nationalsozialismus und unseres Führers." Sie geht zur Tür, dreht sich siegessicher um und sagt: „Schmücken Sie Ihre Wohnung mit dem Bildnis unseres Führers Adolf Hitler und … Heil Hitler!" Fort war sie. Meine Eltern atmen tief aus, so was kann schieflaufen, die NSDAP sieht überall ihre Feinde, sagt Vater.

Am 6.6.1943 feiern 9-jährige Mädchen und Knaben die 1. heilige Kommunion, erst in der Kirche, anschließend im Familienkreis. Ein Ereignis, das uns junge Menschen mit Stolz prägt, wir fühlen uns in den Kreis der Erwachsenen aufgenommen, dürfen zur Beichte und die heilige Kommunion empfangen, am Sonntag in der heiligen Messe.

1943, 1. heilige Kommunion

v.l. Mutter, Urgroßtante Emilie, 2. v. r. Oma

Nach der Feierlichkeit meldet mich meine Mutter beim Pfarrer als Ministrant an, nach einer kurzen Schulung und Pauken des lateinischen Schuldbekenntnisses im Gottesdienst:

Confiteor Deo omnipotenti,
beatae Mariae semper Virgini,
beato Michaeli Archangelo, …
mea culpa, mea culpa, mea maxima culpa

und anderem darf ich dem Priester bei der heiligen Messe ein bis zwei Mal in der Woche um 6:00, 7:00 oder 8:00 Uhr mit anderen dienen, meine Mutter achtet darauf, pünktlich in der Kirche zu erscheinen. Die heilige Messe wird in Lateinisch zelebriert, der Priester steht vor dem Altar mit dem Rücken zu den Gläubigen gewandt. In unserer Laurentius-Kirche in

Klausberg sind der alte Pfarrer Grochowina und die zwei Priester Hesse und Watzlawik im Kirchenamt, beide Priester mit körperlicher Behinderung, sonst wären sie bei der Wehrmacht. Priester Hesse beaufsichtigt uns Ministranten mit wachsamem Auge, ist sehr streng, achtet bei der Messe darauf, konzentriert zu sein, laut und deutlich zu antworten, bei Beerdigungen, Taufen, Hochzeiten, Krankenbesuchen, bei der letzten Ölung Sterbenden dem Priester zur Seite zu stehen, im Gebet zu antworten mit Amen, gehorsam zu sein, nicht aufzufallen im Alltag, die Ministrantenstunde regelmäßig zu besuchen. Am Freitagnachmittag müssen Ministranten in der Kirche metallische Gegenstände mit Sidol auf Hochglanz putzen, Putzmittel müssen wir von zu Hause mitbringen. Unangenehm für mich sind Beerdigungen, mit dem Priester eile ich zur Wohnung aufbewahrter Verstorbener, oft wird der Sargdeckel erst im Beisein des Priesters aufgesetzt, der Geruch, besonders im Sommer, das Weinen, das Schreien, Lamentieren Trauernder, diese Atmosphäre stimmt mich jedes Mal traurig. Ich fühle mich unwohl, habe Magenschmerzen, Brechreiz, Mutter beruhigt mich, sagt: „Das ist menschlich, von Gott gewollt.“

Für Kinder und Jugendliche im Alter zwischen 10 und 18 Jahren ist die Hitlerjugend zur Pflicht geworden. Jetzt bin ich ein Pimpf, so wird im Sprachjargon ein Jungvolk-Mitglied bezeichnet, das Jungvolk ist eine Jugendorganisation der Hitlerjugend für Jungen zwischen 10 und 14 Jahren, das Ziel der Organisation ist, die Jugend im Sinne des Nationalsozialismus zu erziehen und vormilitärisch auszubilden. Die Uniform besteht aus Braunhemd, schwarzer Hose, Koppel mit Schloss, schwarzem Binder im Riemenknoten, Schulterriemen, festen Schuhen, Kopfbedeckung mit schwarzer Schiffchenkappe. Ein- bis zweimal Mal in der Woche versammeln wir uns, exerzieren, marschieren, laufen, schleichen am Boden, singen Kampf-

lieder und hören Ansprachen über Heldentaten unserer deutschen Soldaten an der Front.
Mein Vater ist nicht begeistert von meinem Outfit, macht abwertende Bemerkungen, Mutter hält ihn zurück, hat Angst verpfiffen zu werden.

1943, mein Vater in Wehrmachtsuniform meines Onkels

Jeden Tag lesen wir in der Klausberg-Zeitung Todesanzeigen gefallener junger und älterer Soldaten, darunter Freunde, Bekannte. In der Kirche wird das Requiem, die Totenmesse, zelebriert, alle schwarz gekleidet, junge und ältere Ehefrauen, Mütter und Kinder weinen, schreien vor seelischem Schmerz, der

Priester tröstet die Trauernden mit religiösen Zitaten und Sprüchen in seiner kurzen Predigt. Solche Szenen finden fast jeden Tag von Montag bis Sonnabend statt.
Anfangs halte ich mich an die strengen Regeln, meine Mutter beobachtet mich, bläst mir sofort den Marsch bei Auffälligkeiten, mein Vater hält sich zurück. Langsam verspüre ich Unzufriedenheit in mir aufkommen, fange an, nachlässig zu werden, was dem Priester Hesse nicht entgeht, ich werde suspendiert vom Ministrantendienst für eine Zeit, meine Mutter fällt aus allen Wolken, ich bekomme das im Alltag zu spüren.

Über meine alte Großtante Emilie, nie verheiratet, lästert mein Vater gern, nennt sie die alte Jungfer, imitiert ihre Stimme, ihr Getue, erntet dafür Ärger bei Mutter. Sie wohnt in Biskupitz, ist eine erzkonservative Katholikin, ehemalige Inhaberin eines kleinen Kolonialwarenladens, sehr geizig. Jeden zweiten Freitag geht meine Mutter zu Fuß dort hin, um Haushaltsarbeiten zu machen, ich begleite sie widerwillig. So ein Besuch bereitet mir keinen Spaß, die alte Großtante nervt mit ständigen Fragen nach unserer Geistlichkeit, Sonntagspredigten, neuen Gebeten, sie rezitiert auch Lieder und Gebete, erklärt mir jedes Mal die Heiligenbilder auf den Wänden. Am Freitag nach meinem Rausschmiss aus dem Ministrantenkreis predigt mir meine Mutter, nicht der Tante zu verraten, dass ich kein Ministrant mehr bin, und schon beim Betreten der Schwelle kommt Tantes beliebteste Frage: „Günter, hast du heute dem Priester bei der heiligen Messe gedient?“ Meine Mutter atmet tief Luft ein, wartet mit großen Augen auf meine Antwort, wie auch Tante Emilie. Ich sage: „Ja, Tante, heute um 6:00, 7:00 und 8:00 Uhr habe ich gedient und am Nachmittag sollte ich Kreuze, Klinken und andere metallische Gegenstände putzen, aber ich wollte zu dir.“ Meine Mutter gibt mir einen schwachen Boxer in den Rücken, besorgt schaut mich Tante Emilie an und sagt: „Du

musst doch müde sein, mein Günter."
Nach getaner Arbeitgehen wir alle in den Garten und werden von Tante Emilie belohnt, für Hilde, meine Mutter, eine Tomate, eine Gurke, drei Radieschen, ein Kopfsalat, ein Bündel Petersilie, das gleiche für Franz, meinen Vater, und für mich, zusätzlich werden wir beschenkt, Mutter mit fünf Blumen aus dem Garten, mein Vater mit drei Juno-Zigaretten, ich werde noch zusätzlich belohnt mit Heiligenbildern. Im Abschiedstrubel hat Großtante Emilie vergessen, unsere Dorota zu beschenken, wir verabschieden uns mit Küssen, Aufwiedersehen und gehen etwa zehn Kilometer zu Fuß über Felder und Wiesen nach Hause.

Ich bin zehn Jahre alt, darf mit meinem Vater am Abend vor dem Volksempfänger stehen und nach dem Signalton „Bum, bum, bum" die verbotenen deutschsprachigen Nachrichten aus England hören, er legt mir ans Herz, mit niemandem darüber zu sprechen. Die Ereignisse auf der Kriegsbühne überschlagen sich und das Goebbelsche Sprachrohr tobt gegen die Feinde Deutschlands, was für ein Hohn. Bei Nachrichten erklärt mir mein Vater Zusammenhänge und belehrt mich zum wiederholten Mal, mit niemandem über diese Nachrichten zu sprechen und sich einfach dumm zu stellen.
Jetzt verbringen wir schon zwei bis drei Mal am Tage eine Zeit im Luftschutzkeller, bis Sirenen Entwarnung geben, wir hören Flugzeuge über uns fliegen und deutsche Flugabwehr schießen. Die SA-Gebietsleitung klebt an den Ecken der Schaufenster, Hausecken und Litfaßsäulen große Plakate mit dunkler Gestalt, ein Sack auf dem Buckel und der Aufschrift Kohlenklau, Pst! Feind hört mit. Die Bevölkerung soll wachsam sein vor Verrätern und Feinden des Nationalsozialismus. Auf Bahnhöfen, Eisenbahnen Litfaßsäulen steht ein Schriftzug mit großen Buchstaben: Räder müssen rollen für den Sieg, reisen kann

man nach dem Krieg.
Während eines Besuches am 6.6.1944 bei meiner Taufpatin auf dem Land hören wir im Radio, dass Engländer, Amerikaner, Kanadier und andere Nationen in der Normandie landen mit Tausenden Schiffen und unzähligen Flugzeugen, der Tag wird zur Nacht. Die Antwort der Nazis auf die Landung vom englischen Boden lässt auf sich nicht lange warten. Am 12.6.1944 erfolgt der erste Abschuss Hitlers Wunderwaffe, einer V1-Rakete auf London, die Nazis preisen diese Waffe. Die Ereignisse überschlagen sich täglich, Russen jagen deutsche Truppen vom sowjetischen und polnischen Territorium in Richtung Westen auf Berlin. Die Goebbelsche Propaganda schürt Horrorszenarien über die Feinde Deutschlands, alle Deutschen werden nach Sibirien verbannt, wer sich weigert, wird erschossen, Eigentum wird geraubt, Frauen werden vergewaltigt, auch Alte …
Die Nachricht vom Attentat auf Adolf Hitler am 20.7.1944 überschattet alle militärischen Ereignisse, einige schöpfen Hoffnung auf ersehnten Frieden, die anderen fürchten Rache, Adolf Hitler überlebte die Sprengstoffexplosion fast unversehrt. Stauffenberg und drei Mitverschwörer wurden noch in der folgenden Nacht erschossen. 200 weitere Mitverschwörer wurden anschließend zum Tode verurteilt und bestialisch an einem Fleischerhaken hingerichtet. Europa brennt, Hitlers eingebildete unbesiegbare Weltmacht befindet sich im freien Fall. Das bekommen wir zu spüren, mehrmals am Tag und nachts ist Fliegeralarm, verängstigt eilen wir in den Schutzraum im Keller, bald hören wir die todbringende Fracht vom Himmel fallen und explodieren.
Sowjetische Kriegsgefangene, unter Wehrmachtsaufsicht, schachten hinter unserem Haus eine Baugrube für einen Luftschutzbunker, ein nicht alltäglicher Schauplatz für uns Kinder. Wir bringen Brot oder Pellkartoffeln für die Gefangenen, nicht

immer erlauben die Bewacher, sich den Bewachten zu nähern. Die abgemagerten, hungrigen Kerle sind dankbar, bringen uns geschnitzte Spielzeuge, ich erinnere mich an ein holzgeschnitztes Flugzeug.

Unsicherheit und Angst breiten sich in vielen Familien aus, Söhne im Alter von 15 bis 17 Jahren erhalten Bescheide zur Heimatflak, es fehlen Flaksoldaten für die Luftabwehr im Heimatort und auf Flakständen in Industriebetrieben. Die verängstigten Noch-Kinder werden gekleidet in Uniform, die nicht immer passend zur Größe ist, der Jugendliche wird zur Lachnummer, das Erscheinen am Flakstand ist Pflicht bei Fliegeralarm.

Der Klassenlehrer Gawel pflegt täglich vor seinem Dienst, die Laurentius-Kirche in Klausberg zu besuchen, betet für den Führer und baldigen Sieg, beim Betreten der Klasse müssen wir stramm stehen wie Soldaten und beten:

„Schütze Gott mit starker Hand
unser Volk und Vaterland.
Lass auf Führers Fahne
Sieg und Segen fallen …"

Lehrer Gawel achtet auf Ordnung und Disziplin, der Rohrstock sein ständiger Begleiter, am schmerzhaftesten sind Schläge auf die Außenseite der Finger. Er pflegt zu sagen: „Jetzt seid ihr das Jungvolk und bald die Hitlerjugend, unser Führer braucht tapfere Männer." Herr Lehrer Gawel ist oder fühlt sich verantwortlich für die Altstoffsammlung: Lumpen, Knochen, Eisen und Papier für den Sieg unseres Führers. Die Wochentage sind aufgeteilt: Montag muss jeder Schüler Knochen bringen, ein Knochen reicht auch. Dienstag Lumpen, Mittwoch Eisen/Metall, Donnerstag Papier, Freitag und Sonnabend Lumpen und Papier. Zu jedem Schüler sagt der Lehrer Gawel, je mehr du bringst, desto größer die Freude bei unserem Führer. Wenn ein Schüler keinen Knochen bringt und lügt, ihn verloren zu haben, muss der Lügner in militärischer Haltung vor der Klasse stehen, er wird getadelt, er muss sich zur Wand drehen, sein Haupt zum Bildnis Adolf Hitlers richten. Nach ca. zehn Minuten fragt der Lehrer: „Was hat dir unser Führer gesagt?" Der Schüler schweigt, muss weiter stehen. Wenn das Schweigen bei wiederholter Frage weiter besteht, brüllt der Lehrer: „Hat der Führer nicht gesagt, du sollst Knochen bringen?"

„Ja, das hat er gesagt", kommt die Antwort vom weinenden Schüler.

Der Lehrer Gawel hat dem kleinen Heino Swollek wegen fehlender Hausaufgaben mit dem Rohrstock den Arsch versohlt, Heino, Sohn einer Bäuerin, Vater im Krieg, verlässt heulend die Klasse und rennt zur Mutter. Es dauert nicht lange, die Klassentür geht auf, die verbitterte Mutter schreit: „Ich lasse nicht zu, meinen Heino zu schlagen!" Sie nimmt einen Holzpantoffel vom Fuß und schleudert ihn Richtung Lehrer, trifft dabei das Bildnis vom Adolf Hitler, das spricht sich in der Schule herum.

Beim Lehrer Lissy müssen wir fast die ganze Stunde das Einmaleins schreiend wiederholen. 1x1=1, 2x1=2 … 5x5=25 … 7x8=56 …, wenn es nicht laut genug ist, hilft der Rohrstock nach, wir schreien uns heiser. Anfangs hat Mutter geschimpft, dachte, ich habe geschwitzt und kaltes Wasser getrunken, bald hat sich der Irrtum geklärt.

Beim Lehrer Kiebel, ein ausgemusterter Soldat, aber stets gekleidet in Wehrmachtsuniform, müssen wir militärische Haltung einnehmen. Wenn er den Klassenraum am Morgen betritt, prüft er augenscheinlich unsere Haltung, dann der Befehl „Zum Gebet!" und wir leiern halsschreiend laut: „Schütze Gott mit starker Hand unser Volk und Vaterland …“ Dann nimmt unser Lehrer Kiebel die Landkarte Russlands und zeigt mit seinem Rohrstock die deutschen Truppenbewegungen in Russland, wir müssen laut die eroberten Ortschaften oder Städte wiederholen. Der Lehrer Kiebel ist sehr streng, beim geringsten Vergehen kommt der kurze Rohrstock in Bewegung auf die Außenseite der Finger, das tut weh. Lehrer schlagen die Schüler mit dem Rohrstock, wenn der Aufsatz oder das Schönschreiben mit schlechter Zensur bewertet wird. Der Schüler muss sich nach vorn über die Bank bücken und bekommt für Völlig Nichtgenügend 5x, Nichtgenügend 4x, Mangelhaft 3x Stockschläge auf den Arsch.

Wieder ein Freitag, Mutter kündigt an, zur Großtante Emilie zu gehen, darauf Vater zynisch: „Holst du dir wieder eine Mohrrübe, einen Salat … für deine Arbeit oder erhoffst du dir das große Erbe, das verstaubte und verstimmte Klavier?“ Darauf Mutter: „Tante hat nicht nur das Klavier, sie hat gutes Porzellan, wertvolle Möbel und Schmuck.“
„Aha“, sagt Vater, „du träumst doch vom Erbe. Meine Gute, der Nachlassempfänger ist längst bestimmt, und weißt du, wer das ist?“ Mutter horcht auf. „Der Pfarrer, die Kirche.“ Darauf Mutter: „Sei nicht albern, lästere nicht über meine Tante, sie ist die Schwester meines Vaters.“
„Die ihn in den Tod begleitet hat 1924 und deine schwangere Mutter mit vier Kindern sitzen ließ“, antwortet Vater. Mutter denkt nach, und anstatt zur Jungvolk-Versammlung in Uniform zu gehen, latsche ich mit ihr auf Umwegen über Felder und Wiesen viele Kilometer zur Großtante Emilie nach Biskupitz. Dafür werde ich mich beim Zugführer der Hitlerjugend am Montag entschuldigen und Kritik anhören müssen, wie wichtig eine Jungvolk-Versammlung ist. Großtante Emilie, in den siebziger Lebensjahren, wohnt in einem alten Mietshaus, zwei

Zimmer, Ladenräume, sehr dunkel, sauber, schwere Möbel, viel Porzellan, ein Klavier, bis zur Machtergreifung der Nazis Besitzerin eines Lebensmittelladens. Die Begrüßung wie stets die gleiche Show: Ob ich heute dem Pfarrer in der heiligen Messe gedient habe, wie vielen Beerdigungen, Krankenbesuchen und Salbungen ich beigewohnt habe in dieser Woche. Um meiner Großtante Emilie gerecht zu werden, schieße ich ein paar Zahlen aus dem Kopf, sie hört mir traurig zu, ist selbst im hohen Alter, beklagt ihren Gesundheitszustand. Meine Mutter hört wachsam zu, schüttelt mit dem Kopf, ich bin ja kein Ministrant mehr, am liebsten hätte sie mir einen Boxer in die Rippen versetzt. Großtante Emilie klagt stets unter Tränen, sie trage Mitschuld am Unfall ihres Bruders: „Hilde, dein Vater wäre nicht von der Lokomotive erfasst worden, wenn ich ihn nicht zum Besuch meiner Schwägerin in Beschlebie überredet hätte.“ Meine Mutter tröstet sie, ich schaue dem zu. Nachdem wir den Begrüßungskuchen verzehrt und Kräutertee getrunken haben, arbeitet meine Mutter in Tantes Haushalt, putzt Fenster und Türen, wäscht … In der Zeit agitiert mich meine Großtante nach dem Abitur ins Priesterseminar einzutreten, zeigt mir Bilder von Novizen, die kurz vor der Priesterweihe stehen, zeigt mir Heiligenbilder. „Natürlich ist das eine Option“, sage ich, „aber erst mal die Volksschule abschließen und dann werden wir Möglichkeiten prüfen, so einfach ist das nicht, ins Priesterseminar einzutreten, nur die Besten werden eingeschrieben.“ Großtante sagt: „Das dürfte doch kein Problem sein bei dir, Günter, du hast gute Manieren, bist gut erzogen, bist schon lange Ministrant und kennst dich in kirchlichen Zeremonien gut aus.“ Die Zeit rückt an zum Heimgang, Großtante Emilie führt uns zum Garten und belohnt uns wie stets mit frischen Naturalien und ich bekomme ein Büchlein mit der Aufschrift „Der Ministrant“ in die Hand gedrückt. Auf dem Rückweg werde ich für meine Unverschämtheit getadelt, die Tante so belogen zu haben, ich sollte mich kurz halten und gewählter ausdrücken.

Unser SA-Gebietsleiter heißt Kokot, Schuldirektor der Waldschule, ein fanatischer Nationalsozialist, trägt nur die SA-Uniform, man lästert, Kokot hat keinen Anzug, die Uniform hat ihm Hitler geschenkt. Kokots Lieblingsbeschäftigung ist nach Unterrichtsschluss, vor einer Schule Stellung in strammer Haltung zu beziehen, Schüler und Schülerinnen müssen im Paradeschritt mit erhobener rechter Hand zum Heil-Hitler-Gruß an der uniformierten braunen Gestalt vorbeimarschieren. Gnade Gott, die Handlung sei liederlich, der betroffene Schüler muss den kurzen Weg mehrmals wiederholen oder bekommt Kokots Hand zu spüren. Kokot überbringt auch Müttern und Ehefrauen mit einem strengen Hitlergruß die traurigste Hiobsbotschaft: „Ihr Sohn … oder Ehemann … ist für Führer, Volk und Vaterland gefallen und … Heil Hitler!" Und weg ist er. Diese Handlung vollzieht Kokot immer vormittags, Mütter und Ehefrauen schauen und lauschen aus den Fenstern, in welches Haus Kokot geht, und bald hört man lautes Weinen und Schreien. Bei dieser Gelegenheit nimmt sich Kokot das Recht, ungebeten Wohnungen zu betreten, nachzuschauen, ob das Hitler-Bild an der Wand hängt, ist das nicht der Fall, werden lange unangenehme Gespräche geführt.
Meine Mutter fürchtet sich vor so einer Begegnung mit SA-Mann Kokot, sie organisiert, ohne Wissen des Vaters, das Adolf-Hitler-Bild, hängt es vormittags über die Schlafzimmertür. Einmal vergisst sie das Bild abzuhängen. Vater kommt von der Tagschicht, streift absichtlich mit der Mütze das Bildnis, es fällt zu Boden. Meine Schwester Dorota, jetzt sechs Jahre alt, geht in die Klosterspielschule, schreit lauthals: „Mutti, Mutti, Vati hat das Adolf-Hitler-Bild zu Boden geschmissen!" Den Schreck kann man meinem Vater ansehen, mehrere Tage geht

meine Schwester nicht zur Spielschule.

Meine Schwester Dorota geht in die erste Klasse der Mädchenschule neben meiner Eichendorfschule. Das alte Fräulein Uhl ist die Klassenlehrerin, sehr streng und auffallend altmodisch gekleidet, trägt eine Hornbrille. In einem Schuljahr wurde unsere Mutter von der Uhl unterrichtet und ist nicht begeistert, dass meine Schwester ihre Schülerin ist. Dorota weint, wenn die Uhl wieder mal ausfällig war, Vater tröstet meine Schwester und fällt wieder mal aus dem Rahmen, zum Ärger unserer Mutter. Vater sagt: „Wenn das Fräulein Uhl dich noch mal schimpfen wird, dann brenne ich die Schule an." Meine Schwester sagt erleichtert: „Mach das, Vati."

Im September 1944 wird der „Volkssturm" gegründet, waffenfähige Männer zwischen 16 und 60 Jahren werden aufgestellt für die Verteidigung des „Heimatbodens" und für den deutschen „Endsieg". Die Angehörigen des Volkssturmes tragen keine Uniformen des Heeres, sind in eigenen Lumpen gekleidet mit Hut oder Schildmütze, tragen eine Armbinde mit der Aufschrift „Deutscher Volkssturm – Wehrmacht" und sind miserabel bewaffnet. Mein Vater wird über Nacht zum Volkssturm-Angehörigen, seine Dreiergruppe, zwei Männer mit Kriegsverletzungen aus dem Ersten Weltkrieg, die er anführt, sind nur mit einer Panzerfaust ausgerüstet. Kokot als SA-Gebietsleiter übergibt mit Stolz dieses Gerät meinem Vater und fügt hinzu: „Seid tapfer in der Verteidigung, denkt daran, der Sieg ist unser, Heil Hitler." Mein Vater macht sich lustig über das Ding, bringt die Panzerfaust in die Wohnung, zum Schreck meiner Mutter, beruhigt, die Waffe ist nicht einsatzfähig, hat keinen Zünder und ist verrostet.

Vorweihnachtszeit 1944. Meine Eltern wissen nicht, wo wir

den Heiligen Abend verbringen werden, im Schutzkeller oder in der Wohnung, jeden Tag zwei Mal und in der Nacht Flieger-alarm, bis zur Entwarnung hocken wir mit Angst im Schutzkeller. Tags beobachten wir die feindlichen Flugzeugwellen über uns fliegen, das sollen Engländer sein. Angriffsziele sind hauptsächlich Industrie-, Treibstoff- und Rüstungsanlagen der IG Farbenindustrie AG in Heydebreck bei Cosel. Aus unserem kleinen Volksempfänger wütet die Nazi-Propaganda gegen die Feinde Deutschlands, verbreitet Optimismus auf einen Endsieg. Bei solchen Klängen zeigt mein Vater den Vogel und sagt halblaut: „Endsieg der Russen? Oder der Alliierten im Westen?“ Hitler wartet immer noch auf den Erfolg seiner Wunderwaffe. Aus London kommen täglich Nachrichten mit Geländeverlusten der deutschen Truppen, Geländegewinne der Roten Armee und Alliierten im Westen.

Wir sind bei Oma, sie wohnt im Erdgeschoss, als plötzlich Rufe laut werden, eine Kolonne Kriegsgefangener kommt. Tatsächlich, auf der Straße marschiert eine lange Kolonne russische, angeblich auch englische Kriegsgefangene, abgemagert, leicht gekleidet im Dezember, sie schauen ängstlich in unsere Richtung. Deutsche Wehrmachtsoldaten bewachen von beiden Seiten die Kolonne, meine Oma weinend: „Wo sind meine drei Jungs, mein armer Walter bestimmt irgendwo in Russland begraben, andere Mütter, Ehefrauen weinen auch.“ Frauen eilen in die Wohnungen, kommen bald zurück mit Essbarem und Decken, laufen damit zur Kolonne, die Bewacher reagieren nicht negativ, vielleicht sehen sie sich bald in gleicher Lage. Mein Vater sagt: „Das sind Kriegsgefangene, die in Gruben, Werken und Fabriken arbeiten, aber wohin sie marschieren, bleibt ein Geheimnis.“

Seit Tagen leben wir im Keller, der soll Schutz bieten bei Fliegeralarm, in der dicken Außenwand ist ein Fluchtloch mit dünner Ziegelschicht geschlossen, bei Gefahr besteht die Möglichkeit, ins Freie zu gelangen. Ich liege mit meiner Schwester auf einer provisorisch eingerichteten Liegefläche, unsere Eltern und Erwachsenen aus dem Haus sitzen auf Stühlen, eine Flugzeugwelle, erst mal Engländer, später Russen, fliegt in zeitlichen Abständen über uns, entledigen sich der tödlichen Fracht über Industrieanlagen, Wohngebieten, unser Apothekenhaus wird getroffen, brennt völlig aus. Gewaltige Explosionen, Erschütterungen, wir haben Angst, weinen und beten laut. Die Luft im Keller ist nicht optimal, die Karbidlampen, der unangenehme Geruch von Kartoffeln, Sauerkraut, Kohle und Feuchtigkeit zwingt uns, in zeitlichen Abständen im Freien frische Luft zu atmen.

An einem Januartag 1945 stehen wir vorm Haus, atmen frische Luft, plötzlich eilen Männer und andere an die Ecke der Straße, dort stehen deutsche Panzer, Soldaten plaudern mit uns, ein Soldat sagt: „Wir sind auf dem Rückzug, die Russen stehen uns im Nacken, wir haben keine Kommandostrukturen, es heißt, bist du Gottessohn, so helfe dir selbst.“ Ein Soldat ruft vom Panzer: „Einsteigen, die Russen sind da!“ Panzer fahren mit starkem Motorenlärm los, hinterlassen eine stinkige Abgaswolke, das Motorenrattern lässt langsam nach, es herrschst Stille. Wir stehen hinter einem Haus, schauen in alle Richtungen. Plötzlich russische Soldaten, weiß getarnt, gebückt im Schnellschritt entlang der Häuser mit vorgehaltener Maschinenpistole. Das ist grober Leichtsinn von unseren Vätern, den Kellerraum zu verlassen, mit Vorsicht eilen wir in unsere sichere Unterkunft, die Russen sind tatsächlich da.
Von der Ansage, Russen sind in Klausberg, kommt keine Begeisterung auf, Nachdenklichkeit mit Angst vermischt macht sich breit, Erinnerung wird an die noch vor Kurzem

schreihälsige Nazi-Propaganda „Wehrt euch mit der Waffe, die Russen verschleppen die deutsche Bevölkerung nach Sibirien, die Russen erschießen alle Männer, die Russen vergewaltigen alle Frauen, auch die alten, die Russen plündern, die Russen sind wilde Menschen, besonders die asiatisch aussehenden…“ Wir bewegen uns im Haus zwischen Keller und Wohnung, schauen aus dem Fenster auf die Straße, es herrscht Stille, nach zwei Tagen verlassen wir den Schutzraum. Es kommt Bewegung auf die Straße, die Russen haben Schaufenster von Verkaufseinrichtungen eingeschlagen, der Bevölkerung zur Selbstbedienung freigegeben und plötzlich werden die Russen als gute Menschen gelobt, sie bieten unseren Männern Zigaretten an, lachen, erzählen, wir verstehen nichts. Ein Soldat kommt mit einem Hitlerbildnis, sagt „eto Gitler“ und zeigt mit der Hand auf seine Gurgel. Vergessen ist die Nazi-Propaganda, auch ich bin begeistert von der Großzügigkeit der Russen. Die Bevölkerung ist in Aufruhr, es wird geplündert oder zugeschaut beim Plündern, Männer und Frauen tragen Bekleidung, Unterwäsche, Schuhe, Hüte, Lebensmittel, Drogerieartikel in Kartons, Säcken, Taschen in Händen nach Hause. Gewürzgeruch macht sich breit, der angenehme Geruch kommt aus einem Kolonialwarenladen, auf dem Boden liegen zerstreute Verpackungen mit diversem Gewürzinhalt. Ich schaue dem Treiben zu, zwei Männer lachen, der eine sagt: „Der Fritz hat einen schweren Sack nach Hause geschleppt im Schnellschritt, freute sich über den wertvollen Inhalt, zu Hause kam die Ernüchterung, im Sack war Kümmel.“ Meine Eltern verbieten mir das Plündern, ich folge der Weisung aber nur kurz. Dann packt auch mich die Diebeslust und ich stürze in einen Miederwarenladen, der schon ausgeplündert ist. Auf dem Fußboden unter Regalen und Tischen finde ich noch BHs, Slips, Unterhemden, Nachtwäsche, Bademantel, Strümpfe. In einem anderen Laden finde ich noch Hemden, Hosen, Socken, Schu-

he, Seifen, Waschpulver. In mir vermischt sich Zufriedenheit, Werte ergattert zu haben, mit der Angst, von meinen Eltern erwischt zu werden. Ich überlege, wohin damit, infrage kommt nur der Karnickelstall, die oberen Fächer sind leer. Nach jeder Plünderung eile ich mit meinem Diebesgut zum Karnickelstall und verstaue die Ware. Ich habe Angst, schaue verstohlen zum Fenster, ob Mutter oder Vater mich sehen. Zu Hause werde ich stets gewarnt, nicht zu plündern, Diebstahl ist eine Todsünde, eine Straftat, bei solchen Warnungen werde ich kurz nachdenklich.
Ein Leichnam wurde am Waldrand neben dem Försterhaus gefunden, gekleidet in einer SA-Uniform mit Abzeichen, die rechte Kopfseite blutbeschmiert, eine Pistole daneben. Bald macht sich die Kunde breit, das ist unser SA-Gebietsleiter Kokot, vielleicht aus Enttäuschung, den Sieg nicht erlebt zu haben, oder Angst vor Rache oder ideologische Gründe haben ihn zu dieser feigen Tat bewegt.

Bei uns wird nicht mehr gekämpft, die Front verläuft in westlicher Richtung auf Oppeln, Breslau, Berlin. Russische Soldaten, motorisiert und einzeln oder in Gruppen bewaffnet, bewegen sich auf unseren Straßen. Russische Soldaten in Zweier- oder Dreiergruppen betreten ungebeten Wohnungen und fordern die Herausgabe von Uhren und anderen Wertgegenständen. Es gibt auch Vergewaltigungen und Erschießungen, Hausbewohner haben Angst, schauen ständig aus dem Fenster, ob Russen in Häuser gehen. Besonders fürchten wir asiatisch-mongolisch aussehende Soldaten, wir leben Tag und Nacht in Angst. Mein Vater wird bedroht, zwei Russen kommen in die Wohnung, setzen ihm die Maschinenpistole vor die Brust und fordern die Herausgabe von Uhren. Vater kreideblass, zeigt eine Taschenuhr, die wird abgenommen, meine Mutter weint, meine Schwester schreit, ich zittere am ganzen Körper vor Angst. Das

ist kein Einzelfall in unserem Haus.
Eine Kunde macht sich breit, zwei europäisch aussehende russische Soldaten betreten ungebeten eine Erdgeschosswohnung mit vier kleinen Kindern, die sich um ihre Mutter schreiend scharen. Die Soldaten, besonders der ältere, schaut mit traurigem Blick auf das vor ihnen schreiende Elend in der Mitte der Wohnung. In gebrochenem Deutsch sagt er unter sichtbar nassen Augen: „Meine Mutter tot, mein Vater tot, meine Frau tot, meine vier Kinder tot, unser Haus kaputt, verbrannt, alle von Gitler(Hitler)-Soldaten erschossen.“ Die Kinder weinen ununterbrochen, die Soldaten verlassen den Raum. Am nächsten Tag kommt der ältere russische Soldat mit einem Sack Brot und einem großen Stück gesalzenem Schweinespeck zurück.
Oma, Werner, Edith und ich gehen mit Handwagen in eine ländliche Ortschaft zu Bekannten, die einen Hof besitzen, um etwas Essbares wie Eier, Milch, Brot, Getreide oder Kartoffeln zu erbitten. Am Rande der Ortschaft Pilzendorf stoßen wir auf drei gefallene deutsche Soldaten. Meine Oma weint, kniet nieder, betet, berührt jeden einzeln und weint weiter. Für uns 11-, 12- und 13-Jährige ein sehr trauriger Anblick, wir schauen zu Oma, zu den toten deutschen Soldaten, die man uns dargestellt hat als unbesiegbare Helden in der Schule, im Radio, im Kino, beim Jungvolk oder bei der Hitlerjugend, in den Medien, wir schweigen und bekreuzigen uns. Oma richtet sich auf, sagt halblaut: „Ich habe drei Söhne im Krieg, Ernst ist freiwillig noch vor dem Krieg zu den Soldaten gegangen, der kommt bestimmt zurück, er war Ausbilder bei Dresden, Fedor, der zweite, war in Italien und Griechenland, der war keinen so großen Gefahren ausgesetzt, er kommt auch zurück. Beim Walter, dem dritten, habe ich keine Hoffnung, er war in Russland bei der Infanterie, zwei Mal schwer verwundet, seinen kurzen Genesungsurlaub verbrachte er zu Hause, Walter werde ich bestimmt nicht mehr sehen“, und weint.

Die örtliche russische Besatzung gibt einen Befehl heraus, alle Radiogeräte in Haushalten sind beschlagnahmt und müssen sofort zur Sammelstellen gebracht werden, für unsere Straße gilt die Eichendorfschule als Abgabestelle. Wir haben einen Volksempfänger, der uns für Informationen aus London und Goebbelscher Kriegspropaganda diente. Mir kommt die Aufgabe zu, unser gutes Stück dort abzugeben, im Raum sind die Radios gestapelt und immer mehr kommen hinzu, ein Lehrer quittiert den Empfang. Wir sind traurig, Kriegsereignisse können wir nicht mehr verfolgen. Der Krieg tobt weiter im Westen auf Berlin zu, in Westdeutschland die angloamerikanischen Truppen. Es gibt auch Bewohner, die es wagen, ihr Radio nicht abzugeben, sie müssen mit Konsequenzen rechnen.
An Hausfassaden kleben Aushänge, ein Befehl der sowjetischen Militäradministration, männliche Personen von 17 bis 55 Jahren haben sich mit Verpflegung für 14 Tage, Arbeitsbekleidung und persönlichen Utensilien in der Sammelstelle, in der Adolf Hitler Schule, am … zu melden. Es spricht sich herum, die Sowjets wollen die deutsche Eisenbahnspurbreite auf die russische Breite umstellen, daher auch nur für 14 Tage Verpflegung. Bald stellt sich heraus, die 14 Tage sind geplant für den Transport der Männer zum Arbeitslager im Donezk-Kohlebecken in der Ukraine.

Mein Vater repariert unsere Schuhe, ordnet das eine und das andere, mich verfolgt die Angst, mein Vater könnte mein Diebesgut im Karnickelstall finden. Am Vortag der Verabschiedung schlendere ich mit meinen Altersgenossen auf die unbesetzte Stein- und Kohlehalde, wir spielen und fahren mit Loren, trampeln auf Transportbändern herum, laufen den Haldenberg hoch und herunter, ich achte nicht auf mein repariertes Schuhwerk. Am späten Nachmittag sitzt mein Vater vor dem Kü-

chenofen mit selbstgedrehter Zigarette, pustet den Zigarettenqualm in den Ofen und sieht meine ramponierten Schuhe. Plötzlich kommt böse Stimmung auf, zum ersten und letzten Mal in meinen Leben versohlt mein Vater meinen Arsch, ich denke dabei, es könnte noch schlimmer sein, wenn mein Diebesgut ausfindig gemacht würde. Mutters Hände bewegen sich öfter, auch mit einem Knüppel mit Sieben-Leder-Riemen, das war damals üblich. Auch Lehrer lynchen ihre Schützlinge mit einem Rohrstock für schlechte Zensuren und Benehmen.
Am nächsten Morgen verabschiedet sich unser Vater, wir sind traurig, meine Schwester weint, Mutter weint, ich bin sehr traurig und habe Schuldgefühle wegen der Schuhe. Aber bald kommt mein Vater zurück, nur für kurze Zeit. „Der russische Soldat war sehr nett, gab mir kurzen Freigang," sagt er. Ob das so war, weiß ich nicht, er umarmt und küsst mich auf Stirn und Kopf, was auf eine Entschuldigung deutet für seinen Ausraster zu meinen ramponierten Schuhen am Vortag.
Mit gleichaltrigen und Erwachsenen stehe ich vor der Schule und schaue nach meinem Vater. Das Schulgebäude wird von russischen Soldaten mit Maschinenpistolen streng bewacht, wir dürfen an die Schule nicht heran. Unsere Väter schauen aus den Fenstern der Klassenräume, rufen uns zu, wenn sie einen Angehörigen erkennen, auch ich sehe meinen Vater mir zuwinken. Es wird erzählt, am Morgen wurde eine Gruppe von Männern wie Kriminelle etwa zwei Kilometer weit zum Güterbahnhof getrieben. In der Mittagszeit bestätigten sich diese Erzählungen. Ich sehe von Weitem, wie eine Kolonne von Männern am Schulhof unter lauten Befehlen zusammengestellt wird. Bald darauf öffnet sich das Schulhoftor, in Viererreihen marschieren unsere Väter, angetrieben von bewaffneten russischen Soldaten. Der Ton der Soldaten ist laut und rau, wie Kriminelle werden die Marschierenden behandelt, sprechen miteinander dürfen sie nicht, nur schnell gehen. Die Bewacher

mit Maschinenpistolen laufen von vorne nach hinten und wieder von hinten nach vorne wie Hunde neben marschierenden Männern und schreien Russisch, was auf schneller, schneller deutet. Ich sehe meinen Vater in der Mitte der Kolonne schreiten, er sieht mich nicht, die Männer sind verängstigt durch die Schreie der bewaffneten Bewacher. Links und rechts der Straße stehen Angehörige der Getriebenen, es spricht sich rasch herum, dass eine Kolonne zum Güterbahnhof unterwegs ist. Es wird gerufen, gewunken, es kommen keine Antworten. Der Kolonne schließen sich Angehörige an, begleiten Söhne, Väter und Männer bis zum Güterbahnhof, wo geöffnete Güterwagons mit Soldaten auf die Verbannten warten, der Ton wird immer rauer. Wir müssen großen Abstand halten zur Kolonne. Gruppenweise werden die Verängstigten mit russischem Geschrei in einzelne Güterwaggons getrieben, sie werden sofort verriegelt und verschlossen. Man erzählt, die Waggons werden angehängt an die Waggons mit Männern, die am Morgen hierher getrieben wurden. Wir warten Minuten, Stunden, einige Waggons haben kleine Fensteröffnungen, plötzlich kommt Bewegung auf, eine Lokomotive wird angekoppelt, danach das Lokomotivensignal mit Pfeiftönen, der Zug ist zur Abfahrt bereit. Wir entfernen uns vom Güterbahnhof, eilen zum Bahndamm, der sich bis zum alten Friedhof zieht, um nahe der Waggons zu sein. Auch hier müssen wir uns sehr lange gedulden, weitere Waggons mit oder ohne Güter werden angekoppelt. Erst am späten Nachmittag, kurz vor Eintritt der Dämmerung, kommt der Zug in Bewegung, wir sehen Dampf umhüllt die Lokomotive. Die Eisenbahnstrecke vom Güterbahnhof bis zur Abwehrgrube (kopalnia Mikulczyce) hat eine Steigung, der Zug fährt langsam. In der Zwischenzeit sind viele Menschen, Angehörige der Verbannten, an die Strecke gekommen, sie rufen Namen aus oder winken, manche haben Verpflegung mitgebracht, müssen diese behalten. Der Zug gleitet an uns vorbei, aus kleinen Fensteröffnungen sind winkende Hände zu sehen, Zettel werden geworfen, wir winken und rufen die Namen unserer Väter und Männer, der Zug fährt unaufhaltsam weiter gen Osten.

Mutter drängt mich wieder mal, in die Kirche zur Beichte zu gehen, durch die Ereignisse der letzten Zeit wurde diese religiöse Pflicht von Mutter nicht beachtet. Vor diesem Tag habe ich höllische Angst, ich habe doch geplündert, was mir verboten war, Vater und Mutter haben gedroht, Diebstahl ist eine schwere Sünde. Vor der Besatzung durch die Russen hat der Priester und Pfarrer beim Kinder- und Jugendgottesdienst am Sonntag 9:00 Uhr von der Kanzel stets gedonnert, das Diebstahl eine Todsünde ist, nach dem Tod kommt die Seele des Verstorbenen in die Hölle und der Teufel erfreut sich der Feuerqualen des Sünders. Mein Gewissen plagt mich. Soll ich meinen Diebstahl beichten? Ich habe Angst, der Priester könnte mir die Ohren lang ziehen, es vielleicht auch der Mutter sagen, dann hätte ich die Vorstufe zur Hölle schon zu Lebzeiten zu Hause. Ich entscheide mich, nicht zu beichten, dieses Schuldgefühl wird mich über die Kinder- und Jungendzeit begleiten.

Am 27. Januar 1945 erreichen die Spitzen der Roten Armee das Vernichtungslager Auschwitz. Was die Soldaten sehen, wissen sie nicht zu deuten, das Grauen steigert sich von Lager zu Lager. Bald erreicht diese Kunde unsere Städte und Gemeinden, es ist nicht zu glauben, was die Nationalsozialisten in deutschem Namen angerichtet haben. Weitere Lager und Gefängnisse werden befreit und sofort verpflegt, Kranke vom medizinischen Militärpersonal versorgt. Befreite deutsche Personen eilen in ihre Wohnorte, befreite Ausländer irren auf Straßen umher, beschimpfen die Deutschen mit Faschisten, Hitlerpack, werden sogar handgreiflich gegenüber Jugendli-

chen. Einer kleinen deutschen Bevölkerungsschicht ist nicht bewusst, was die Nazis angerichtet haben in Arbeitslagern oder Gefängnissen. London berichtete von der Existenz der KZ-Lager, aber das kleine Volk, wie meine Eltern, beschäftigte sich nicht mit diesem Begriff, Arbeitslager und Gefängnisse gibt es in jedem Land.
Informationen über Luftangriffe auf Dresden sickern durch, gleich macht sich Panik breit, es könnte auch bei uns bombardiert werden, der Krieg ist noch nicht vorbei. Mehrere Angriffswellen der Engländer und Amerikaner zerstören die Stadt besonders heftig vom 13. bis 15. Februar 1945, es gibt Tote und Verletzte.

Es vergehen Tage, Wochen ohne Vater, wir wissen nicht, wo er ist. Oft weint meine Mutter. Das Wasser kocht auf dem Ofen, außer Kartoffeln kann sie meiner Schwester und mir nichts anbieten. Für mich als 11-Jährigen schlägt die Stunde zum Handeln. In unserer Ortschaft sind russische Soldaten in kleinen Gruppen da und dort untergebracht. In einer Villa neben dem Bahnhof ist die russische Kommandantur stationiert, vor dem Gebäude steht eine große Feldküche, von Soldaten bedient. Von Weitem duftet die Erbsen-, Bohnen- oder Gulaschsuppe mit dick gekochten Graupen. Am Zaun hängt ein Schweineteil, der Koch schneidet davon Stücke und wirft diese in den Kessel, daneben ein provisorischer Metalltisch mit Brotstücken. In kurzer Entfernung stehen Kinder und Frauen mit Töpfen oder Krügen und warten, bis der Koch oder ein anderer russischer Soldat das Zeichen gibt heranzutreten, um das Gefäß zu füllen, eine Brotscheibe dazu, ein bis zwei Mal am Tag reihe ich mich dort ein. Aber nicht an jedem Tag sind die Soldaten so freundlich, manchmal werden wir verjagt, bedroht, hartnäckig Ungehorsame verbringen einige Stunden im verschlossenen Raum.

Der Krieg geht weiter und die Ungewissheit mit. Es ist später Nachmittag, eine unbekannte Frau überbringt meiner Oma eine freudige Nachricht, sie soll einen Handwagen mit Heu oder Stroh beladen und mit ihr kommen, einige Kilometer in eine ländliche und bewaldete Ortschaft, dort in einem Versteck vor Russen wartet Walter, er ist aus der Gefangenschaft geflohen, sie möchte ihn abholen. Oma, in Panik, organisiert einen Handwagen auf vier Rädern, ein Bündel Heu und Stroh und macht sich mit der guten Frau auf den langen Weg. Walter muss sich in den Handwagen auf Stroh legen, mit Heu bedeckt, auf den Straßen patrouillieren russische Soldaten. In den Morgenstunden ist die arme Oma erschöpft wieder da. Der Wagen musste die vielen Kilometer gezogen werden, es konnte auch schiefgehen, zweimal wurde sie angehalten und befragt. Das Dasein unseres Onkels wird geheim gehalten, er ist vorübergehend in einem Kellerraum untergebracht und von Oma gut versorgt. Ich verbringe viel Zeit bei meinem Onkel Walter, frage ihm Löcher in den Bauch. Ich bin wissensdurstig, mein Onkel war Frontsoldat bei der Infanterie in einem Panzerbataillon bei der Wehrmacht, lief bei Angriffen oder Verteidigung neben dem Panzer, kampfbereit. Szenen von Kampftruppenbewegungen haben mich in der Vorschau im Kino oder auf Bildern stets fasziniert. Er war an der vordersten Front bei Kursk, wurde schwer verwundet durch Granatensplitter, lag eine Zeit lang am Boden mit Schmerzen und Angst, es gab Verwundete und Tote. Russen suchten das Trümmerfeld ab, bargen ihre verwundeten Kameraden, hin und wieder hörte er Schüsse, vielleicht wurden schwer verwundete deutsche Soldaten erschossen, das sprach sich herum, dann kamen deutsche Soldaten und bargen die Verwundeten. Seine Kompanie wurde von Russen auf deutschem Boden aufgegriffen, es gab eine Schießerei und Gefangennahme, tagelang standen sie im Freien bei Kälte und ohne Verpflegung, Kameraden wurden verprügelt, mit Hitlerschweine, Faschisten, Hurensöhne beschimpft. Dann der Marschbefehl, die Gefangenenkolonne erreichte die hiesige Gegend, bei einer Abendrast am Waldrand ist es mehreren Gefangenen gelungen zu flüchten.

Mein Onkel möchte Zigaretten rauchen, aber es gibt keine, auch keinen Tabak, Oma sucht ihren Bekanntenkreis auf, ohne Ergebnis. Auf dem Weg nach Hause sehe ich Zigarettenkippen am Gehweg liegen, sofort kommt mir Onkel Walter in den Sinn. Ohne nachzudenken marschiere ich entlang unserer Hauptstraße und hebe alle Kippen vom Gehweg und Straßenrand auf, es könnte reichen für zwei bis drei Zigaretten. Meine Mutter ist nicht begeistert von meiner Aktion, sie tadelt mich, meine Hosen und ich stinken nach Tabak. Sie belehrt mich über Krankheitserreger, die an einer Zigarettenkippe stecken, eine weitere Sammlung wird mir untersagt. Ich halte mich nicht an das Verbot, sammele weiter Kippen, mein Onkel nimmt mit Freude meine Ware entgegen.

Offiziell wird die Namensänderung unserer Städte und Gemeinden bekannt gegeben, aus Hindenburg wird Zabrze, aus Gleiwitz wird Gliwice, aus Beuthen wird Bytom, aus Oppeln wird Opole, aus Breslau wird Wroclaw, aus Klausberg wird Mikulczyce, aus Pilzendorf wird Grzybowice …, aus Ludwigsglückgrube wird kopalnia Ludwik.
Nachdem die Russen nicht mehr so zahlreich sind, die Miliz und Gemeindeverwaltung den Betrieb aufnahm, geht Oma mit Onkel Walter zur Meldestelle, mit dem Hinweis, aus der Gefangenschaft entlassen zu sein, die Dokumente im Wirrwarr der Ereignisse sind abhandengekommen.
Mit meinen Freunden jage ich ohne Schuhwerk um das Haus, beim Sprung von der Mauer aufs Feld sinkt mein Fuß im Bo-

den leicht ein, ich bemerke einen Gegenstand unter meiner Fußsohle. Unbemerkt greife ich darunter und hole eine Zigarrenkiste hervor. Ich glaube meinen Augen nicht, eine Pistole mit Trommel für sechs Ladungen, daneben die Patronen sind darin, ich verrate meinen Fund nicht. Nach Ende der Spiele überlege ich, wohin mit dem Fundstück, und entscheide mich für ein Fach im Karnickelstall, mehrmals am Tag schaue ich mir den Trommler an, jedes Mal lockt mich der Teufel zum Schießen. Der Versuchung kann ich nicht widerstehen, an einem Nachmittag hole ich die Zigarrenkiste und eile mit Herzklopfen in den Bunker neben unserem Haus, experimentiere das Öffnen, Schließen und Laden der Trommel, dann wage ich mich zu einem Schuss. Der Knall im kleinen Bunkergang ist ohrenbetäubend laut, der Rückschlag so stark, dass mir die Pistole aus der Hand fällt. Ich verstecke die Kiste im Bunker und mache mich aus dem Staub, im Freien beobachte ich, ob meine Tat wahrgenommen wurde. Am nächsten Tag hole ich die Pistole aus dem Bunker, gehe erneut zum Karnickelstall, das Versteck scheint mir nicht sicher zu sein. In Abwesenheit meiner Mutter bringe ich das Eisen nach Hause, verstecke es unter dem Schrank, mein Teenieverstand sagt, das ist der richtige Ort, ich war beruhigt, das Zeug ist vergessen. An einem Wochenende macht meine Mutter Großreinigung in der Wohnung, beim Fußbodenwischen schleudert sie den Wischlappen unter den Schrank und am anderen Ende dreht sich das gute Stück mehrmals auf dem Fußboden, ein Schrei folgt und die Angst auch. Meine Mutter in Panik, eine Pistole in der Wohnung. Ich sage die Wahrheit zum Fund, aber nicht, dass ich einen Schuss abgegeben habe. Mutter droht und predigt mir, die Kanone sofort tief im Aschecontainer zu entsorgen, damit das niemand sieht. Die Pistole landet erneut im Karnickelstall und Tage später im Kleiderschrank im Wintermantel meines Vaters, dort findet keiner die Pistole, mein Vater ist interniert in Russland, sagt mein Verstand, nicht wissend, dass meine Mutter in zeitlichen Abständen die Klamotten im Schrank mit Mottenkugeln sichert. Ich komme nach Hause, sofort rastet meine Mutter aus und ich werde mit unserem siebenriemigen Knüppel versohlt, nicht zum ersten Mal, und lange getadelt, die Pistole nicht entsorgt zu haben. Unerwartet kommt Onkel Walter, Mutter beklagt sich, sagt, greif mal in den Mantel von Franz, da gehen dir die Augen auf. Er nimmt die Pistole und beide gehen wir zum Teich am Ende unserer Ortschaft. Am Gehsteg zur Pumpstation bleiben wir stehen, Onkel nimmt die Pistole in die Hand und fragt, was das ist. Meine Antwort: „Mein Trommler." Er wirft das gute Stück weit in den Teich, ich bin sehr traurig.

Unsere Mutter ist am Verzweifeln, kein Einkommen, keine Unterstützung, die Reserven sind ausgegangen, außer Kohle und Wasser fehlen alle Grundnahrungsmittel, arbeiten im Bergbau unter Tage oder an der Kohlesortieranlage, acht Stunden lang stehen, auch im Schichtbetrieb für ein Taschengeld und die Gesundheit ruinieren, kommt nicht infrage.

Im Sommer 1945 beobachtet Mutter am freien Handel, was gehandelt und wie viel Geld verdient wird, plötzlich kommt die Idee auf, mit roten Zuckeräpfeln zu handeln. Sie organisiert mittelgroße Äpfel, Zucker, rote Lebensmittelfarbe und experimentiert mit Erfolg. Angeborene Gene ihres Vaters, meines Großvater Theodor, den ich nicht kenne, werden bei Mutter wach. Sie hat eine Marktlücke entdeckt und lässt nicht locker, meine Schwester und ich werden eingespannt, mir passt das nicht. Nun fange ich an nachzudenken, mein Diebesgut zu verraten, damit könnte sie handeln, ich hätte Ruhe, aber das ist mein Diebstahl, Todsünde, Hölle, womöglich käme der Sieben-Riemen-Knüppel in Bewegung. In letzter Zeit ist Mutter sehr gereizt, ich bekomme oft eine Flanke verpasst. Ab Sommer 1945 rennt Mutter jeden Sonnabend früh zum Markt, sucht mittelgroße Äpfel, handelt den Preis herunter, kauft Zucker und rote Lebensmittelfarbe, ich muss im Haushalt helfen und auf meine Schwester achten. Am Nachmittag werden rote Zuckeräpfel in der Küche produziert, weißer Zucker wird auf der heißen Ofenplatte geschmolzen, rote Lebensmittelfarbe kommt hinzu, der Apfel am Spieß wird kurz in den flüssigen roten Zucker getaucht und das fertige Apfelprodukt wird auf ein Kuchenblech gestellt. Gearbeitet wird so lange, bis die Äpfel verbraucht sind, ich muss helfen, die Äpfel am Spieß zu reichen. Die Holzspieße muss ich zuvor anfertigen, ich werde angetrieben, die Qualität und Quantität muss stimmen. Bei der Arbeit ist Mutter sehr nervös, impulsiv, schreit, wenn ihr was nicht passt, belegt mich schnell mit der Hand, bei groben Verstößen sogar mit dem Sieben-Riemen-Knüppel, ich bin ja kein Heiliger. Mutter späht, wo Kirchen ihren heiligen Patronen-Namen am Sonntag feiern, in der katholischen Kirche Ablass genannt, dort fahre ich mit meiner Schwester hin, der Korb voller roter Zuckeräpfel. Mutter macht sich auf den Weg mit zwei Körben zu anderen Kirchen. Meinen Umsatz errechnet sie im Voraus, das Geld muss ich nach Hause bringen. Vor der Kirche stehen Verkaufsstände mit Süßigkeiten, Lebkuchen, Spielzeugen, Obst, sauren Gurken. Zwischen so einem Verkaufsstand lasse ich mich nieder, halte zwei bis drei rote Zuckeräpfel in der Hand, meine Schwester neben mir wartet auf Käufer, das sind meistens Kinder. Ich muss wachsam sein, schaue links und rechts, von der Miliz oder Ordnungsamt nicht erwischt zu werden, ich verkaufe illegal. Die Ware werde ich schnell los. Auf dem Heimweg überlege ich, wie viele Zloty ich vom Umsatz heute unterschlagen könnte, für mich versteht sich, schließlich arbeite ich auch daran. Ich rechne, rechne, entscheide mich schließlich für 50 Zloty, das sind zehn Stück rote Zuckeräpfel, die während des Transportes zerdrückt wurden, jedes Mal finde ich eine andere Ausrede. In einem Bereich mit Sträuchern sage

ich zur Schwester: „Geh langsam weiter, ich muss scheißen gehen.“ Hinter einem Gebüsch unter einem Stein bewahre ich meine Beute auf und freue mich. Zu Hause muss ich Rechenschaft ablegen, alles ist gut gelaufen, ich demonstriere meine Tapferkeit, drei Mal hat mich die Miliz verjagt, sogar einmal sind sie hinter mir hergelaufen und haben mich nicht geschnappt, ich hatte Glück, bei dieser Flucht sind zehn Stück rote Zuckeräpfel flöten gegangen, Dorota war beim Gottesdienst. Ich ernte Lob für meinen Mut, ein Seitenhieb folgt, in Zukunft besser aufzupassen, damit keine Zuckeräpfel kaputt gehen, sonst haben wir Verluste, was nicht stimmt. An manchen Sonntagen sieht die Umsatzabrechnung anders aus, nicht so freundlich, da werde ich der Unterschlagung verdächtigt, was ich dementiere und den Unschuldigen demonstriere.
Am nächsten Tag renne ich zum Versteck, anschließend zum Fischladen, kaufe einen großen geräucherten Schellfisch und vertilge das Vieh heimlich, reicht das Geld, hole ich noch einen am Abend.

Die Feierlichkeiten zur 1. heiligen Kommunion 1946/47 sind vorbei, Mutter bittet um Aufnahme ihrer Tochter in den Marien-Verein und Kirchenchor. Stolz, mit erhobenem Haupt und vorgeschobener Brust, schaut Mutter zu, wie Dorota im weißen Kleid, mit grünem Kranz am Kopf und einer Kerze in der rechten Hand an Feiertagen in Prozessionen andächtig schreitet. Ich komme nicht mehr zur Geltung, mein Rausschmiss aus dem Ministranten-Verein bereitet Schande, sagt Mutter. Es tut mir leid. Aus Dorota ist auch nicht das brave Marien-Mädchen geworden, sie ist zänkisch, lügt sehr oft, ist frech, Mutter muss mehrmals rufen zum Abwasch oder um bei etwas anderem zu helfen, die Antwort immer die gleiche: „Ich komme gleich, ich komme gleich …“ Dann wird Mutter ungemütlich, Dorota hält sich nicht immer an Absprachen, lernt aber gut in der Schule.

Wenn Dorota aus dem Rahmen fällt, dann lässt Mutter den Klopfer an Dorotas Body springen, beide schreien, Dorota provoziert Mutter noch mehr, im Schlafzimmer lässt sich Dorota um den runden Tisch jagen. Der Klopfer ist für Dorota bestimmt, für mich der siebenriemige Knüppel. Aus Wut schnitt ich einmal alle sieben Riemen an, beim nächsten Prügel fallen die Stränge ab. Und was macht Mutter? Sie prügelt aus voller Wut mit dem Holzknüppel auf mich ein, der Schuss ging nach hinten los.

Offiziell arbeitet Mutter nicht, sagt überall, sie ist schwer krank, was nicht stimmt, kennt keinen polnischen Arzt, deutsche Ärzte haben das Weite gesucht, sie bekommt weder Rente noch Zuwendung, aber wir leben nicht schlecht. Mutter kauft einen Fohlens-Pelzmantel und präsentiert sich damit auf dem Weg zum Gottesdienst mit erhobenem Haupt und vorgeschobener Brust am Sonntag, wenn noch keine frischen Äpfel im Handel sind. Der Zloty rollt, der Schwarzhandel macht's möglich, Mutter klagt trotzdem, kein Geld zu haben, alles ist so teuer, du, Günter, machst nur Verluste mit dem Zuckeräpfelverkauf. Meine Mutter hortet den Umsatz vom Schwarzhandel mit roten Zuckeräpfeln gebündelt in Hunderterscheinen zwischen der Bettwäsche im Schrank, das Wäscheregal wird immer höher und neue Bündel kommen hinzu. Mutter zählt und bündelt das Geld, ohne jemanden in der Nähe zu haben. „Günter, du störst mich, mach Schularbeiten oder geh an die frische Luft, du bist blass." Wenn ich großen Appetit auf Eis oder geräucherten Schellfisch habe oder ein Geschenk zum Muttertag kaufen möchte, dann ziehe ich aus der untersten Schicht im Wäscheregal einen Schein heraus. Oft passiert das nicht, Diebstahl ist doch eine Todsünde, da kommt man in die Hölle, sagt Mutter, ich habe Angst, nicht vor der Hölle, sondern vorm siebenriemigen Knüppel. Verrechnen ist möglich, das beruhigt

mich.
In Mikulczyc gibt es weder eine Sparkasse noch Bank, davon will meine Mutter auch nichts wissen, sie hat kein Vertrauen in Geldinstitutionen, das sind korrupte Diebe, hat sie mal gesagt. Unsere Mutter beendet den Schwarzhandel im Jahr 1948, vor Angst, von netten Nachbarn verpfiffen zu werden, sie steht auch im Streit mit ihnen. Ich drücke mein unehrliches Bedauern aus und sage Mama, der Zloty rollt und du hörst auf, darauf folgt: „Ich lasse mich nicht einsperren, ihr würdet alle vergammeln ohne mich“, vielleicht hat sie sogar recht.

Eine Gartenkolonie wird gegründet, viele Bewerber möchten eine Gartenparzelle, Mutter machts möglich, ergattert eine, es gibt viel zu tun im ersten Jahr. Das Feld liegt brach, Mutter, Walter und ich bearbeiten den Boden. In dieser schwierigen Zeit ist ein Garten eine wohltuende Unterstützung, für mich eine Katastrophe. Ich muss gießen, das Grabenwasser etwa 200 Meter schleppen, mehrmals, wenn Mutter dabei ist, am Ende fühle ich mich wie ein Primat mit langen Händen. Wenn ich alleine im Garten bin, schaffe ich mit einer Gießkanne vier und mehr Beete zu nässen, das Ergebnis lässt nicht lange auf sich warten. Mutter ist empört bei verwelkten oder trockenen Pflanzen, der Rest des Tages ist dann gelaufen. Bald wird eine Wasserleitung verlegt und eine Gartenlaube wird stehen.

Eine Auswanderungswelle rollt seit Wochen, Familien und Einzelpersonen reisen nach dem Westen aus zu Familienangehörigen oder Ehemännern, die aus der angloamerikanischen Gefangenschaft entlassen wurden. Viele meiner Schulkameraden sind dabei. Auch meine Tante Else, die mich zum Idioten erklärt hat beim Schreiben der Drei, hat sich zur Ausreise inspirieren lassen von einer jungen Nachbarin, Oma und Mutter sind traurig, ich weniger, verzeihen kann ich ihr das nicht. Ausreiswillige wollen nicht in Polen oder unter sowjetischer Besatzung leben, Mutter fühlt sich hier wohl und denkt nicht daran, in den Westen auszuwandern. Traurigkeit herrscht in der Kirchengemeinde von Mikulczyce, unser Pfarrer Grochowina und seine beiden Priester Hesse und Watzlawik haben die Flucht in Richtung Westen ergriffen, den Priester Hesse bedaure ich nicht, er hat mich rausgeschmissen aus dem Ministrantenteam, vielleicht ist das gut so.

Meine Oma, die so bittere Rückschläge im Leben erleiden musste, tröstet mich, wenn ich mich über Mutter beklage: „Günter, der Mensch denkt und Gott lenkt“, vielleicht hat sie sogar recht. Ein neuer Pfarrer ist auch schon da, er heißt Chuchracki, saß im Konzentrationslager Auschwitz, macht am Anfang keinen guten Eindruck. Wenn Jugendliche am Sonntag in Gruppen vor der Kirche stehen, kein Interesse zeigen, am Gottesdienst teilzunehmen, kommt der Pfarrer in seiner Sultane gerannt und treibt das sündige Volk in das Innere des Gotteshauses, natürlich mit erhobener drohender Stimme: „Ihr landet in der Hölle!“ Von der Kanzel tobt er weiter über die mangelnde christliche Erziehung der Jugend, er beklagt nicht öffentlich, dass die Jugend durch die Hitlerorganisation Jungvolk und die Hitlerjugend versaut ist. Meine Mutter entlastet mich zu dieser Zeit noch vom Gottesdienst am Sonntag, wenn ich mit roten Zuckeräpfeln handle, sonst muss ich zwei Mal gehen, früh und um 15:00 Uhr zur Vesperandacht, meistens schwänze ich diesen Besuch.

In unserem ehrenwerten Haus ist Neuzugang eine alleinstehende Polin, stark geschminkt und mit rot lackierten Fingernägeln, was ungewöhnlich ist, mit auffallender Frisur und hohen Absätzen stolziert sie im Treppenhaus mit Zigarette im Mund, findet keinen Ansprechpartner, im Haus spricht keiner polnisch, die Dame spricht kein Deutsch. Meine Mutter, meine Oma können weder polnisch lesen noch schreiben, sprechen oberschlesisches Polnisch in einem Satz mit veränderten deutschen und polnischen Vokabeln, ein Pole versteht das nicht. Die Dame fühlt sich nicht wohl unter unserem Dach, meine Mutter wird mit ernstem Blick zur Rede gestellt: „Frau Mosler, Sie atmen polnische Luft, essen polnisches Brot, wohnen auf polnischem Gebiet, dann sprechen Sie mit Ihrer Tochter und Ihrem Sohn polnisch." Ich sage zu meiner Mutter, die rote Hexe werde ich weder grüßen noch anschauen, Mutter tadelt mich dafür. Unser ehrenwertes Haus mit seinen lieben Bewohnern ist der edlen polnischen Dame letztlich nicht bekommen, sie sucht das Weite.

Bergleute, Stahlwerker und andere Arbeiter bekommen je zwei UNRRA-Pakete aus den USA (Nothilfe- und Wiederaufbauverwaltung der Vereinten Nationen oder kurz UNRRA) mit Säften, Genussmitteln, Lebensmitteln und vielem anderen. Für diese Menschen Freude, für Familien, deren Väter irgendwo in der Gefangenschaft oder Internierung in Russland sind, Traurigkeit. Mit Neid und Neugier schauen wir Kinder zu, wie Pakete freudestrahlend in Empfang genommen werden. Manche Empfänger verkaufen noch vor Ort einen Teil der Waren für Geld, um andere Nahrungsgrundmittel käuflich erwerben zu können. Mich bewegt der Gedanke, Schokoladen, Säfte zu kaufen, diese teurer weiterzuverkaufen. Ich bettele bei Mutter, helfe alten Leuten beim Kohletragen in die Wohnung und beim Einkaufen, bald kommen mit Mühe 70 Zloty zusammen. Das reicht mir nicht, entscheide mich zum Griff ins Wäscheregal, ziehe zwei 100 Zloty-Scheine und mit hörbarem Herzklopfen noch einen dritten Schein, vermerke die entnommen Stellen. Vor dem UNRRA-Laden kaufe ich vier bis fünf Schokoladen, renne ca. fünf Kilometer zu Fuß nach Zabrze zum neu eröffneten Pralinenladen neben dem Kino, bekomme dafür pro Stück 90 bis 100 Zloty. Ich freue mich riesig, der Inhaber ist bereit, weitere Schokoladen anzukaufen, und so mache ich am Tag zwei Touren mit mehreren Schokoladen in diesen freundlichen Laden. Die entnommenen drei 100-Zlotyscheine gebe ich sorgfältig zurück, so entkomme ich der Todsünde und der Hölle. Endlich ist die Straßenbahn Nr. 3 in Betrieb, ohne Gepäck fahre ich mit, aber nicht in der Straßenbahn, sondern hocke außen an der Kupplung für Anhänger, da fahre ich umsonst. Der Handel mit Säften lohnt besser, ein Großhandel in Gliwice nimmt UNRRA-Dosen an, ich kaufe Orangen-, Zitronen und Tomatensäfte, fahre mit der schweren Tasche in der Straßenbahn dorthin, werde schnell und gut abgefertigt mit gutem Gewinn. Auf dem Heimweg kaufe ich mir ein Stück Wurst mit Brötchen und vertilge das gleich unterwegs. Das geht eine Zeit lang gut, mein Gewinn ist sehr zufriedenstellend, Mutter freut sich, warnt mich jedes Mal, vorsichtig zu sein, die Miliz könnte mich wegen unerlaubten Handels verhaften. Der Ankauf von Orangen- und Zitronensaft geht zu Ende, nur Tomatensaft ist noch schleppend möglich käuflich zu erwerben, meine letzte Fahrt nach Gliwice mit einer sehr schweren Tasche voll Tomatendosen steht an. Die verkaufe ich mit gutem Gewinn als begehrten Orangensaft, was dem Ankäufer nicht auffällt, und eile davon. In diesem Laden sieht mich keiner mehr, ich bin froh, nicht aufgeflogen zu sein.

In der Öffentlichkeit ist die deutsche Sprache nicht erwünscht, neue polnische Nachbarn sorgen mit Sprüchen, auch Drohungen dafür, dass deutsche Eltern mit ihren Kindern polnisch sprechen müssen. Alltäglich stehen uns fremde Bürger, polnische Bürger, gegenüber, davon viele, die noch vor Kurzem im KZ Auschwitz, etwa 60 Kilometer von unserer Ortschaft entfernt, in menschenunwürdigen Verhältnissen litten. Die deutsche Sprache wird von Tag zu Tag zwangsläufig verdrängt. Deutsche Kinder und Erwachsene müssen auch mit Angst langsam lernen miteinander umzugehen, das gegenseitige Vertrauen zu erlangen, Belästigungen durch polnische Jugendliche sind nicht selten. Von zwei älteren polnischen Jugendlichen werde ich auf der Straße in Hindenburg angehalten, beschimpft, mit Gewalt wird mein lederner Gurt von der Hose weggezogen, angeblich ein Symbol der Hitlerjugend, wie sie sagen. Nach und nach werden wir autochthone junge Menschen im Geiste der Nachkriegsordnung unter neuer Staatsmacht erzogen, die Pforten zur Bildung stehen offen.

Im September 1945 beginnt der Schulunterricht in polnischer Sprache, wir sind neugierig, junge Lehrerinnen und ältere Lehrer unterrichten. In den ersten Unterrichtsstunden zeigt die Lehrerin auf Gegenstände, wir wiederholen okno (Fenster), drzwi (Tür), lampa (Lampe) … Wir finden das lustig, sprechen mit verdrehtem Gesichtsausdruck nach, lachen dabei, bald wird uns das Vaterunser in Polnisch beigebracht, eine neue Zeit beginnt. Die Lehrerinnen sind sehr freundlich, lachen mit uns, erzählen, helfen, die schweren polnischen Wörter oder Sätze auszusprechen, wiederum ältere Lehrer sind weniger beliebt. Lehrer Zachubin, im hohen Alter, aus Lemberg (Lwow) stammend, spricht das L mit gedrückter Zunge am Gaumen, wir sprechen ihm leise nach, wenn er an der Tafel steht und lange Sätze schreibt, damit wir polnisch schreiben lernen. Wir fragen: „Warum lernen wir Polnisch und nicht Deutsch?“ Die Antwort: „Wir sind jetzt in Polen und nicht mehr in Deutschland, Oberschlesien und Schlesien sind altpolnische Gebiete bis ungefähr 1526 gewesen“, sagt ein Lehrer, die Flüsse Oder und Neiße sind die Grenze zwischen beiden Ländern. „Das ist blöd“, sagen wir.
Eine unerfreuliche Information lässt aufhorchen, nur Gruben-

angehörige mit Familien dürfen in Wohnungen der Grubenverwaltung bleiben. Mutter wird hellhörig, eilt zur Gruben- und Wohnungsverwaltung, wird abgewiesen, Angst breitet sich aus, die Gemeindeverwaltung in Mikulczyce, im Aufbau, ist ratlos. Mutter kann nicht schlafen, ist gereizt, wir bekommen das zu spüren. Sie späht den Namen und die Privatadresse vom Leiter der Wohnungsverwaltung, der Kopalnia Ludwik, aus, organisiert einen großen Karnickel und marschiert mit mir nach Biskupice. Der Empfang und das Gespräch nach der Übergabe des Karnickels sind sehr freundlich, hinzu beklagt Mutter ihren schlechten Gesundheitszustand, was nicht stimmt, das Bleiberecht in der Wohnung ist gerettet. Zur Großtante Emilie, die mich beschenkte mit Heiligenbildern, dem Buch „Der Ministrant“, und die mich gern gesehen hätte als Priester, gehen wir nicht, Mutter und Großtante sind höchst zerstritten, vielleicht hatte Vater recht, die katholische Kirche ist der Erbe.

Der Unterricht macht keinen Spaß, mit Kollegen fange ich an, die Schule zu schwänzen, am Morgen betreten wir heimlich ein Munitions-Sammellager, stopfen unsere Ranzen, Schultaschen mit Klein- und tragbarer Munition voll und eilen damit zu den Hügeln, genannt Farske, am Ortsrand. Hier fühlen wir uns wohl und sicher, Streichhölzer haben wir auch. Wir öffnen die Munition, trennen mit Gewalt das Projektil von der Messinghülse, schütten die Treibladung aus schwarzem Pulver oder schwarzen und gelben runden Halmen aus, ein sehr gefährliches und leichtsinniges Unternehmen. Das Feuer brennt, das Spiel mit dem Tode beginnt, aus einer Entfernung wirft jeder Hülsen mit gefülltem Treibpulver in das Feuer, wir gehen in Deckung und der starke Knall bereitet uns blöden Heinis große Freude und so knallt es, bis die Munition verbraucht ist. Im Bach waschen wir unsere Hände und Gesichter und beim Läuten der Kirchenglocken um 12:00 Uhr folgt der Gang nach

Hause. Meine Antwort auf Mutters Frage, wie es in der Schule war, folgt: „Schön oder sehr schön!" Weitere Tage vergehen auf gleiche Weise, manchmal werden wir am Morgen vom Munitionssammelplatz verjagt, kurze Zeit später sind wir wieder da und versorgen uns mit der todbringenden Fracht.
Ich stehe mit dem Rücken zum Feuer, ein Junge aus der Clique wirft eine liegengebliebene Hülse ins Feuer, ein Knall folgt, aber auch eine stark blutende Verletzung am linken Innenknie und der Schmerz dazu. Meine Mutter sieht mich aus der Schule kommen, gibt mir den Auftrag, vom Heuboden Heu für die Karnickel zu holen, eine günstige Gelegenheit zu sagen, dass ich mich an einem Nagel verletzt habe, die Kruste von der Wunde entferne ich, es fing an zu bluten, Mutter führt mich besorgt zur Rotkreuzstelle, meine Wunde wird versorgt.
Beim Brennholzholen aus dem Karnickelstall fällt mir auf, dass ein Schüler meiner Klasse die Treppen hoch zu meiner Mutter läuft. Ich warte auf seine Rückkehr, er beichtet, Lehrers Auftrag erfüllt zu haben. Ich versetze ihm zwei Ohrfeigen und einen Tritt in den Arsch und nun ist mir klar, was mich zu Hause erwartet. Kaum betrete ich die Schwelle, schwenkt meine Mutter den siebenriemigen Knüppel mehrmals auf meinen Körper und brüllt über das Fernbleiben von der Schule, droht mit Vater, wenn er zurückkommt.
Die Förderung von Steinkohle läuft längst, fast alle Gruben sind in Betrieb, ein großer Teil der Steinkohle wird nach Russland transportiert, täglich gehen Züge mit vielen Waggons, hoch beladen mit großen Kohlebrocken, zwei Lokomotiven, eine vorne, die zweite hinten, von unserem Bahnhof in Richtung Osten. Eine Lokomotive gibt ein langes und lautes Signal, die andere antwortet in gleicher Weise und der Zug bewegt sich ganz langsam bei hoher Steigung gen Osten.
Beim Hören der Lokomotivsignale verlassen unbemerkt gebückt fünf bis sechs Schüler den Unterrichtraum beim Lehrer

Zachubin, rennen zum Bahndamm und besteigen die Waggons, die großen Kohlebrocken werden auf einer Strecke von ca. 500 Metern an den Seiten heruntergedrückt, die Beute wird geteilt und am Nachmittag mit Handwagen nach Hause transportiert. Solche Aktionen werden bald untersagt, die Miliz bewacht die Strecke, wir schauen traurig zu, wenn Züge mit Kohle beladen an uns im Schneckentempo vorbeifahren. Meine Mutter ist nicht begeistert von meiner Versorgung, die Kohlebrocken verkaufen wir an Landwirte, bekommen dafür Kartoffeln, Kraut und auch ein wenig Geld.

1945/1946 kommen Transporte mit vertriebener polnischer Bevölkerung aus den westlichen Gebieten der Ukraine wie Lwow, Stryj und anderen Orten. Das sind Landwirte mit Rindern, Schweinen, Geflügel und anderen Landwirtschaftprodukten. Die armen Menschen, alt und jung, machen in provisorischen Zelten am Güterbahnhof von Mikulczyce für ein paar Tage Station. Jetzt kommt mein Diebesgut zur Geltung, mit Einzelstücken aus dem Karnickelstall eile ich dort hin und werde meine Ware schnell los für Eier, Milch, Sahne, geräuchertes Fleisch. Meine Mutter freut sich, aber will wissen, wofür ich das bekomme. „Ich helfe den armen Menschen am Bahnhof beim Einrichten, alte Klamotten aus dem Karnickelstall gebe ich ihnen auch, sie sind sehr dankbar." Mutter fragt nicht weiter, sie freut sich jedes Mal auf meine Frischware.

Die Zahl der Rückkehrer aus Gefangenschaften wird immer größer, von meinem Vater und anderen Internierten hört man nichts, wir wissen auch nicht, wo sich unsere Väter in Russland befinden. Auf der Straße sind Jungs in meinem Alter als Zigarettenverkäufer, ich schließe mich dieser Gruppe am Nachmittag und Abend an, kaufe eine 100-Stück-Packung Zigaretten der Marke Wolnosc oder Baltik und verkaufe diese einzeln an

Passanten auf der Hauptstraße mit Gewinn. Das ist kein gutes Geschäft, wir müssen sehr wachsam sein, die Miliz steht uns im Nacken. Wir fliehen, und wer gefasst wird, muss auf die Wache, bekommt Schläge auf den Arsch, die Eltern werden zum Abholen benachrichtigt, ich hatte Glück, nicht gefasst zu werden.
1946, ein Herr Sochera aus unserer Straße ist aus Russland zurück, nicht, dass er entlassen wurde, nein, er ist geflohen, er teilte ein Doppelstockbett mit meinem Vater im Lager und agitierte ihn mit zur Flucht.
Mein Vater lehnte das Angebot ab, vor Angst, bei der Flucht ertappt und erschossen zu werden. Wenn Russen einen Flüchtigen schnappten, wurde er ins Lager gebracht, zum Appell mussten alle antreten und der Delinquent wurde vor den Augen aller erschossen – als Abschreckung.

Das Verhältnis meiner Mutter zur Oma und ihren Geschwistern ist nicht von Glanz geprägt, Mutter ist immer arm, hat kein Geld, was nicht stimmt, klagt der Oma, dass sie weder Rente noch Unterstützung bekommt und keinem was geben kann. Dorota und ich sind schick gekleidet, im Gegenteil zu Werner, unsere Mahlzeiten sind sicher.

1941, vor dem Karnickelstall, Werners böser Blick;
Dorota und Günter schick gekleidet, im Gegenteil zu Werner

Mutter liebt uns sehr, auf ihre Weise, wir sind ihr Eigentum, Gnade Gott, wir werden angegriffen, der lernt Mutter kennen. Wir werden nicht verwöhnt, kuscheln oder uns drücken gehört nicht zu ihrem Umgang mit uns, vielleicht hat sie selber wenig oder keine Liebe bekommen. Mutter ist in Armut aufgewachsen, noch als Kind musste sie mit für die Familie sorgen, sie war die Älteste, hatte vier Geschwister. Meine Freunde werden von Mutter beobachtet, kritisiert, Kontaktverbot, nicht immer halte ich mich daran, ich habe auch meine Welt. Meine Kurzsichtigkeit fällt dem Klassenlehrer auf, ich muss in der ersten Bankreihe sitzen, meine Mutter sagt, du brauchst keine Brille, mit Brille herumlaufen sieht nicht schön aus, sie geht auf unsere Probleme nicht ein. Ungehorsam duldet Mutter nicht, damit habe ich Probleme und so kommen nicht Worte der Belehrung, sondern Klopfer mit dem Sieben-Riemen-Knüppel zum Einsatz, von lautem Geschrei begleitet.
Oma ist wieder alleinstehend, Opa August ist im neurologi-

schen Pflegeheim ohne Genesungschancen und Rückkehr. Oma ist arm, bezieht eine kleine Rente, der Zahltag ist ein Freudentag. Oma nimmt ihren Werner, ihre Edith und mich mit zum Einkauf ins Zentrum von Mikulczyce. Im Fischladen bekommt jeder einen Rollmops zum sofortigen Verzehr und einen großen geräucherten Schellfisch in die Hand gedrückt, ein paar Sprotten in die Hosentasche und harte Fruchtbonbons im nächsten Laden, wo Oma weitere Einkäufe tätigt. Das ist ein schöner Tag für uns. Meine Mutter ist nicht begeistert von Omas Shopping, ich habe keinen Hunger, mein Magen ist vollgestopft mit geräuchertem Schellfisch und ich stinke nach Fisch. Bei meiner Oma hängt neben dem Fenster ein Schild mit einem interessanten Spruch: Ab Morgen wird gespart. Schade, daran hält sich keiner.

Im Spätsommer 1947 ist Vater da, entkräftet, schwer krank mit verletzter linker Hand, amputiertem Zeigefinger nach einem Unfall im Schacht. Wir umarmen unseren Vater, lassen ihn nicht los und weinen vor Freude. Ein furchterregender Anblick, abgemagert, gekleidet in Lumpen. Er setzt seinen Rucksack ab, sucht den Stuhl zum Setzen, er ist sehr geschwächt. Unsere Mutter öffnet den Rucksack, holt einen Holzlöffel, eine Aluminiumschüssel, einen Holzkamm, Seife heraus. Unsere Mutter weint und sagt: „Was haben die Russen aus dir und anderen Männern gemacht?“ Schnell werden Vorbereitungen zum gemeinsamen Essen getroffen, Vater streikt, möchte erst mal Körperpflege an sich verrichten, ich hole die große Zinkwanne vom Dachboden, heize den Ofen an und stelle den großen Einkochtopf mit Badewasser auf die Ofenplatte. Noch vor dem Schlafengehen erzählt unser Vater: Beim letzten Appell im Lager wurden Entkräftete, Kranke zur Entlassung aufgerufen, mussten vortreten. Beim Aufruf von Mosler sind zwei Mosler vorgetreten, es war der Bruder meines Vaters, Johann, Jahr-

gang 1909, beide wussten nicht, auch nach über zwei Jahren, dass sie im gleichen Lager sind. Johann musste zurückbleiben, er kam ein Jahr später nach Hause.
Unser Vater erholt sich langsam, das Erlebte nagt an ihm, er spricht nicht über die Zeit der Internierung im Donezbecken und im Annika-Schacht, wo er schwer arbeiten musste und einen Unfall erlitt. Nach vier Wochen Genesung arbeitet Vater wieder unter Tage in der Kopalnia Ludwik (Ludwigsglückgrube), Mutter machte ihm das schmackhaft, sie liebt das Geld, ist gierig danach, sie lebt im Rausch des noch gut laufenden Schwarzhandels mit Zuckeräpfeln, den sie zum Jahresende beenden möchte, aus Angst, den Fiskus zu Gast zu haben. Vater ist sehr fleißig, arbeitet im Kohlabraum in Schichten, das ist Schwerstarbeit.

Seit Kriegsende ist die Versorgung der Bevölkerung mit Grundnahrungsmitteln mangelhaft, beim Fleischer und Bäcker stehen Menschenschlangen und warten, vielleicht bekommen wir was. Die Verpflegung in den Familien ist nicht optimal, Kinder in Schulen bekommen Lebertran, Grubenarbeiter bekommen periodisch ca. 1,5 Kilogramm nicht sortiertes Schweinefleisch und Grubenschnaps, Vater trinkt kaum Alkohol, er raucht viel. Das Schweinefleisch-Deputat mit reinem Fleisch ist Glückssache, meistens sind reiner Speck, Knochen, Innereien oder stark durchwachsenes Fleisch im Paket. Bergmänner verdienen nicht viel, es reicht zum Minimalleben, bei Großfamilien herrscht weiter Armut, Karnickel, Hühner, Enten, Gänse, Tauben werden gezüchtet, Gärten und Felder werden für den Erhalt der Familie bestellt. Mutter ist völlig unzufrieden mit dem Verdienst unseres Vaters, sagt, es reicht nicht zum Leben, was nicht stimmt. Der Schwarzhandel geht in die Endphase, sie möchte mehr Geld sehen, es kommt zu heftigen Diskussionen. Am Zahltag, der 15. des Monats, ist Streit vorpro-

grammiert, Mutter beleidigt Vater, später schafft sie es, Vater zu überreden, seinen Jahresurlaub auszahlen zu lassen, die Stimmung ist nicht gut im Hause Mosler, meine Schwester und ich sind traurig beim Streit ums Geld.
Vor der Internierung war Vater gesprächig, lebenslustig, witzig, bei Witzen und Anekdoten musste er gebremst werden, im engen Familienkreis konnte er die Mimik und Rhetorik von Joseph Goebbels und Adolf Hitler wiedergeben, hat gern andere verarscht. Vater führte Streitgespräche mit Onkel Ernst, Bruder meiner Mutter und Berufswehrmachtssoldat im Urlaub, er war kein Nazi, aber als Soldat glaubte er fest an den glorreichen Sieg der Wehrmacht. Jetzt spricht mein Vater wenig, er ist ruhig, lässt viel über sich ergehen, aber wenn das Maß voll ist, wird er laut. Vater wirkt traurig, enttäuscht, vielleicht, weil er Mutter nicht befriedigen kann mit dem verdienten Geld.
Mutter ist sehr geschäftig, hat Übersicht, verfolgt ihre Ziele, möchte alle beherrschen und damit hat sie ein Problem, Frieden in ihrem Umkreis zu bewahren. Es gibt sogar eine Anklage und Gerichtsverhandlung gegen Mutter wegen grober Beleidigung einer Nachbarperson. Vater verbringt viel Zeit mit Gartenarbeit, plant und bepflanzt Beete, entspannt dabei, ich bin sehr gerne in seiner Nähe.

Vater bei der Gartenarbeit

Unser Hochwürden Pfarrer Chuchracki besucht meine Eltern, bittet um eine saftige Spende, um Kirchenglocken für unsere Gemeinde zu beschaffen. Die Nazis beschlagnahmten unsere Glocken zum Einschmelzen 1942/43, bis auf eine kleine. Am 4. Mai 1940 mussten alle Kirchenglocken in Deutschland der „Reichsstelle für Metalle“ gemeldet werden. Im Januar 1942 kam der Beschlagnahmebeschluss für unsere Glocken, aus Friedensgeläut wurde Kanonendonner. Mutter dreht und wehrt sich, bekundet unsere Armut, sagt, mein Mann verdient sehr wenig, ich bin krank, was nicht stimmt, ich muss den Zloty mehrmals drehen, um über den Monat zu kommen, das stimmt auch nicht. Vater schweigt, hört zu. Mit feinen und ruhigen Worten donnert Chuchracki auf Mutter ein, spricht über christliche Nächstenliebe, erläutert die Bedeutung der Glocken für die Gemeinde. „Viele Gemeindemitglieder beteiligen sich an der Spende, Frau Mosler.“ Mutter überlegt und sagt: „Herr Pfarrer, ich habe zurückgelegte Zloty für eine massive Gartenlaube, damit sich mein Mann erholen kann, auch ein Chaiselongue oder Sofa für die Tochter ist dringend notwendig, wir haben wenig Platz zum Schlafen, nur Küche und Schlafzim-

mer, unser Sohn braucht neue Bekleidung.“ Schließlich einigen sich die Parteien auf eine Leihgabe, Mutter zum Vater: „Franz, was sagst du dazu?“
„Rücke raus das Geld!“, sagt Vater. Mit einem Handschlag wird die Leihgabe besiegelt, der Gottesmann verabschiedet sich. Später kam das Geld zurück in Mutters Obhut.

1948, meine Eltern, Schwester Dorota und Günter

Wir schreiben das Jahr 1948, ich bin in der letzten Klasse mit 30 Schülern, im Unterricht trage ich eine Brille, was meiner Mutter nicht bekommt. Unser Klassenlehrer Jerzy Jagoda, Mitte 30, ist sehr streng und zynisch, was deutsche Vornamen betrifft. Klaus, Hans, Georg, Franz, Heinz … kommen bei ihm nicht gut an, er empfiehlt diese umzuschreiben, meinen Vornamen spricht er mit Ginter aus, ich korrigiere Günter, Jagoda zynisch zurück: „Im polnischen Alphabet gibt es kein Ü!“ Bei

Fritz lacht er, wackelt mit dem Kopf. Schlecht wird unser Klassenlehrer beim Vornamen Heinrich, Joseph, Herrmann, Adolf, zwei Jungs namens Adolf sind in der Klasse, beide einst stolz, wurden gelobt von Lehrertypen wie Kokot, Gawel, Kiebel, jetzt verschmäht, beide sind traurig. Jagoda war Häftling im Konzentrationslager Auschwitz, bei guter Laune spricht er über diese schreckliche Zeit, macht einen Vorschlag, das Lager zu besichtigen.

Im späten Frühjahr 1948 fahren wir mit der Eisenbahn unserem Ziel entgegen, die zynische Aufschrift „Arbeit macht frei" über dem Toreingang ins Hauptlager gibt Anlass zum Nachdenken, viele Schüler wiederholen: „Arbeit macht frei." Auf dem Gelände sind Blöcke in Ziegelstein gebaut, ein bedrückender Eindruck. In einem Block sind Haare, Schuhe, Koffer, Bekleidung … zu sehen, alles von Häftlingen, außerdem noch Pritschen, unser Lehrer führt uns von Block zu Block. Wir nähern uns dem Block 11, auch Todesblock genannt. Der Todesblock ist ein zweigeschossiges Backsteingebäude, im Kellergeschoss befand sich das Lagergefängnis, an den Wänden sind Zeichnungen eingeritzt und Sätze in verschiedenen Sprachen. Viele der dort inhaftierten Häftlinge starben aufgrund der grausamen Haftbedingungen und Misshandlungen. Tausende Häftlinge wurden vor der Schwarzen Wand erschossen. Die Führung geht weiter, wir stehen vor dem Galgen, an dem Rudolf Höß erhängt wurde. Höß war von Mai 1940 bis November 1943 Kommandant des Konzentrationslagers Auschwitz. Er wurde als Kriegsverbrecher 1947 zum Tode durch den Strang verurteilt und an diesem Galgen hingerichtet. Nach kurzer Verschnaufpause gehen wir zu Fuß in das ca. zwei bis drei Kilometer entfernt liegende Barackenlager Auschwitz-Birkenau, es wurde 1941 als Arbeits- und als Vernichtungslager mit sechs Gaskammern und vier Krematorien errichtet. Unter äußerst widrigen Bedingungen wurden hier viele Hunderttausende

Häftlinge gefangen gehalten, zur Zwangsarbeit gezwungen und massenhaft durch unbehandelte Krankheiten, Erfrierungen, unzureichende Ernährung, körperliche Erschöpfung, medizinische Experimente, Exekutionen oder Vergasen getötet. Viele Gefangene wurden bereits am Tag ihrer Ankunft auf der Eisenbahnrampe selektiert, alte, kranke und gebrechliche Menschen, meistens Frauen und Kinder, vergast. Ihre Leichen wurden in den Krematorien kurz vor der Befreiung im Januar 1945 auch in Stapeln verbrannt, wir sehen die Stapelstellen und finden noch einzeln verkohlte menschliche Knochen, die Krematorien sind von den Nazis vor ihrer Flucht zerstört worden. Unser Lehrer Jagoda war in diesem Lager als Häftling, erzählt vom Tagesablauf im Lager und von Stellen, wo er weilte, wir sind müde, traurig und fassungslos von dem, was wir hier sehen.
Es ist wirklich schwer, das Erlebte in Auschwitz und Birkenau zu verarbeiten, die Gedanken sind bei den toten Häftlingen und denen, die das Martyrium überlebt haben. Ich frage meinen Vater und meine Mutter: „Habt ihr gewusst, dass etwa 60 Kilometer von uns ein Konzentrationslager war, in dem Menschen systematisch bestialisch gefoltert und ermordet, die Toten pietätlos im Krematorium verbrannt wurden?“ Mein Vater sagt: „Es ist bekannt, dass in Auschwitz ein Arbeitslager für Mörder, Diebe, Schläger, Unruhestifter war, aber nicht das, was du erzählst.“

Meine Mutter in Panik: „Junge, Junge, ich habe vergessen, Blumen für Familie Rosalie und Cyprian Kallus zu kaufen!“ Unsere Nachbarn, die ihre silberne Hochzeit morgen und übermorgen gebührend feiern in der Kirche und zu Hause werden. Hans, ihr Sohn im ersten Studienjahr Priesterseminar, ist schon da, läuft herum in der Priestersultane, als wäre er schon Priester. Ein katholischer Bischof, Bruder von Frau Kallus,

wird anwesend sein. Mutter sagt zu mir: „Junge, wie schön der Hans sich präsentiert in seinem Gewand, bald wird er zum Priester geweiht, vielleicht erlebe ich das auch bei dir." Die Aufregung im Haus ist nicht zu übersehen. Mutter drückt mir Geld in die Hand und jagt mich zum Blumenladen, es ist Sonnabend spät am Nachmittag. Woher bekomme ich einen Blumenstrauß? Und auch noch einen schönen, wie Mutter sagt! In unserer Ortschaft sind zwei Blumenläden, beide geschlossen wegen Warenausverkauf, nach Zabrze zu fahren habe ich keine Lust, zu spät. Am Straßenrand überlege ich, was tun, und entscheide mich, zum Friedhof zu gehen. Dort bediene ich mich von frischen Gräbern mit zwei schönen Blumensträußen, die ich auf dem Heimweg in einen vereine. Mutter donnert mich an: „Der Blumenstrauß ist nicht in schönes Papier eingehüllt, er sieht aus, als hättest du ihn irgendwo geklaut."
„Nein Mama", protestiere ich, „die nette Blumenverkäuferin war schon angezogen und in Eile, hat den Blumenladen schließen wollen, ich habe sie bekniet. Sie stellte mir schnell den Blumenstrauß zusammen, wollte ihn verpacken, ich sagte nein, das macht meine Mutter. Sie war froh, ich habe meine zehn Zloty draufgelegt und auf die Rechnung verzichtet, ich bedankte mich herzlichst." Durch meine Aktion bin ich zu Geld gekommen, die 10 Zloty gab mir Mama zurück. Jetzt plagt mich das Gewissen, meine gestohlenen Blumen von frischen Gräbern werden den festlichen Tisch beim Silberhochzeitpaar schmücken, der angehende Priester Hans und der dicke Bischof werden Mamas schmucken Blumenstrauß sehen, vielleicht sogar bestaunen. Ich habe Angst, dass der Blumenstrauß plötzlich aufschreit: „Ich bin gestohlen worden, bringe mich zurück zum Friedhof!"

In Kürze beende ich die polnische Grundschule, meine Mutter macht mir das Gymnasium schmackhaft, um später in ein

Priesterseminar einzutreten, der etwa vier Jahre älterer Hans Kallus aus unserem Haus hat diesen Schritt getan, ein weiterer aus der Nachbarschaft, Josef Hanussek, auch. Meine Mutter sieht mich schon in dem Stand, aber der Mensch denkt, Gott lenkt, sagt meine Oma.

Meine Jugendjahre bis 1959

Die Ferien sind vorbei, die Aufnahmeprüfung fürs Gymnasium in Zabrze ist bestanden, jetzt bin ich ein Gymnasiast, Mutter denkt, ihr Ziel erreicht zu haben. Ich fahre täglich morgens mit der Straßenbahn, vollgestopft mit Schülern, Studenten, alles neue Gesichter, an die ich mich gewöhnen muss. Die Klassen sind gemischt, weiblich und männlich, meine drei Kollegen aus Mikulczyce Josef, Jerzy und Gotthard sind auch im Unterrichtsraum. Der Unterricht ist sehr trocken, Polnisch, polnische Heimatkunde, Geschichte, Erdkunde, Lateinisch, Russisch, Mathematik…, bald empfinde ich, nicht das Richtige gewählt zu haben. Die Hoffnung stirbt zuletzt, alle Schüler der ersten Gymnasialklassen werden in die Aula zu einem Vortrag gebeten. Mehrere Herren vom Schulamt und Ministerium für Bauwesen sind anwesend, versuchen uns Gymnasiasten für das neu gegründete Technikum für Bauwesen mit Fachabiturabschluss zu gewinnen, wir brauchen dringend technische Kräfte für den Aufbau zerstörter Städte und Industrieanlagen, der Krieg hat Spuren hinterlassen, so der Aufruf der Herren. Sofort, ohne Absprache mit meinen Eltern, wechsle ich zum Technikum, meine drei Kollegen und viele andere machen das Gleiche, ich verspüre eine innere Zufriedenheit.
Meine Mutter fällt aus allen Wolken, als sie zufällig von der Mutter meines Kollegen erfährt, dass ich zum Technikum ge-

wechselt bin. Sie tobt über mehrere Tage und zeichnet mir Horrorszenarien von meiner beruflichen Zukunft, mit Brille auf einer Baustelle herumlaufen, zynische Bemerkungen fallen, Maurer mit Brille und lacht und lacht. Mein Vater verteidigt mich, was bei Mutter nicht gut ankommt, dann Vater zu mir: „Das ist deine Entscheidung, deine Zukunft, meine Unterstützung hast du." Das gefällt auch nicht der Mutter, die Stimmung im Hause Mosler ist gereizt.

Im ersten Jahr gibt es noch humanistische Fächer aber nicht so ausgeprägt wie im Gymnasium, Gedichte auswendig lernen und rezitieren vor der Klasse, nein, nicht für mich. Naturwissenschaftliche Fächer wie Mathematik, Physik, Chemie sind dabei, alles mit praktischen Beispielen, nicht so trocken. In den weiteren Monaten folgt Statik, Stahlbeton, Stahlkonstruktionen, Projektierung, Kostenangebote, Baunormen, technische Zeichnungen, Vermessungen, alles konkret fachlich. Wir sind 16 bis 18 Personen in einem Raum, Mädels, Jungs, nette Professoren und Dozenten aus Konstruktionsbüros, Institutionen, Hochschulen, das Lernen macht Spaß, der Unterricht erfolgt von 14:00 bis 20:00 Uhr, da die Lehrkörper vormittags berufstätig sind. In den Ferien verbringen wir mehrere Wochen auf Baustellen und praktizieren als Maurer, Zimmerer, Stahlbetonbauer, Vermesser, Fliesenleger oder im Konstruktionsbüro, wir nehmen Einblick in technische Zeichnungen und bei statischen Berechnungen stehen wir dem Statiker zu Seite. Wir besuchen bautechnische Labors, wo Betonfestigkeiten unter schweren Pressen geprüft werden.

1950, im Technikum, links Günter

Meine anstehenden Aufgaben wie technische Zeichnungen, Berechnungen, Leistungsbeschreibungen u. a. mache ich bis zum Morgengrauen, es geht allen so, das letzte Jahr ist besonders stressig.

In dieser Zeit mache ich Bekanntschaft mit einem sympathischen jungen Mädchen. Renate ist drei Jahre jünger, wohnt in Zabrze, es ist reine Freundschaft. Ich folge dem wiederholten Rat meines Vaters: „Junge, binde dich nicht zu früh, erst festen Beruf und feste Anstellung, beim Verliebtsein passe auf, dein junges Leben könnte sich schnell verändern. Trete keiner Partei bei, ich habe das Chaos in den 20er Jahren erlebt, nicht zuletzt die Verhaftungen von Parteimitgliedern aller Couleur durch Nazis."

Es scheint, dass meine Mutter sich damit abfindet, mich auf Baustellen mit Brille herumlaufen zu sehen oder mit Brille die Maurerkelle zu bewegen, betont gelegentlich: „Junge, ich habe mir gewünscht, dich in einem anderen Beruf zu sehen."

„Du meinst als Gottesmann“, sage ich und schon folgt ein Seitenhieb: „Lästere nicht.“ Meine Antwort: „Oma sagt: Der Mensch denkt und Gott lenkt, vielleicht trete ich einmal ins Kloster ein, Mönche haben Berufe und Bauberufe werden gefragt sein, auch im Kloster.“ Und schon der nächste Hieb: „Für was hältst du mich, du ins Kloster, da müssten alle Mädels von der Straße verschwinden. Du hast schon eine in Zabrze, kommst immer später nach Hause, ich schweige dazu, eine ehrliche Antwort würde nur zur überhitzten Diskussion führen.“ Am Wochenende pflege ich weiter Freundschaft mit gleichaltrigen Mädchen und Jungs in Mikulczyce, meine Mutter beobachtet mich, findet schnell kritische und abfällige Bemerkungen, besonders über Mädchen, mit denen ich zum wiederholten Mal gesehen werde.

Mit meinem Freundeskreis kann ich nicht mithalten, sie gehen in die Bergbau-Berufsschule, arbeiten einige Tage in der Woche unter Tage, bekommen schönes Geld, von dem ich nur träumen kann. Ich werde gefoppt, geneckt: „Lasse dein Technikum fallen, komm zu uns, da bekommst du Geld, kannst mit uns ins Kino, zum Tanzen gehen, ein Fahrrad, Radio oder was anderes Schönes kaufen, aber wenn du den Krawattenträger anstrebst, da musst du brav die Hand ausstrecken bei Mama, Tante oder Oma.“ Alle lachen. Ich habe kein Taschengeld und kann keine Sprünge machen, meine Eltern zahlen für die Straßenbahn, Bücher, Schreib- und Zeichnenutensilien, meine Bekleidung, aber ins Kino oder ausgehen, was trinken, mal was naschen möchte ich auch. Bei guter Laune gibt Mutter was, Vater etwas mehr. Ich nutze die Möglichkeit, am Wochenende eine oder zwei Schichten je acht Stunden unter Tage im Bergwerk zu arbeiten. Mit einem Bergmann fahren wir, vier bis sechs junge Männer, in den Schacht hinein, werden weite Strecken geführt, es sind Abschnitte, wo wir auf allen vieren krabbeln oder über Transportbänder steigen müssen. Unsere Aufgabe ist, Transportwege von herabfallenden Kohlebrocken freizuhalten, die Kohle aufs Transportband hieven, die Schaufel ständig bewegen, das Transportband darf keiner Reibung ausgesetzt werden, oft in gebückter Lage. In anderen Abschnitten müssen Loren mit der ungewöhnlich großen Schaufel schnell mit Kohlen beladen werden, es ist eine sehr schwere Arbeit. Hier gehen mir die Augen auf, wie schwer mein Vater arbeiten muss, um angemessen leben zu können. Für eine Schicht bekomme ich 60 bis 80, manchmal 100 Zloty, nach Feierabend bin ich völlig geschafft, im Laufe der Woche spüre ich immer noch Schmerzen in meinen zarten Knochen.

Ich interessiere mich für Langstreckenlauf, lasse mich inspirieren von den Erfolgen Emil Zatopeks, die tschechische Lokomotive genannt. 1948 war er schon Olympiasieger über 10.000 Meter (29:59,6 min) und Zweiter über 5000 Meter (14:17,8 min) geworden, außerdem wurde er 1950 und später 1954 dreimal Europameister, ich bewundere diesen Athleten. Meine begrenzte freie Zeit verbringe ich mit dem Laufen in freier Natur am Rande unserer Ortschaft, manchmal auch am Stadion, wo ich meine Laufzeit messe. Beim Laufen bin ich ungehindert, denke nach über meinen Lehrstoff und Persönliches, es macht mir einfach Spaß.

1951, beim Laufen

Der 25. Juni 1952 ist ein glücklicher Tag, ich habe das Technikum-Abitur geschafft, bin Bautechniker und habe eine Arbeitsvermittlung in der Tasche, ein großer Schritt ins Leben.

1952, Abiturklasse

1952

Schon im Juli melde ich mich beim Arbeitgeber, einem Baubetrieb beim Bergwerk „Bobrek“, ich werde freundlich aufgenommen, alles ältere nette Kollegen, die im Krieg waren, in Gefangenschaft oder im Nazi-Knast gesessen haben, es gibt viel zu erzählen. Von meiner Mutter werde ich angehalten, monatlich für Kost und Logis zu zahlen, dem folge ich zu Recht. Es ist ein Glücksfall, dass ich im Bauwesen für den Bergbau tätig bin, diese Erfahrungen kommen mir in späteren Jahren in weiten Ländern zugute.
Der Baubetrieb hat mehrere Baustellen am Bergbaugelände, auch außerhalb, in Begleitung erfahrener Bauleiter bietet sich die Möglichkeit, Arbeitsplätze zu besichtigen, meine Begleitung steht mir zur Seite mit Antworten zum fachlichen und technologischen Bau- und Montageablauf. Mir fällt auf, dass in ausgehobenen Baugruben für ein Bauobjekt eine Menge Sand-Kies eingebaut und verdichtet wird, als wolle man die Baugrube erneut verfüllen. Mein Begleiter erklärt: „Zu jedem Berg-

baugelände gehört auch eine Stadt oder Ortschaft, wenn sich Gruben im Umkreis befinden, muss jedes Bauvorhaben von der Bergbaubehörde genehmigt werden, ohne Genehmigung macht man sich strafbar. Der Planer richtet sich nach Vorgaben der Bergbaubehörde, aus täglichen Aufzeichnungen und Beobachtungen wissen sie, ob Hohlräume unterm Bauwerk sind, ob Erschütterungen auf dem Gelände auftreten können. Demzufolge praktiziert man es so, auf einem Bergbaugelände die Baugrube mit einem Kies-Sand-Polster 60 bis 80 cm hoch zu versehen, darauf wird eine 30 bis 40 cm starke Stahlbetonplatte gegossen. Auf diesem Kies-Sand-Polster und einer Stahlbetonplatte steht das Bauwerk, es wird so geschützt vor Schäden, die durch Geländebewegungen entstehen."

Ich werde zur Personalabteilung gerufen, dort wird mir ein Einberufungsschein zum dreimonatigen „Dienst für Polen" ausgehändigt, erfreut darüber bin ich nicht, meine lieben Mitarbeiter trösten mich, in drei Monaten bin ich ja wieder da.
An der Ostsee in einer Ortschaft bei Kolberg melde ich mich beim Stab „Dienst für Polen", wo mehrere Jugendliche in meinem Alter warten. Nach Registrierung und kurzer Begrüßungsansprache nehmen wir unsere Uniform in Empfang und marschieren zu einer Landwirtschaftsproduktionsgenossenschaft, wo wir in einer Scheune untergebracht werden.
Nach dem Frühstück treten 20 Jugendliche an, das Kommando über die Truppe wird mir übertragen, es folgen Abzählung und Arbeitsaufteilung. Wir arbeiten auf dem Feld, helfen Getreide, später Kartoffeln einzubringen, es macht Spaß, aber ausgelastet sind wir nicht, die Folge, einige Kerle benehmen sich daneben. Die Freizeit verbringen wir am Ostseestrand beim Baden, Sonnen, Radiohören oder Briefeschreiben. Wir sind im Einsatz zur Enttrümmerung zerbombter Gebäude, erst sieben Jahre nach dem Krieg, viele Gebäude liegen in Schutt und Asche. Stehen

gebliebene Gebäudeteile müssen mit Handwinden oder Spitzhacken zu Fall gebracht werden, Wandteile müssen zur Wiederverwendung zerkleinert, Ziegelsteine abgetrennt und gestapelt werden. Das ist eine schwere Arbeit, die Feldarbeit macht mehr Spaß.
Die Verpflegung ist sehr gut, schlafen auf Heu in einer Scheune zählt zum Erlebnis, Taschengeld für Zigaretten und andere Genussmittel bekommen wir auch, der Chef der Landwirtschaft schätzt unsere Arbeit, steckt uns hin und wieder mal einen Zlotyschein für gute Arbeit zu. Ein bis zwei Mal in der Woche nach Feierabend ist der örtliche Kommandeur da, wir bekommen vormilitärische Ausbildung in Theorie, ohne Waffe, exerzieren, marschieren und singen. Nach drei Monaten im „Dienst für Polen“ kommen wir reifer und erfahrener nach Hause.
Meine Mutter, mein Vater, meine Schwester freuen sich, mich wieder zu Hause zu sehen, es gibt viel zu erzählen, ich zeige Fotos. Sie sind erstaunt, mich in Unform zu sehen, mein Vater so nebenbei: „Die Uniform passt dir besser als die vom Jungvolk.“ Am Wochenende suche ich meine Freunde Gotthard, Josef und Jerzy auf, denen steht noch der „Dienst für Polen“ bevor. Ich treffe mich auch mit meiner Freundin zum Plausch und wir tauschen die Geschehnisse der vergangenen drei Monate aus.

1952, Dienst für Polen

Im Baubetrieb werden mir technologische Aufgaben übertragen, Materialauflistung, Baumaschinen- und Arbeitskräftebedarf aus technischen Dokumentationen, Betreuung von Arbeitsplätzen und Baustellen, ich fühle mich diesen Aufgaben gewachsen, ich habe hilfsbereite, erfahrene Kollegen in meiner Nähe. Sonnabends oder sonntags treffe ich meine Freundin in der Stadt oder bei ihr zu Hause, an diesen Tagen komme ich auch spät nach Hause, was meiner Mutter nicht passt, und werde mit Vorwürfen konfrontiert. Im Beisein meines Vaters öffne ich mich: „Meine Freundin heißt Renate, ist drei Jahre jünger, wohnt in Zabrze, hat vier Geschwister, sie ist die Jüngste, Mutter Hausfrau, Vater und Bruder sind selbstständig, besitzen eine

Schreinerei." Tage später unterbreitet mir meine Mutter ihre Vorstellung einer Freundin für mich, nennt mir Namen bekannter Familien, sagt: „Das ist doch ein schönes Mädchen, passt zu dir, ihr Vater ist Steiger, Techniker, Geschäftsmann ..." Solche Gespräche wiederholen sich öfter. Ich weise Mutters Vorstellungen zurück, mein Vater steht zu mir, was zur Konfrontation führt.

Am 1. Februar 1954 werde ich zum Abteilungsleiter für Instandsetzungsarbeiten im Wohnungsbau nominiert, eine schöne Herausforderung, für 50 Arbeitskräfte muss täglich ein reibungsloser Arbeitsablauf auch unter wirtschaftlichem Gesichtspunkt organisiert werden. Mit meinem älteren Meister latschen wir in ein Wohngebiet am Ortsrand, mit dem Ziel, renovierungsbedürftige Wohnungen zu besichtigen, die Häuser stehen seit Anfang des Jahrhunderts. Beim Klopfen an einer Wohnungstür öffnet nach kurzem Warten ein kleines Mädchen, sehr ungepflegt, Nasensekret, sagt, Mama und Onkel sind dort, zeigt zur Tür, läuft dorthin und öffnet. Beide nackt in einer sexuellen Stellung und voller Ekstase, die Szene wage ich nicht zu beschreiben, das Liebespaar ist so beschäftigt, unser kurzer Aufenthalt in der Stube wird nicht bemerkt. Zum ersten Mal in meinem jungen Leben sehe ich so eine stürmische Szene, mein Arbeitskollege sagt, mit solchen Überraschungen muss man rechnen. Meine Freude an dieser Tätigkeit hält nicht lange an. Auf dem Terrain des Bergwerks „Bobrek" sind mehrere Investitionsbauten in Realisierung, der Baubetrieb schafft es nicht, diese zu betreuen.
Am 15. April 1954, ich bin 20 Jahre alt, wird mir die Aufgabe als Bauinspektor zur Überwachung aller Investitionsbauten auf dem Bergwerksgelände übertragen, eine verantwortungsvolle Aufgabe mit guter Gehaltsaufbesserung. Jede Projektdokumentation muss ich studieren, den technologischen Zusammenhang

erkennen, Verträge mit Fremdfirmen studieren, mit örtlichen Bauleitungen im ständigen Kontakt bleiben. Ich bin auf Baustellen, beobachte den Arbeitsablauf, schaue dabei in Zeichnungen und vergleiche die Ausführung. Meine Aufgabe ist, den Bewehrungsstahl vor einem Betoniergang abzunehmen und im Bautagebuch festzuhalten, die Betonqualität zu prüfen, beim Betonieren dabei sein, Rechnungen prüfen und bestätigen. Meine Tätigkeit macht mir Freude, ich lerne viel dabei, oft komme ich spät nach Hause.
Bei Abbrucharbeiten eines alten Fundaments für eine Fördermaschine sind mehrere Arbeitskräfte von einer Fremdfirma mit Stemmarbeiten mittels schwerer Presslufthämmer beschäftigt. Unter den Arbeitskräften sehe ich einen Arbeiter, der mir bekannt vorkommt, einer, der zur früheren Gruppe zählte, die mich foppte, Krawattenträger anzustreben. Ich frage, was er hier macht: „Arbeitest du nicht mehr unter Tage?“ Seine Antwort: „Alles Scheiße, jetzt bin ich bei dieser Baufirma, die Bergbau-Berufsschule habe ich geschmissen.“

Von der Einberufung zum Wehrdienst bin ich sehr überrascht, dem Befehl kann ich mich nicht entziehen. Meine Eltern, Schwester und Freundin sind traurig, aber Befehl ist Befehl, mein Vater sagt, zwei Jahre vergehen schnell und du kommst als richtiger Kerl nach Hause. Am Morgen des 16.11.1954 begleitet mich meine Mutter zur Sammelstelle in Zabrze, im Objekt sind Unteroffizier und Offiziere, die uns in die Kasernen begleiten werden, sie sind freundlich, begrüßen uns mit Handschlag, vielleicht, damit wir Freude am Militärdienst haben. Nach der Registrierung dürfen wir das Objekt nicht mehr verlassen, damit wir wohl keine kalten Füße bekommen und das Weite suchen. Mutter wartet mit anderen Müttern draußen, die ganze Zeit, ich winke ihr aus dem Fenster zu, sie wischt sich Tränen ab. Am späten Nachmittag müssen wir antreten, schon militärisch mit ersten Befehlen, die nicht mehr so freundlich sind wie bei der Begrüßung. Wir marschieren auf der Straße in Richtung Bahnhof, meine Mutter und andere am Bürgersteig schauen zu. Nach fast zwölf Stunden nächtlicher Zugfahrt müssen wir einen langen Marsch zur Kaserne in Walowice bei Gubin (Guben auf DDR-Seite) antreten. Der Ton der Unteroffiziere ist sehr rau, hinterm Kasernentor noch rauer, es muss alles schnell gehen, auf Kommando. Mich erinnert das an 1945, als mein Vater mit anderen Männern von russischen Soldaten zum Güterbahnhof getrieben wurde. In einem kleinen Raum im Keller müssen wir uns völlig entkleiden, unsere Zivilbekleidung kommt in beschriftete Säcke, die im gleichen Raum gestapelt werden. Unteroffiziere verteilen Scheren und Haarschneidemaschinen, gegenseitig müssen wir unsere Köpfe kahl schneiden, wir sehen entstellt aus, vielen kommen die Tränen. Mit gehobelter Glatze müssen wir unter Gebrüll in die Dusche, danach vor einem Sanitäter strammstehen, der uns auf Geschlechtskrankheiten untersucht. Dabei ist er nicht zimperlich, schlägt mit einem dünnen Stock auf den Penis, es tut weh, die danebenstehenden Unteroffiziere haben ihren Spaß dabei. Im Nebenraum werden uns Fußlappen, schwere Lederschuhe, Hemd, Unterhose, Uniformjacke und -hose zugeworfen, ohne nach der Größe zu fragen, es folgt ein Umtausch, der sich hinzieht. Im Tempo, unter Gebrüll und Gelüsten der Unteroffiziere müssen wir uns ankleiden und strammstehen, auch diesmal haben die ihren Spaß. „Na, Großväterchen …“ nennen sie uns und fügen zynisch hinzu: „Alter, siehst du aber schmuck aus mit deinem Haarschnitt, deine Alte würde dich nicht erkennen oder vor Freude schreien. Ein ganzes Jahr wird dein Eierkopf verschont von den lästigen Haaren, du wirst immer schmuck aussehen … Alter … “

Nachdem wir in Reih und Glied, alle zu Unkenntlichkeit entstellt, dastehen, kommt das Kommando zum Marsch in Rich-

tung eines großen Strohlagers am Kasernenhof. Dort werden uns große Säcke zugeworfen, die wir unter Gebrüll im Tempo mit Stroh füllen müssen, anschließend richten wir im großen Mehrbettraum unser Schlaflager mit Strohsäcken ein.
Nach dem Mittagessen werden wir von einem Politoffizier in den Soldatenalltag eingewiesen, natürlich stehend in Reih und Glied. Seine Rede ist nichts anderes als eine lang andauernde Fluchkanonade über uns blöde Rekruten, die nicht stehen, marschieren, sich ankleiden und Befehle nicht ausführen können. „Das Zivilleben hat euch total versaut, schaut euch mal an, ihr Hundesöhne, was für miserable Figuren ihr seid, ab sofort wird jeder lernen, ein braver Soldat zu sein. Und merkt euch ein für alle Mal, ihr miesen Gestalten, das Militär ist keine Universität, hier werden Befehle ausgeführt, ohne nachzudenken“, endet unser Politoffizier und wir antworten laut: „Jawohl, Genosse Leutnant.“ Das war für unseren Politoffizier nicht laut genug und wir müssen es schreiend laut wiederholen: „Jawohl, Genosse Leutnant!“
Noch am gleichen Tag, von Müdigkeit keine Spur, wird uns das Marschieren auch im Paradeschritt beigebracht, alles unter schreiendem Kommando mehrerer Unteroffiziere, die neben uns wie Hunde laufen.
Nach dem Abendessen lässt der Stress ein wenig nach und schon spüre ich das kratzige Hemd, stark gestärkt, an meinem zarten Body. Es kratzt, es juckt, meine Hände bewegen sich hin und her. Das Hemd ziehe ich aus, strecke es mit meinem Bettnachbar, dasselbe geschieht mit meiner Unterhose. Der diensthabende Unteroffizier weist uns ein, wie eine Uniform, Hose und Bluse vor dem Schlafengehen um 22:00 Uhr zusammengelegt wird im Quadrat 30 cm x 30 cm und auf dem Hocker liegt vor dem Bett. Anschließend das Putzen der schweren Schuhe, die gesamte Sohle ist mit Stahlzwecken beschlagen, die einzeln vom Straßendreck befreit werden müssen.

Vor 22:00 Uhr das Kommando zum Antreten zum Abendappell auf dem Korridor, in strammer Haltung stehen wir auf einer Linie, Kommandos. „Still gestanden!“, „Rührt euch!“ und wieder „Still gestanden!“, „Rührt euch!“, abzählen, vorbereiten zur Nachtruhe und wegtreten. Wir stürzen in die Zimmer, entkleiden uns, zerlegen die Uniform in das 30 cm x 30 cm-Quadrat, reinigen und putzen die Schuhe, Zähneputzen und Waschen, wir liegen im Bett auf einem frischen, aber ungewöhnlichen Strohsack. Minuten später, zwei Unteroffiziere stürzen in den Großraum mit dem Kommando „Achtung!“, wir springen aus den Betten und stehen in strammer Haltung am Bettrand. Beide inspizieren die Ordnung im Zimmer und schon fliegen unsere Uniform-Quadrate zu Boden, das Zerlegen erfolgt erneut. Der erste Tag in der Kaserne neigt sich dem Ende zu, wer kann, schläft sofort, wer nicht, schläft später ein.
Um 6:00 Uhr das Kommando zum Aufstehen, zur 30-minütigen Morgengymnastik, in Schuhen, Hose und Hemd treten alle Glatzköpfe am Kasernenhof an, wir laufen im Tempo, machen diverse Übungen. Nach dem Frühstück beginnt der Rekrutenalltag, wir befinden uns in einer motorisierten Einheit, Panzer, Artillerie, unsere Kompanie wird zum Mörser eingeteilt. Mörser ist ein Steilfeuergeschütz mit kurzem Rohr und schwerer Bodenplatte. Jeden Tag, bis Ende November, kommt neuer Zugang von Rekruten, von einem der Politoffiziere erfahren die Neulinge im Fluchdonner, dass das Zivilleben sie versaut hat, ab jetzt werden sie zum braven Soldaten geformt.
Die Soldatenausbildung erfolgt täglich mit Exerzieren, Tag- und Nachtmarschieren, Tag- und Nachtalarmübung, Nahkampfübung, nicht selten im Wasser, Dreck und Schlamm, mit Schleppen schwerer Ausrüstungsteile vom Mörser, Schießübungen, drei Monate lang bis zum Fahneneid im Februar 1955. Kurz vor dem Fahneneid bestimmt mich unser Kompanieführer im Rang Oberleutnant zu seinem Schreiber, Vormit-

tag in der Ausbildung, am Nachmittag sitze ich in seinem Büro neben ihm, erledige seinen Schreibkram. Bis zum Abendessen bin ich befreit von blöden Befehlen und Kommandos, die mich zum braven Soldaten bilden sollen. In der Zeit bin ich auch fern von solchen Soldaten-Kreaturen, die im zweiten Jahr dienen, einen Balken an der Schulter tragen oder zwei Balken als Kapral (niedrigste Stufe vom Unteroffizier, das sind die Schlimmsten), vor solchen Typen muss ich als Rekrut mit zwei Fingern an der Schläfe stramm salutieren, so ein Hohn.
Die Verpflegung ist sehr ausreichend und kalorienreich, zur Qualität kein Kommentar. Wenn drei bis vier Stunden vor der Mittagszeit kein Fleisch in der Fleischfabrik zu bekommen ist, werden Salzheringfässer geöffnet, die Salzheringe in Wannen mit Wasser gefüllt, vom Salz „befreit“, mit Zwiebeln und anderen Gewürzen den Soldaten nach Mengenvorgabe ausgegeben, so was kommt vor. Fleischwarenengpässe gibt es in den 50er Jahren in der VR Polen.

Im Politunterricht werden die Heldentaten der polnischen Volksarmee an der Seite der Roten Armee erwähnt, der Kampf um Berlin wird besonders hervorgehoben, am 2.5.1945 waren auch polnische Soldaten in Berlin. Die polnischen Volksarmeen, 1943 unter sowjetischer Ägide gebildet, zählten 200 000 Soldaten. Diese Soldaten waren in zwei Armeen geteilt: die I. Polnische Armee, die der I. Belorussischen Front Marschall Schukows unterstand, hatte den Befehl, bei Wriezen über die Oder zu setzen und die Elbe zu erreichen. Die II. Polnische Armee als Teil der I. Ukrainischen Front Marschall Koniews hatte den Befehl, die Neiße zu überqueren und auf Dresden zu marschieren. Guben war schwer umkämpft, die Stadt liegt vor den Toren Berlins, wo der Widerstand der Hitlerfaschisten sehr stark war. Der Politoffizier wird plötzlich unangenehm im Ton, sagt, hohe Repräsentanten der Sowjetunion machten 1941 einem polnischen General namens Wladyslaw Anders ein Angebot, an die Spitze mehrerer polnischer Divisionen zu treten, die aus polnischen Kriegsgefangenen in der Sowjetunion für den Kampf gegen die Wehrmacht aufgestellt werden sollten. Anders nahm das Angebot an, der Stab des II. Polnischen Korps wurde in dem Städtchen Busuluk in der zentralrussischen Steppe eingerichtet. Diese Truppe wurde mit allem Nötigen von der Sowjetunion ausgerüstet sowie unserer polnische Volksarmee, der Verräter Anders desertierte mit seinen Verbänden über den Iran in britische Gebiete und weiter nach Italien zu den Westalliierten. Dem Anders war Monte Casino wichtiger, als seine Heimat Polen an der Seite der Roten Armee von Hitlerfaschisten zu befreien.

Der Fahneneid, Rekruten mehrerer Kompanien in gepflegten Uniformen stehen stramm in Reih und Glied, militärische Blasmusik, lange Ansprachen folgen, Angehörige schauen dem Ereignis zu, irgendwo in der Masse sind meine Eltern, wir dürfen erst nach der Vereidigung zusammen sein. Dann das Kommando zum Fahneneid! „Ich, ein Bürger der Volksrepublik Polen in den Reihen der polnischen Armee … schwöre, ehrlich, diszipliniert, mutig, wachsam zu sein, Befehle der Vorgesetzten auszuführen. Ich schwöre, mit aller Kraft meiner Heimat zu dienen, sie zu verteidigen …“
Jetzt sind wir mit den Familien zusammen, meine Eltern und Werner, mein sieben Monate älterer Stiefonkel sind da, ein Schock für meine Mutter, mich mit geschorener Glatze zu sehen, sie weint, sagt: „Wie entstellt du bist, mein Junge.“ Dem Werner geht der Mund nicht zu, mein Vater schweigt. Mutter hat ständig Tränen in den Augen, sagt traurig: „Bei einem Krieg könnte ich dich verlieren …“ Ich freue mich besonders auf meine Unterwäsche, die ich unter der kratzigen ab sofort tragen werde. Wir sind im großen Speisesaal, ich berichte über

den Tagesablauf in der Truppe, meine Eltern sehen, dass alle einen blitzblank geschorenen Eierkopf haben. „Wie schrecklich, wie alt ihre alle ausseht.“ Werner sagt nichts, ist blass, schaut herum, denkt mit aller Wahrscheinlichkeit, ein Glück, dass ich von der Truppe verschont bleibe. Am Abend verabschieden wir uns, Angehörige werden zum Bahnhof gefahren.

Am Tagesablauf ändert sich nichts, früh Gymnastik, Frühstück, militärische Ausbildung, Sonntag besteht die Möglichkeit, am Gottesdienst in der Garnisonskirche in Gubin teilzunehmen, bei Bedarf diene ich unserem Kompanieführer als Schreiber. Im Winter verbringen wir drei Wochen lang auf dem Truppenübungsgelände, fern unserer Kaserne, schlafen in Zelten, Frühgymnastik oben ohne, Morgentoilette mit kaltem Wasser, Feldverpflegung aus der Gulaschkanone, Kälte ist der ständige Begleiter, Ausbildung in voller Montur, der Schnee erschwert die langen Märsche, Finger frieren. „Ein Soldat muss sich an Härte gewöhnen“, wird uns eingetrichtert. „Jawohl, Genosse Oberleutnant!“, antworten wir schreiend. Der Politoffizier erinnert an die Heldentaten der polnischen Soldaten an der Seite der Roten Armee im Kampf gegen die deutsche Wehrmacht im strengen russischen Winter und an die Kämpfe vor Moskau von Oktober 1941 bis 31. Januar 1942.
Die drei Wochen auf dem Truppenübungsgelände im Winter haben bei mir Spuren hinterlassen, am hinteren Kopfansatz und Genick bilden sich Frostbeulen, einige jucken, andere schmerzen oder nässen. Der Militärarzt sagt, Frostbeulen sind keine Erfrierungen, das sind Durchblutungsstörungen an Körperstellen, die wenig geschützt waren im Winter, so schnell gehen sie nicht weg, die spürt man noch einige Jahre.

Durch Zufall begegne ich dem Offizier, der zuständig für Sport in unserer Einheit ist, ich bitte in militärischer Haltung, anstelle

Frühgymnastik einige Runden um das Gelände laufen zu dürfen, ich bin Langstreckenläufer. Der nette Offizier ist einverstanden. Schon am nächsten Tag laufe ich meine Runden, schaue zu, wie die unwilligen Gestalten mit Gymnastikübungen unter Kommando sich zum Affen machen mit Hüpfen, Springen, Hände schwenken, leichtem Laufen, diesen Affentanz habe ich mitmachen müssen, ich kann mich vor Lachen nicht halten.

Konstante Rokossowski, ein sowjetischer General, ist seit 1949 Minister für Verteidigung der VR Polen im Rang eines Marschalls, viele hochrangige sowjetische Offiziere sind an seiner Seite, die auch im Divisionsstab zu sehen sind. Sowjetische Militärs sind gekleidet in Uniformen der polnischen Streitkräfte, ihr Akzent verrät, kein polnischer Bürger zu sein.
Im Sommer, drei Monate lang, verbringt unsere Einheit im entfernten Truppenübungsgelände, wir schlafen in Zelten, kaltes Wasser, Feldverpflegung aus der Gulaschkanone, Ausbildung in voller Montur, Schießübungen sind auch dabei, sehr schwierig ist der ständige Standortwechsel vom Mörser mit seinem kurzen, aber schweren Rohr (Steilfeuergeschütz) einschließlich Bodenplatte und Zielelementen, am Abend sind wir geschafft. Sonntag ist keine Ausbildung, dafür Waffen, Uniform, Schuhe reinigen, das Gelände instandhalten.
Zum Nationalfeiertag „Wiedergeburt" Polens am 22. Juli treten Einheiten zum Appell an, auf der großen Tribüne stehen hochrangige Offiziere, der Divisionskommandeur begrüßt die Soldaten und den Minister für Verteidigung der VR Polen Marschall Konstante Rokossowski, die Soldaten antworten mit lautem „Hurra, hurra, hurra!", ein polnischer General hält eine lange Ansprache.
Im September sind wir zurück in unseren Kasernen, der Kompanieführer nimmt mich zu Schreibarbeiten mit, ich muss seine

Stichpunkte formulieren und sauber von Hand schreiben, Eintragungen machen in Geländezeichnungen. Ich habe die Erlaubnis, außerhalb der Kaserne zu joggen. Bei guter Laune frage ich den Kompanieführer nach Möglichkeiten, kurzen Heimaturlaub zu bekommen. Es gibt keinen gesetzlichen Urlaub für Wehrpflichtige, nur Sonderurlaub bei Ereignissen in der Familie oder als Auszeichnung. Mein Kompanieführer fragt: „Wann möchtest du Urlaub machen?“ Meine Antwort: „Bald!“ Am Donnerstag sitze ich im Zug mit sauberer Uniform, Mütze, Glatze, einem Paket Trockenproviant und Urlaubmarschbefehl mit dem Vermerk, am Montag um 6:00 Uhr zurück in der Kaserne zu sein. Neben mir sitzt eine ältere Dame, liest ein Buch, ich habe Hunger, öffne mein Paket und esse scheibenweise meinen dicken gesalzenen weißen Speck und Schwarzbrot dazu. Die ältere nette Dame wirft einen Blick zu mir, steht auf, holt aus ihrem Gepäck ihren Proviant und sagt: „Bitte bedienen Sie sich, Ihr Proviant ist doch gewöhnungsbedürftig.“ Ich bin nicht unhöflich, zögernd greife zu zwei belegten Brötchen, bedanke mich, meinen angebissenen Proviant verstaue ich in meiner Tasche. Meine Eltern sind überrascht vom spontanen Kurzurlaub, meine Schwester lacht sich kaputt über meinen Glatzkopf, dann kommen ihr die Tränen, sagt „Du siehst entstellt aus“ und flüstert mir zu: „Werner hat eine Freundin.“ Sieben Monate sind nach der Vereidigung vergangen, es gibt viel zu erzählen, meine guten Freunde Josef, Jerzy und Gotthard sind auch beim Wehrdienst. Ein Glück, meine Freundin ist im Urlaub mit ihren Eltern, der Schreck von meinem Glatzkopf bleibt ihr erspart. Nach längerem Wegbleiben begreife ich, wie klein unsere Wohnung ist, Küche und Stube, Eltern im Ehebett, Dorota auf der Couch, ich auf der Chaiselongue in der Küche. Meine Mutter spannt mich nach alter Gewohnheit zum Arbeiten ein, Kohle, Holz, Kartoffeln holen … Ich mache das gern, entlaste damit meinen Vater, der Anzeichen von Atem-

problemen hat. Ich fühle mich wohl, im anderen Umfeld zu sein, ohne Geschreie, Kommandos, Befehle, begegne wenigen Altersgenossen, viele sind im Frühjahr zum Wehrdienst gegangen. Meine Oma freut sich riesig, mich zu sehen, streichelt meine Glatze, sagt: „Junge, die wachsen wieder nach und werden schöner." Werner ist stolzer Motorradbesitzer, protzt damit, es wird erzählt, er kann fahren, aber fährt nicht, er spart Benzin oder hat Angst zu fahren, jeden Sonnabend pflegt und betrachtet er seine Anschaffung und schiebt sein gutes Stück wieder in den Stall. Sonntagabend verabschiede ich mich mit häuslichem Proviant, Unterwäsche für meine zarte Haut, bei Mutter fließen Tränen, Vater ist traurig, Dorota grinst.
In den frühen Morgenstunden, es ist Montag nach 5:00 Uhr, gehe ich vom Bahnhof zur Kaserne, vor mir ein Unteroffizier, er bleibt stehen, drängt mich zur Eile. Über unseren Köpfen schwingt ein hängender Sack mit gedämpften Lauten, wir zögern nicht, finden im Umkreis eine weggeworfene Leiter, gemeinsam schaffen wir den schweren Sack zu Boden. Beim Öffnen sehen wir eine junge Frau mit geknebeltem Mund, ihre Bekleidung hochgezogen und mit Schnur auch die Hände zusammengebunden, sie saß fast nackt auf Brennnesseln, Alkoholgeruch hat sie auch. Wir helfen ihr auf den Beinen zu stehen, empfehlen ihr, Anzeige bei der Polizei zu erstatten, in der Kaserne melden wir den Vorfall beim diensthabenden Offizier.

Den zweiten Winter verbringen wir wieder drei Wochen lang auf dem Truppenübungsgelände weit außerhalb unserer Kaserne, Unterkünfte sind Zelte, Frühgymnastik in der Kälte, Waschen mit kaltem Wasser, Feldverpflegung aus der Gulaschkanone, die Kälte macht sich am ganzen Körper bemerkbar, das Ausbildungsprogramm wird durchgezogen. Ein Soldat muss sich an Härte gewöhnen, wird uns laufend eingeprägt, und wir schreien wie Beklopfte: „Jawohl, Genosse Oberleutnant!" Ein

Soldat darf nicht nachdenken, er führt gehorsam Befehle aus, predigt der Politoffizier und leiert wieder die Heldentaten der polnischen Soldaten an der Seite der Roten Armee im Kampf gegen die deutsche Wehrmacht im strengen russischen Winter herunter. Neue Frostbeulen sind nicht hinzugekommen, die vorhandenen machen sich bei der Kälte bemerkbar, schmerzen, brennen, kribbeln, ich muss ständig zum Kopfansatz und Genick greifen.

Der Alltag in der Kaserne hat mich wieder im Griff, ich laufe früh im Kasernenhof und spät am Nachmittag auf der Fernstraße, an der Ausbildung nehme ich teil, wenn der Kompaniechef mich nicht braucht.
Sonntags bei Freigang latschen wir nach Gubin (auf DDR-Seite Guben), die Stadt eine ausgesprochene Ruine, Berge von Schutt und Asche, bei Aufräumarbeiten sind noch menschliche Überreste zu finden, Nebenstraßen und Fußwege kaum passierbar, eine Geisterstadt. Polnische Offiziere, die an der Seite der Roten Armee kämpften, sagen, Guben war schwer umkämpft, der Widerstand der Wehrmacht war stark. In der Stadt nur Militärangehörige und Zwangsumsiedler aus ehemaligen Ostgebieten Polens Lwow, Stryj und anderen.
Überrascht werde ich von meiner Beförderung zum älteren Soldaten mit einem Balken, Tage später beim Sportoffizier ist der Versorgungsoffizier anwesend. Übertragen wird mir die Aufgabe als stellvertretender Leiter im Offizierskasino, der Sportoffizier weiter: „Du kannst intensiver den Langstreckenlauf trainieren, ich habe dich gemeldet für den Marathon- und 10 000-Meter-Lauf zur Militärspartakiade 1956 in Wroclaw.“ Plötzlich sehe ich schwarz vor meinen Augen, trotzdem sage ich in militärischer Haltung: „Jawohl, Genosse Oberleutnant!“ Im Selbstgespräch: Mein Gott, ich habe keine Ahnung vom Kasinobetrieb ich kann nicht Schweinefleisch, Rindfleisch,

Kalb unterscheiden, meine Laufergebnisse sind auch nicht berauschend für eine Militärspartakiade. Mein Kollege Jan im Offizierskasino, ein Wehrpflichtiger im zweiten Jahr, von Beruf Koch, weist mich ein, ich stehe ihm zur Seite, eine ältere und erfahrene Köchin und zwei Serviererinnen sind auch da, Mittag ist die Hauptzeit im Kasino. Im Lebensmittellager, im Keller, hängen Fleischbatzen am Haken und ich weiß diese nicht einzuordnen, ob Schweine-, Rind- oder Kalbfleisch. Ich muss lernen, auch Portionen zu kalkulieren, Offiziere zahlen einen festgelegten Preis, Qualität und Quantität müssen stimmen, ich muss Einkäufe tätigen, Buchführung, Kassenabrechnung, Kontakt pflegen zum Lebensmittellager in der Kaserne. Nach etwa drei Wochen gemeinsamer Arbeit sagt Jan: „Ich werde vom Wehrdienst entlassen, meine Frau ist schwer krank, wir haben ein Kind, den Antrag haben meine Schwiegereltern gestellt, dieser wurde genehmigt." Der Wirtschaftsoffizier befördert mich zum Offizierskasinoleiter, kurz danach bekomme ich den zweiten Balken als Kapral, niedrigste Unteroffiziersstufe, wohne im Kasino, ein schäbiger Raum im Keller. Außer dem Küchenpersonal steht mir ein Fuhrwerk mit Kutscher zum Einkauf zur Verfügung.

1956, als Kapral

Jetzt stehe ich da, mein Küchenpersonal steht mir beratend zur Seite beim Wochenspeiseplan, bei Einkaufsmengen, Verhaltensregeln bei unzufriedenen Offizieren, das sind immer dieselben. Im Kasino-Buffet sind stets zu kaufen: ¼-Liter-Wodkaflaschen, Mineralwasser, belegte Brötchen, Bouletten, Wurst, Käse, Brötchen, Brot … Ich bin immer da und bediene nach Feierabend meines Personals. Oft werde ich nachts geweckt, auch zwei Mal zum Verkauf von ¼-Liter-Wodkaflaschen und Imbiss, das bringt mich auf gute Gedanken, mir persönliche Vorteile zu schaffen. Ich kaufe zwei Kisten ¼-Liter-Wodkaflaschen für 16,00 Zloty pro Flasche, in der Rechnung erscheint nur eine Kiste, die zweite Kiste landet unter meinem Bett für 20,00 Zloty pro Flasche wie am Buffet, ein lohnendes Geschäft, hier werden die Gene meiner Mutter wach.

Einzelhändler, bei denen ich einkaufe, fragen, wann sie von

mir Salzheringe erwarten können, anfangs weiß ich nicht, was damit gemeint ist. Die Kasernenküche steht wieder mal ohne Fleisch da, Salzheringfässer mussten geöffnet werden, erfahrungsgemäß lassen die Soldaten die salzigen Heringe liegen und sie landen im Abfall. Der lagerverantwortliche Unteroffizier gibt nur einen Teil der vorgeschriebenen Menge heraus, ein Überschuss darf nicht erscheinen in der Lagerkartei, der Überschuss wird mir zum Verarbeiten im Kasino angeboten. Auch hier macht es klick bei mir, Einzelhändler fragen danach, jetzt versorge ich meine Kunden mit prächtigen Salzheringen für gutes Geld, das Geld horte ich unterm Strohsack, das habe ich von meiner Mutter gelernt, ach, wie schön, liebe Mutti.

1956, Einkaufsfahrt

Mein Küchenpersonal zaubert schmackhaften Rollmops, marinierte und Bratheringe für das Buffet, aber auch zum Mittagessen, was gut ankommt. In Absprache mit dem Wirtschaftsoffizier organisieren wir jedes zweite Wochenende eine Veranstaltung mit Tanz, Musik, Sketchen, Maggi, es gibt einen guten Zauberer und andere Talente unter den Soldaten. Das Buffet ist reichlich versorgt mit gutem Kartoffelsalat, Wurst, Heringserzeugnissen, Bier, Wodka … Die Zufriedenheit bei den Gästen und mir ist groß. Natürlich gibt es auch Unzufriedene, meistens Angetrunkene beim Mittagessen oder bei Veranstaltungen, dann muss ich ran, stehe stramm vor dem unzufriedenen Offizier, nicht diskutieren, nicht nachdenken, das Militär ist keine Universität, nur zuhören, manchmal auch einem unverschämten vulgären Redeschwall. Ich antworte mit: „Jawohl, Genosse Leutnant!" Es wird besser, bei Veranstaltungen werde ich von Offizieren geschützt, meinen Nachtkunden. Ein Soldat beherrscht die Zauberkunst, seine Auftritte werden besonders aufmerksam verfolgt, er schafft es, nach einem Rundgang im Saal, zehn Brieftaschen oder Geldbörsen auf den Tisch zu legen, fragt, wem gehören diese Fundstücke, dasselbe bei Frauen mit Handtaschen, Halsketten, er zaubert Zlotyscheine aus Zeitungspapier, lässt Geldscheine schweben … Zynek, der Zauberer, stammt aus Czestochowa (Tschenstochau), die Stadt ist ein Wallfahrtsort, bekannt für das paulinasche Kloster von Jasna Gora, die Heimat der schwarzen Madonna, ein Schrein der Jungfrau Maria. Zynek ist oft bei mir im Kasino, erzählt unglaubliche Storys, seinen Bäckerberuf hat er geschmissen, zu zeitig musste er aufstehen, im Herbst und Winter ist er gern gesehener Gast bei Veranstaltungen, erhält Gagen dafür. Im Sommer ist sein Betätigungsplatz die Jasna Gora, wo Gläubige stehen, beten oder Predigten andächtig zuhören. Dann schlägt seine Stunde, er zieht mit einem Trick die Geldbörsen aus den Taschen und verschwindet mit der Beute, verdient gut dabei,

ob er die Wahrheit sagt, kann nicht geprüft werden.
Eine Wochenendveranstaltung verlangt gute Vorbereitung, schließlich sind hohe Offiziere mit Frauen dabei, auch aus anderen Kasernen, ich muss wachsam sein, mein Augenmerk ist das Buffet, Imbiss, Getränke und Wodka dürfen nicht fehlen, das ist auch mein Vorteil.

Im Mai 1956, vor dem Marschbefehl zum Truppenübungsgelände, kommen vier Soldaten und ein Unteroffizier ins Kasino, heben schweigend die Kopfstatue von Josef Wissarionowitsch Stalin vom Sockel und schleppen den großen Kopf unsanft in den Keller in einen Nassraum, woanders ist kein Platz, schnell soll das gehen, sagt der Unteroffizier. Stalinkult adé, kein Politoffizier erinnert mehr an den großen Diktator Josef Stalin, der am 5.3.1953 infolge eines Schlaganfalls gestorben ist. Der XX. Parteitag der KPdSU vom 14. bis zum 25. Februar 1956 in Moskau ist ein Wendepunkt in der Geschichte der Sowjetunion, Nikita Chruschtschow ist Stalins Nachfolger. Auch in der polnischen Staatsführung folgen Veränderungen, nach Boleslaw Bierut kommt Wladyslaw Gumulka.

Wir sind erneut auf einem Truppenübungsgelände, in einem Flachbau irgendwo im Wald richte ich das Offizierskasino ein, mein Küchenpersonal und Soldaten helfen, es ist nicht einfach, unter Feldbedingungen den Kasinobetrieb aufzunehmen. Einkäufe fürs Kasino werden gemeinsam mit Einkäufen für die Soldatenküche in Poznan getätigt, der Wirtschaftsoffizier, ein Oberleutnant, fährt jedes Mal mit. Es gelingt mir auch hier, ¼-Liter-Wodkaflaschen für den Nachtverkauf zu organisieren, beim Einkauf zahle ich die Ware in bar.
Das Truppenübungsgelände ist belebt, die Sonne strahlt, es ist Sommerzeit, das Schulungsprogramm der Soldaten wird täglich von Montag bis Sonnabend mit Befehlen und Kommandos

umgesetzt, dazu gehören lange Märsche mit voller Kampfausrüstung mit Hindernissen, Schießübungen, Nahkämpfen. Ich bekomme keinen Befehl, am Schulungsprogramm teilzunehmen, im Kasino habe ich viel zu organisieren, der Betrieb läuft auf Hochtouren, ich wohne in einem kleinen Raum im Flachbau, bin immer greifbar, auch nachts, mein Lauftraining ist nicht so intensiv.

Ende Juni, Alarm am Truppenübungsgelände und Marschbefehl in voller Ausrüstung, das gilt auch für mich, in Richtung Poznan, es sickert durch, Unruhen seien in der Stadt, wir sollen wichtige Objekte sichern, meine Kompanie bekommt den Befehl, auf der Brücke zu stehen mit Blick zum Bahnhof. Nichts Auffälliges, Menschen bewegen sich zum und vom Bahnhof, auf der Brücke rasen Fahrzeuge in beide Richtungen, unser Leutnant geht hin und her. Der Betrieb auf der Brücke beruhigt sich, ein PKW kommt schnell angefahren, bremst und hält etwa zehn bis zwölf Meter von mir. Unser Leutnant eilt zum Auto, vielleicht braucht der Fahrer Auskunft, das Fenster ist offen, Schüsse fallen, der Offizier liegt tot auf der Straße. Bevor wir die Situation erkennen, ist der PKW fort, ein Schock für mich, für uns Soldaten. Plötzlich hat sich die Stimmung geändert. Nach und nach wird bekannt, dass sich die Unzufriedenheit der Belegschaft in den Cegielski-Werken in Poznan auf das gesamte Stadtgebiet übertragen hat, es kam zu kriminellen Handlungen, Polizeistationen wurden angegriffen, Gefangene aus Gefängnissen befreit, Waffenlager geplündert, bewaffnete Kriminelle laufen in der Stadt herum, Polizei und Militär mussten eingreifen, es gab Tote und Verletzte.

An einem Freitag zur Mittagszeit fahren wir zur Brauerei nach Poznan, der Pförtner hält die Schranke geschlossen, sagt freudestrahlend „Feierabend“ und entfernt sich. Unser Oberleutnant geht zum sturen Pförtner und plötzlich kommen Rufe, Schreie von der Laderampe: „Fasst den Dieb, fasst den Dieb, er hat meine Uhr gestohlen!“ Der Oberleutnant und wir drei Soldaten stürzen auf den Dieb und bringen ihn zum Betroffenen. Der schreiende Mann stellt sich als Lagerleiter der Brauerei vor, fragt, wie er sich bedanken kann, unsere Antwort, Bier verkaufen für unser Offizierskasino. „Das ist kein Problem, ladet Bierkisten auf, bezahlt.“ Der Lagerleiter führt uns auf schmalen Steintreppen tief in einen kalten Kellerraum. In diesem Raum ist ein quadratisches Becken mit Bockbier gefüllt, das Bier fließt langsam von der Decke auf langen Walzen in das Becken hinein. Wir schütteln uns vor Kälte, der Lagerleiter empfiehlt, den elektrischen Kocher und die Blechdosen zu benutzen, das Bier anzuwärmen und zu trinken, er kommt bald wieder. Der Oberleutnant schöpft als Erster Bockbier in die Blechdose, trinkt und flucht, zu kalt, gleich sind mehrere gefüllte Blechdosen auf dem Kocher, wir warten und trinken, trinken kopflos das dunkle Gesöff. Wir sind schön alkoholisiert, lachen, machen uns lustig, dann passiert das Unerwartete. Der Oberleutnant bückt sich über den Rand des Beckens, schöpft eine weitere Dose, verliert das Gleichgewicht und badet im frischen kalten Bockbier, wir lachen nicht, wir brüllen, der Lagerleiter kommt gerannt, schreit: „Bitte badet nicht im Becken, ich bekomme Ärger von der Hygiene!“ Wir trampeln die schmalen Steintreppen hoch, im Freien schlägt uns die Wärme nieder. Unser Lkw steht irgendwo im Wald, wir liegen lang auf der Ladefläche, schlafen oder stöhnen vor Kopfschmerzen, der Oberleutnant mit nasser Uniform ist eingewickelt in eine Plandecke, verflucht die Kälte, der Kraftfahrer, der einzige Nüchterne, beschützt uns im Wald, er möchte uns nicht in diesem Zustand zum Standort bringen, es ist Nacht. Bei Sonnenaufgang sitzen wir „schwer krank“ auf der Ladefläche, der Oberleutnant neben dem Kraftfahrer mit sich abstützendem Kopf auf dessen Brust in der Kabine, wir sind wieder auf dem Truppenübungsgelände.

Im September sind wir zurück in unseren Kasernen und zählen die Tage bis zur Entlassung ins Zivilleben im November. Am späten Nachmittag trainiere ich meinen Dauerlauf, der Sportoffizier fragt nach meiner Kondition. Einen Weltrekord werde ich nicht aufstellen, aber an der Spartakiade werde ich teilnehmen, weil ich gemeldet bin. Rekorde, Ergebnisse sind nicht wichtig, sagt mein Sportoffizier und belehrt mich: „Baron Pierre de Coubertin sagte, das Wichtigste bei den Olympischen Spielen ist nicht zu gewinnen, sondern daran teilzunehmen. Woanders wird der Mann zitiert mit ‚Dabei sein ist alles' und das ist für dich wichtig", endet der nette Sportoffizier, der auch nicht selten mein Nachtgast im Offizierskasino ist. Pierre de Coubertin war der Initiator der Olympischen Spiele der Neuzeit, lud im Juni 1894 die internationalen Athletikverbände nach Paris zum „Kongress für die Wiederbelebung der Olympischen Spiele" ein. Am 23. Juni beschlossen die Verbände die Wiedereinführung der Spiele und gründeten das Internationale Olympische Komitee (IOC). Coubertin wurde erster Generalsekretär.
Mit einem Reisebefehl in der Tasche melde ich mich in Wroclaw beim Spartakiaden-Komitee und werde schon am nächsten Tag, ein Sonnabend, zum 10 000-Meter-Start angekündigt, mein Marathonlauf wird nicht erwähnt, ich frage nicht danach, bin Unteroffizier-Kapral mit zwei Balken, der führt gehorsam Befehle aus. Untergebracht bin ich im riesigen Mannschaftszelt mit guter Verpflegung. Auf dem Gelände tummeln sich Soldaten in Trainingsbekleidung, viele im Trainingsfieber, sprinten, laufen, Kugelstoßen …, einige mit Alkoholfahne, die Flasche noch in der Hand, Musik ist nicht zu überhören, eine gute Atmosphäre. Schnell mache ich Bekanntschaft mit Kollegen, de-

nen ich morgen am Start begegnen werde. Mir wird die Nummer 19 am Hemd verpasst, wir stehen in höchster Spannung vor der Startlinie, dann der Startschuss und die große Gruppe setzt sich in Bewegung, Profis stoßen und schubsen die Mitläufer von sich weg, um an die Spitze zu gelangen, vor uns 25 Runden um das Station, Zuschauer spenden Beifall. Nach der dritten Runde reißt die Läufermasse auseinander, die Läuferschnur wird immer länger und dünner, in der zehnten Runde holen Spitzenläufer die Letzten ein. Meine Kräfte lassen nach, ich fange an, die Runden zu zählen, ein Zeichen der Schwäche, viele haben freiwillig aufgegeben oder durch Sturz, ich versuche durchzuhalten und erreiche mit mehreren die Ziellinie völlig erschöpft.
Am Abend besteige ich den Zug in Richtung nach Hause, meine Eltern sind sehr überrascht von meiner späten Ankunft, auch traurig, es ist nur für 24 Stunden, Montag früh muss ich in der Kaserne sein. Mutter sieht gut aus, Vater weniger, schwächelt, hat Atemprobleme, kann sich vom Rauchen nicht trennen, vertritt weiter die blödeste Meinung der Bergleute, Zigarettenrauch reinigt Lungen vom Steinstaub. Meine Schwester verrät, Werner wird im nächsten Jahr heiraten, und flüstert mir zu: „Ich habe einen netten Freund." Ich bin sehr müde, der 10 000-Meter-Lauf macht sich bemerkbar, ich schlafe wie ein Kind nach dem Baden. Am Sonntag besuche ich meine Oma, sie freut sich, streichelt meine Haare, sagt, die sind dicht und schön schwarz.
Meine Wehrpflichtzeit neigt sich dem Ende zu, der Wirtschafts- und Personaloffizier führt mit mir Gespräche zum Verbleib in der Kaserne als Leiter des Offizierskasinos mit gutem Gehalt und Beförderung in einen höheren Unteroffiziersgrad, als Wehrpflichtiger werde ich nicht bezahlt. Die Soldatenzeit formte uns junge Menschen fürs weitere Leben, als zivile Katastrophen haben wir das Kasernengelände betreten

und es verlassen als reife und hart gesottene Männer. Mein Abgang ist vorbereitet, neue Zivilklamotten habe ich bereits gekauft, ein Entlassungsbefehl folgt in den nächsten Tagen.

1955/56, Vater und Mutter

Günter nach der Armeezeit

Jetzt bin ich wieder in der Obhut meiner lieben Mama, Papa und Schwesterchen, natürlich freuen sie sich meines Daseins, von den Ereignissen in Poznan sind alle aus Medien informiert, traurig werden meine Eltern vom Erlebten auf der Brücke in Poznan. „Gott hat dich beschützt, mein Junge“, sagt meine Mutter. „Ich war noch nicht dran“, antworte ich. Ein Seitenhieb folgt: „Spotte nicht, mein Sohn.“ Meine Kollegen Josef, Jerzy, Gotthard sind auch wieder da, ich besuche meine Oma, Werner heiratet im Februar 1957. Ich besuche meine Freundin, zwei Jahre haben wir uns nicht gesehen, auf Bildern sieht sie meinen Glatzkopf und mich in Uniform gekleidet.
Am 11.11.1956 melde ich mich zurück im Personalbüro des Bergwerks „Bobrek“, in der Investabteilung wird mir die Aufgabe als Oberbauinspektor zur Überwachung mehrerer Investitionsbauten übertragen, eine verantwortungsvolle Aufgabe mit guter Gehaltsaufbesserung. Zwei neue Fundamente für Fördermaschinen, Waschkaue für Bergleute, bestehende Fundamente unterm Direktionsgebäude vertiefen, Ventilationskanäle, Fundamente für Hochspannungsleitung, eine Wohnsiedlung und andere Bauobjekte von Fremdfirmen werden realisiert. Meine Aufgabe ist, den Bauprozess zu überwachen, Bauzeichnungen mit Zeichnungen der technologischen Ausrüstung zu vergleichen, Bewehrungseisen vor dem Betonieren mit Zeichnungen zu kontrollieren, Rechnungen von Fremdfirmen zu prüfen … Diese Tätigkeit füllt mich aus. Ich komme jeden Tag spät nach Hause, meine Mutter schöpft Verdacht, in Zabrze bei meiner Freundin zu sein, ich werde zynisch begrüßt: „Da warst du wieder bei deiner Renaaaate.“
„Nein, Mama, bin spät von der Arbeit gekommen.“ Ein weiterer Seitenhieb folgt: „Da bin ich gespannt, ob deine Überstunden bezahlt werden.“ Ich antworte: „Meine Arbeitszeit ist nicht auf acht Stunden beschränkt, bei Bedarf muss ich länger arbeiten, ich werde mit einem Monatsgehalt vergütet. Ich weiß

nicht, was du gegen meine Freundin hast, du kennst sie nicht. Am zweiten Weihnachtsfeiertag bring ich sie nach Hause, vielleicht änderst du deine Meinung."
„Da bin ich gespannt", antwortet zynisch Mutter.

Meine Schwester ist verliebt bis über beide Ohren in ihren sechs Jahre älteren Josel (Josef). Er ist wirklich charmant, schon bei der ersten Begegnung spüre ich, wie nah wir uns sind, ich bin meiner Schwester dankbar dafür. Josel ist drei Jahre älter als ich, Bergbautechniker und Schichtleiter im Untertagebetrieb in der Steinkohleförderung im Bergwerk „Ludwik", wo mein Vater schuftet. Ich freue mich so, einen Kumpel zu haben. Dorota macht sich wieder mal lustig über unseren Stiefonkel Werner, der putzt immer noch sein Motorrad an jedem Wochenende, manchmal fährt er nach Bytom, seine Ursel von der Arbeit abholen. Werner Kampczyk, so sein Familienname, ist sehr sparsam, gar geizig, scheut Risiko, rechnet seinen Verdienst im Voraus aus, stellt sich gern als Besserwisser und Held dar, ich schätze ihn, aber mich verbindet nichts mit ihm.

Schon während meiner Armeezeit hat meine Mutter eine neue Marktlücke entdeckt, sie häkelt Kissen in jeder freien Minute und verscheuert ihr Produkt am schwarzen Markt, stets in hoher Wachsamkeit, von der Polizei oder dem Finanzamt nicht erwischt zu werden. Ihr Gesundheitszustand scheint stabil zu sein, obwohl sie stets beklagt, wie krank sie ist, wenn Mutter mit Frauen spricht, die ihre Herz-, Kopf-, Bauch- oder andere Scherzen beklagen, testet Mutter zu Hause, ob auch bei ihr diese Symptome zu finden sind. Mutter sagt stets, sie ist arm, beklagt, Vater verdient wenig, aber sie ist beweglich, kann organisieren, ist stets wachsam, selbstbewusst, vertritt ihre Meinung, sich mit ihr anzulegen ist zwecklos, sie ist kritisch. Mei-

ne Schwester und ich sind ihr Eigentum, sie schaut mit kritischen Augen auf Josel und meine Freundin, beide sind Diebe, wollen ihr Eigentum entwenden.
Unser Vater baut gesundheitlich ab, er ist 49 Jahre alt im Jahr 1956, hat trockenen Reizhusten mit Auswurf und eine zunehmende Atemnot, hat Probleme, Treppen zu steigen, mit zwei Eimern Kohlen besonders, aber raucht. Mutter ist mehr mit sich beschäftigt als mit unserem kränkenlden Vater, ihr tut auch alles weh, sagt sie.
Mit mir selbst bin ich sehr zufrieden, die Armeezeit war anfangs schwer zu ertragen, ich wurde hart geformt, meine berufliche Tätigkeit macht mir Spaß. Gott sei Dank habe ich harte Rückschläge noch nicht erfahren, aber mein Leben als Erwachsener steht erst am Anfang.

Weihnachten 1956, wie jedes Fest zuvor feiern wir unter uns vieren, Mutter tischt das Traditionsmenü auf: gebratenen Karpfen und diversen Nachtisch. Wir tauschen Geschenke aus, singen Weihnachtslieder wie „Oh du fröhliche …“ neben dem Weihnachtsbaum, den ich heimlich aus dem Wald gebracht habe. Am zweiten Feiertag Nachmittag sind Josel und meine Freundin zum ersten und letzten Mal da, begeistert ist meine Mutter nicht, schenkt meiner Freundin keine, dem Josel wenig Aufmerksamkeit, das tut mir weh. Vater erkennt die nicht gerade erfreuliche Lage und versucht mit Fragen und Gesprächen die Stimmung aufrechtzuerhalten, Dorota ergänzt mit Anekdoten und Lachen. Mutter serviert Kaffee und Kuchen, schaltet sich auch in unsere Diskussionsrunde ein, wird gesprächig, stellt Fragen an Josel, auch an meine Freundin. Zufrieden mit der Stimmung sind ich und Dorota auch nicht, aber das ist unsere Mutter. Auf dem Heimweg sagt meine Freundin, sie habe den Eindruck, meine Mutter mag sie nicht. Ich überspiele diese Bemerkung mit der Antwort: „Sie wird sich noch an dich gewöhnen, mit Josel ist das nicht anders.“ Kurzer Besuch bei meiner Oma und Opa August. Werner und Ursel, seine zukünftige Frau, sind anwesend. Oma freut sich sehr, behandelt meine Freundin sehr freundlich, als hätten sie sich schon ewig gekannt, Ursel schaut mit Misstrauen zu uns. Vielleicht ist das ihre Art, neue Bekanntschaften zu testen, ich kenne Ursel kaum, aber so sympathisch scheint sie mir nicht zu sein. Während unserer Unterhaltung lädt uns das Brautpaar zur Hochzeit ein, als Brautführerpaar, wir schauen uns beide an, danken und stimmen zu.

Dieser Winter ist besonders streng, ich denke an meine Kollegen Soldaten, die bald zum Truppenübungsgelände ausrücken werden, manche werden sicher auch von Frostbeulen geplagt. Im Winter spüre ich besonders meine angeschwollenen und geröteten Frostbeulen, sie schmerzen und jucken, meine Hand ist in Bewegung. Der Betriebsarzt beruhigt mich: „Damit musst du leben, sei froh, dass du die Dinger am Genick hast, woanders wäre schlimmer“, und lacht. Mein Friseur sagt, es gibt viele Menschen, die sich damit plagen, besonders die im Krieg waren.

In dieser Zeit ist der Brauch, dass ein Brautpaar seine bereits eingeladenen Hochzeitgäste besucht, sie noch mal offiziell einlädt, ein Päckchen Kuchen überreicht und nach kurzer freundlicher Unterhaltung verabschiedet sich das Brautpaar. Werner und Ursel, das Brautpaar, sind bei meiner Freundin, ich bin dabei, wir sind im Wohnzimmer, schwere Möbel, der Hausherr ist Schreiner, die offizielle Einladung folgte nach dem Brauch, der Kuchen wird übergeben, wir unterhalten uns anschließend.
Tage später, am 24.2.1957, die Trauung in der Kirche, anschließend Hochzeitsfeier in einem gemieteten Saal in Mikulczyce, Verwandte und Freunde beiderseits sind da, auch

Dorota mit Josel und meine Eltern. Bei der Begrüßung meiner Mutter steigt mein Blutdruck auf 180, der abwertende Blick zu meiner Freundin und mir, sie hebt ihre Schulter an, schaut weg, das ist kaum zu ertragen. Mein Vater bemerkt das Verhalten meiner Mutter, lächelt uns freundlich an, wünscht alles Gute, aber der Tag ist für mich gelaufen. Meine Freundin sagt: „Deine Mutter mag mich wirklich nicht, sie kennt mich doch nicht. Wünscht sie sich eine andere Freundin an deiner Seite?“
„Ich habe den Eindruck, meine Mutter möchte niemanden an meiner Seite sehen, beim Josel ist das nicht so extrem, Mutter möchte ihre Tochter unter schützender Haube sehen, unter ihrer Aufsicht, das wird ihr weder bei Dorota noch mir gelingen“, antworte ich.

Ich komme später von der Arbeit nach Hause, werde angefeuert: „Da kannst du gleich bei deiner Renate in Zabrze bleiben, aber ich warne dich, das familiäre Umfeld dort ist nicht für dich geeignet.“
„Mama, was redest du, du kennst doch die Familie meiner Freundin nicht.“
„Doch, ich weiß genug, Ursel hat mir erzählt, auf dem Wohnzimmertisch lagen Schlüpfer und Büstenhalter, deine Renate hat das nicht gestört.“
„Mama, das ist eine Verleumdung, Unwahrheit, ich war auch dort, das stimmt nicht.“ Mutter wiederholt, was Ursel sagte, meine Reaktion: „Wenn du mir nicht glaubst, dann habe ich hier nichts zu suchen.“ Ich nehme meine Tasche und fahre zurück nach Bobrek ins Arbeiterwohnheim neben dem Bergwerk. Ich kann nicht schlafen, solche Gemeinheiten muss ich mir anhören, das ist das, was meine Mutter braucht, um meine Freundschaft mit Renate zu zerstören. Ich stehe vor einer schwarzen Wand und frage mich, wie es weitergehen soll, für eine ernste Beziehung oder Selbstständigkeit bin ich nicht reif

genug, dazu brauche ich eine Wohnung, und bei dieser großen Wohnungsnot eine zu bekommen, ist unmöglich. Meine Mutter wird mir die Hölle weiter heiß machen. Ich muss eine Entscheidung treffen, zu meiner Freundin habe ich keine Verpflichtung, wir kennen uns lange, wir sind gute Freunde mit langen Pausen, nach der Wehrpflichtzeit sind wir häufiger zusammen, das stimmt. Um häuslichen Frieden zu bewahren, muss ich mich von ihr trennen. Ich habe keine Hoffnung, dass meine Mutter anders wird bei meiner nächsten Freundin. Dorota und ich sind ihr persönliches Eigentum, das schützt sie mit allen Mitteln. Im Arbeiterwohnheim verbringe ich vier Tage. Bei der nachsten Begegnung mit Renate spiele ich mit offenen Karten und sage: „Mir tut es leid, wir müssen uns trennen." Kaum habe ich das ausgesprochen, sagt sie: „Deine Mutter möchte das." Ja, ich habe keine andere Wahl, meine Freundin weint, ich fühle mich elend, aber irgendwie entlastet.

Der Winter 1956/1957 ist besonders streng, Baustellen ruhen, die Stimmung ist dadurch nicht die beste, mit Gotthard entwerfen wir privat ein Einfamilienhaus für einen bekannten Bergmann. An einem Sonnabend sind wir beide im Opernhaus Bytom und schauen uns die Operette „Das Land des Lächelns" an. Wir sind fasziniert von der Darstellung und besuchen später weitere Operetten.

Mit meinem Schwager in spe verstehe ich mich bestens, durch Zufall begegnen wir uns in Zabrze und kaufen gemeinsam einen Anzug für mich, den wir in der nächsten Gaststätte gut einweihen.

Meine Eltern gehen jeden Sonntag um 8:00 Uhr zum Gottesdienst, Mutter besteht mit Nachdruck darauf, dass meine Schwester und ich pünktlich um 9:00 Uhr den nächsten Gottesdienst besuchen, bei Unwetter gehe ich in die Kirche, bei schönem Wetter spaziere ich lieber mit Kollegen auf der Asphaltstraße nach Rokitnica. Zu Hause will Mutter wissen, welcher Kaplan die heilige Messe zelebriert und was der Pfarrer von der Kanzel gepredigt hat, wenn meine Antworten daneben liegen, dann hängt der Segen im Hause Mosler für einige Stunden schief. Wenn mir Vater begegnet beim Spazieren mit Kollegen während des Gottesdienstes, ruft er mich zur Seite, gibt mir Tipps, welcher Kaplan die heilige Messe zelebriert und was gepredigt wurde, und so stehe ich sicher vor dem Antlitz meiner Mutter und beantworte wahrheitsgemäß ihre Fragen.

Während einer Schicht unter Tage im Bergwerk „Ludwik“ beobachtet Josel meinen Vater bei der Arbeit als Hauer, bei Schichtende ruft er ihn zur Seite und sagt: „Morgen bringst du mir ein Ärzteattest, dass du gesund bist, sonst lasse ich dich in den Schacht einfahren.“ Das war seine letzte Schicht im Bergwerk. Der Betriebsarzt zum Vater: „Sie haben eine starke Silikose, wenn sie leben wollen, ab sofort keine Zigaretten, keinen Alkohol mehr.“ Er überweist ihn ins Bergmanns-Krankenhaus nach Biskupice, unser Vater ist ab sofort Nichtraucher, Alkohol trinkt er selten. Silikose ist eine typische Berufskrankheit von Bergleuten, insbesondere bei Hauern, die vorwiegend im Streckenvortrieb tätig waren, das trifft zu beim Vater, trockener Husten seit langer Zeit, Schwäche und Gewichtverlust, Atemnot. Der Aufenthalt im Krankenhaus baut unseren Vater auf, er muss täglich sehr viele Tabletten schlucken, zu Besuchszeiten sind wir immer da. Hier begegnet Vater vielen Arbeitskollegen, die er lange vermisst hat, mit gleichem Leiden und ist sehr traurig, wenn ein guter Arbeitskollege durch die quälende Silikose das Zeitliche gesegnet hat.

Mutter ist in ihrem Element, häkelt und häkelt ihre Kissen, bei gutem Wetter nimmt sie ihr Produkt und einen Hocker unter die Arme und marschiert irgendwo auf einen Markt. Bei guter

Laune wertet Mutter den Tag am Mark aus, beklagt die ständige Angst, von der Miliz gefasst und einbuchtet zu werden, sie sei so krank. Vater verbringt sehr viel Zeit im Garten, versorgt die Beete, ruht viel aus, atmet frische Luft und ist fern von Mutter, die doch sehr anstrengend ist in Diskussionen und bei der Durchsetzung ihrer Meinung. Vater diskutiert wenig mit Mutter, hört oft mit einem Ohr zu und sagt „Ja“ oder „Schön“, um den heiligen Frieden zu bewahren. Wird Vater ertappt beim falschen „Ja“ oder „Schön“, muss der Frieden neu konstruiert werden. Mutter ist sehr schwierig, besteht auf ihrer Meinung, auch wenn diese nachweislich schlecht ist, wer sich mit ihr anlegt, der hat im Voraus verloren und kommt nicht mehr so schnell zu Besuch oder fragt um Rat.

Der 22.7.1957 ist der Tag, der in meinem Gedächtnis haftet. Dorota mit Josel, eine Freundin meiner Schwester mit Ehemann, ein zweites Ehepaar und ein wunderschönes Mädchen feiern mit Musik vom Plattenspieler, ein Archivstück, den Nationalfeiertag Polens in der Gartenlaube meiner Eltern. Etwas später stoße ich zu der fröhlichen Gesellschaft und werde sofort fasziniert von den großen Augen, dem Lächeln, den Bewegungen, der Wachsamkeit und, und, und … Die hübsche junge Dame mit Namen Helene wird Lenchen gerufen. Meine Überlegungen lassen nicht locker, ich habe irgendwo das Schmuckstück schon mal gesehen, die Erinnerung kommt schnell: im Laden der Freundin meiner Schwester. Ein toller Sommernachmittag, wir sind guter Stimmung, Kaffee und Kuchen fehlen nicht, Alkohol ist der Fröhlichmacher, wir plappern friedlich dummes Zeug zusammen, Männer überschlagen sich mit Witzen und Anekdoten, einer wie der andere möchte schlauer sein, es werden Erlebnisse erzählt, die Zweifel aufkommen lassen. Es kommt zu Lachausbrüchen, die Zeit vergeht wie im Flug, mein Blick haftet stets an dem schönen Lenchen.

Die Abenddämmerung hält Einzug, wir verlassen die Laube und das Grundstück, unterwegs schleiche ich mich an die hübsche Helene heran, sie entzieht sich mir, merkt, ich bin angetrunken, mein Palaver zählt nicht mehr zur Unterhaltung. An Straßenkreuzungen verabschieden wir uns, Lenchen geht mit einem Ehepaar, ich schaue ihr nach auf wackeligen Beinen. Meine Schwester flüstert mir zu: „Die Adresse von Lenchen gebe ich dir zu Hause.“ Josel wird von Dorota beim Gehen festgehalten, seine Beine sind wie aus Gummi, wir sind fröhlicher Stimmung, singen das Bergmannslied „Glück auf, Glück auf, der Steiger kommt und er hat ein helles Licht …“ Dorota zügelt uns und wir sind wieder brav für kurze Zeit.
Das junge Weib geht mir nicht aus dem Gedächtnis, am nächsten Tag spät Nachmittag marschiere ich zur Adresse meiner Hübschen, vor dem Haus folgen Überlegungen. Wie bekomme ich Lenchen herunter? In die Wohnung traue ich mich nicht, vielleicht würde ich einen Arschtritt bekommen, gestern war ich angetrunken. Einen kleinen Jungen schicke ich in ihre Wohnung mit der Bitte, Lenchen möchte herunterkommen. Helene steht lächelnd vor mir, meine Herzschläge lassen nach, wir lachen beide, ich entschuldige mich für meinen gestrigen Auftritt, sie winkt ab. Ach, wie schön, alles läuft wunderbar, denke ich. Ich lade Lenchen zum Spaziergang ein, den gestrigen Tag auszuwerten, wir lachen über die blöden Witze, ich verrate wahrheitsgemäß mein Alter mit 23, Lenchen gaukelt mir ihr Alter mit 17 vor, was nicht stimmt, sie korrigiert Tage später auf 16, das freut mich noch mehr, eine junge Puppe an meiner Seite zu haben.
Helene arbeitet im Lebensmittelladen, nach Ladenschluss hole ich sie ab. Sie verrät mir, dass sie meine Mutter als sehr unbequeme Kundin kennt, sie will alles wissen, kauft wenig oder gar nichts, schimpft, wenn ihr gewünschter Artikel nicht da ist. „Deine Mutter kommt mit einem Eimer in den Laden, schaut

sich nach einem Salzheringfass um, als wäre das ihr Laden, verlangt Hilfe beim Schöpfen von Salzwasser in den Eimer für ihr Schwein." Mutter züchtet fast jedes Jahr ein Schwein, bekommt Küchenabfälle von Hausbewohnern und von nebenan, organisiert Futter. Nach jeder deftigen Mahlzeit bekommt das arme Schwein eine Portion Salzwasser mit Fischgeschmack, damit die Sau ständig hungrig und durstig wird zur schnellen Gewichtszunahme. Mutter ist ein Genie, was das Organisieren betrifft, sie drückt Preise bis aufs Äußerte, besonders auf dem Markt, Händler schauen weg, wenn sie Mutter sehen, sie stuft laut die Qualität von Waren im Laden oder am Stand herab. Wenn Dorota oder ich mit Mutter einkaufen gehen, schämen wir uns, sie spricht laut schlesisch, halb polnisch, halb deutsch, als wäre sie Inhaberin des Ladens, schimpft, wenn sie von einer Polin nicht verstanden wird, dann donnert sie: „Geh zurück, von wo du gekommen bist." Wir haben es nicht einfach mit unserer Mutter, sie ist lieb, wenn alles nach ihr läuft und wir nach ihrer Pfeife tanzen, diskutieren mit ihr ist zwecklos, ihre Brüder kommen kaum zu ihr, und wenn sie einem begegnet, dann donnert es.

Walter, Omas Jüngster und Liebling aus erster Ehe, ist geschieden, pflegt den Alkohol, der andere, Fedor, sucht immer noch eine Lebenspartnerin und Ernst, der ehemalige Berufsunteroffizier, heiratete in Dresden noch während des Krieges, nach dem Krieg suchte er das Weite im Westen, ohne Frau und beide Kinder.

Dorota diskutiert oft heftig mit Mutter, besonders, wenn unschöne Bemerkungen zu Josel fallen, dann wird es laut bei Moslers, ich nehme die Taktik meines Vaters an, nicht diskutieren bei Mutters Palaver, stets mit dem Kopf nickend zustimmen, eigenen Gedanken ruhig nachgehen, bemerkt Mutter, wir nicken und schauen woanders hin, dann wird sie ungemütlich.

Ich fühle mich nicht wohl, eine so niederschmetternde Beurteilung über meine Mutter von meiner Helene erfahren zu müssen, ich denke schweigend über die Reaktion meiner Mama nach, wenn sie Kenntnis nimmt, dass das Mädchen aus dem Lebensmittelladen meine neue Freundin ist. Sie wird denken, wieder eine Diebin, die meinen Sohn entführen will, die eine bin ich los, die andere ist da, was für ein Unglück. Mit Helene bin ich viel zusammen, sie wohnt mit Mutti in einer Zweizimmerwohnung wie wir. Sie ist ein liebes Mädchen, bei jeder Begegnung sehe ich was Neues, Angenehmes, Schönes an ihr, sie ist bescheiden. Ich drücke sie an mich heran und freue mich, Helene an meiner Seite zu haben. Bald mache ich Bekanntschaft mit Helenes Mutti, eine nette Frau, ihrer Schwester Adelheid, sie wird Heidel gerufen, und Schwager Paul, alle sind mir sympathisch, wir haben Spaß miteinander. Die Daten hat Helene schon vorher verraten, Mutti, Jahrgang 1904, von Beruf Schneiderin, näht für Freunde, Nachbarn ohne Gewerbeschein schwarz, bezieht eine minimale Rente, Vati Georg, Jahrgang 1902, verstorben, Adelheid, Jahrgang 1932.

Helene

Mutti Luzie u. Schwester Adelheid

Mein Schwiegervater in spe, Georg Ogiolda, teilte anfangs das Schicksal mit anderen Festgehaltenen im Lager wie mein Vater. Meine Schwiegermutter in spe Luzie erzählt: „Lenchen lief als Kleinkind hinter dem Vati im Treppenhaus und verlangte weinend einen Kartoffelpuffer, die er als Verpflegung auf den Weg bekam“, Mutti Luzie weint beim Erzählen. „Er nahm sich Zeit, öffnete seinen Rucksack, küsste und überreichte seinem Kätzlein, wie er seine kleine Tochter nannte, einen Kartoffelpuffer.“ Er sah sein kleines Lenchen, seine Tochter Heidel und Ehefrau zum letzten Mal. Vati Georg erkrankte an Ruhr, der Darminfektion, verstarb im November 1945, genaues Sterbedatum unbekannt, im Lager Peremeika. Sein Schwager Viktor Lihs wickelte den Leichnam in eine dunkle Decke, mithilfe von Lagerinsassen wurde der leblose Körper in ukrainische Erde gebettet. Mutti Luzie weint bitterlich. „Er war 42 Jahre alt, als er einsam fern der Heimat verstarb“, beklagt sie.

Meine liebe Mutter hat längst Wind bekommen von meiner Helene und begrüßt mich eines Tages: „Ich habe gehört, du verdrehst dem Mädchen vom Lebensmittelladen den Kopf, Junge, sie ist doch viel zu jung für dich.“ Sie zählt mir sofort Mädels auf, die nach Mutters Geschmack für mich geeignet wären. Unter den Erwähnten ist eine Bärbel, die ich niemals leiden konnte wegen der korpulenten Figur, blonden ungepflegten Haaren, ihrem Aussehen und Charakter überhaupt, aber die Eltern haben ein großes Mehrfamilienhaus, nehmen Mieten ein, das wäre für Mutter ihre geeignete Schwiegertochter. Ich sage zu Mutter: „Stopp, stopp, überlasse bitte mir die Wahl einer Freundin.“ Mein Vater stimmt mir zu, was Mutter nicht passt, und ich setzte fort: „Helene mag ich sehr, sie ist für mich bestens geeignet.“ Darauf Mutter: „Aber, aber deine Freundin stammt doch aus armen Familienverhältnissen, ihre Mutter ist Witwe, muss viel nähen, um zu überleben.“ Hier

funke ich wieder dazwischen. „Mutter, sei froh, dass du nicht Witwe geworden bist“, Vater war auch in Russland, Helene hätte ihren Vati und ich nicht. Mutters taktlose Antwort kommt prompt: „Der Herrgott wollte das so“, und drückt ihre Brüste stolz nach vorn, als wäre sie schadenfroh.
Wir unternehmen viel, sind bei Adelheid und Paul in Zabrze. Sie haben einen Fernseher, den noch nicht jeder hat in dieser Zeit, wir sind im Café, im Hotelrestaurant, bei verschiedenen Veranstaltungen, wir sind oft mit Dorota und Josel zusammen. Dorota und Helene vertragen sich sehr, haben viel Spaß miteinander, wir genießen das freie Leben. Ich vermeide Zusammenkünfte mit Ursel und Werner, habe schlechte Erinnerungen und werde nicht zulassen, dass Ursel irgendwann meine Helene besuchen kommt. Meine Schwester sagt, Ursel ist schwanger, Werner und Ursel möchten, dass ich Taufpate werde, das passt mir nicht. Von diesem Wunsch bekommt Mutter Wind und spricht mich bestimmend an, davon Abstand zu nehmen, kritisiert Ursels Familie und ich erfülle Mutters Herzenswunsch, ich liebe meine Mutter.

Schon am 4. Oktober 1957 gelingt es der Sowjetunion als erstes Land, einen Satelliten in die Erdumlaufbahn zu schießen. Der kugelförmige Satellit namens „Sputnik I“ erschüttert das westliche Selbstvertrauen tief, man spricht vom „Sputnik-Schock“. Auf einmal hat sich der Westen einen technologischen Rückstand gegenüber der kommunistischen Welt eingefangen. Für die sowjetischen Medien ist dieser Überraschungserfolg Grund genug, die Überlegenheit ihres sozialistischen Systems gebührend zu feiern.

An einem Sonntagnachmittag bin ich mit Helene zum ersten Mal zu Hause, Dorota und Josel sind auch da, ich stelle meinen Eltern meine Helene vor. Mutter mit scharfem, kritischem

Blick sagt: „Mir brauchst du sie nicht vorstellen, ich kenne sie aus dem Laden von Annemarie.“ Helene kennt diese schwierige Kundin, dreht sich zu Josel und beide lächeln, Vater begrüßt Helene freundlich, beide tauschen Sätze aus, Mutter und Dorota decken den Tisch, beim Kaffeetrinken geht Mutter auf Helene mit Fragen zu, die Helene sachkundig beantwortet.

Wir sind bei Helenes Schwester in Zabrze, mit Paul schauen wir Fußball im Fernseher an, beide Damen sind in der Küche, plötzlich sagt Paul: „Vor nicht so langer Zeit begegnete ich meinem Cousin Leo, er lässt dich grüßen.“
„Mir sagt der Name nichts´“, sage ich. „Doch“, antwortet Paul, „das ist der Schwager deiner ehemaligen Freundin.“ Ich bedanke mich. Wir diskutieren nicht weiter, wir schauen weiter das Fußballspiel im Fernsehen.
Die Zeit vergeht wie im Flug, Helene und ich sind ein unzertrennbares Paar, fast jeden Tag nach Ladenschluss hole ich meine Helene ab, wir gehen langsam nach Hause, unterwegs erzählen wir, ich von meiner kurzen Zeit im „Dienst für Polen“ und meiner zweijährigen Wehrdienstzeit, Helene schildert ihren Tagesablauf, wir lachen über Kundschaft, deren Verhalten meiner Mutter ähnelt. Die Versorgung mit Grundnahrungsmitteln in Polen ist nicht optimal, besonders beim Fleischer stehen lange Menschenschlangen und warten geduldig. Seitdem der rehabilitierte ehemalige Generalsekretär Władysław Gomułka zurück an der Macht ist, hat sich die Versorgungslage auch nicht gebessert, aber gebessert hat sich die Ausreisemöglichkeit nach Westen, USA … „Wer Polen verlassen möchte, der kann gehen“, soll Gomułka gesagt haben und der Andrang zur Ausreise ist groß. Auf Güterbahnhöfen stehen bereitgestellte Waggons zur Aufnahme von Gütern für Ausreisewillige, aber nach und nach werden es weniger Ausreisende und die Bereitstellung von Waggons wird eingestellt, den Verlauf beobachte ich

täglich auf dem Bahnhof in Bobrek.

Meine Arbeit in Bobrek macht Spaß, ich fahre täglich um 6:00 Uhr mit der Straßenbahn zum Bahnhof, weiter mit der Eisenbahn nach Bobrek, ca. 17:00 Uhr, wenn alles gut geht, bin ich wieder zu Hause. An ständige Kritiken meiner Mutter habe ich mich gewöhnt, diese lassen mich kalt, besonders wenn es um die Beziehung zu meiner Helene geht oder wenn sie mir andere Mädels einredet, die in ihr Wunschbild passen. Mit Kritiken an Josel ist sie vorsichtiger geworden, hat Angst, dass er kalte Füße bekommt und Dorota auf dem Trockenen sitzen bleibt, Mutter sieht, Josel ist freundlich, aber führt keine Gespräche mit ihr, das kritisiert Mutter auch. Mutter organisiert und kauft gute Aussteuer für Dorota, die Hochzeit kündigt sich an, Möbel fürs Schlafzimmer, Küche, Wohnzimmer ... lagern irgendwo, viel ist das nicht, sagt Mutter, ich bin arm. Dorota fühlt sich wohl, hat alles zum Einrichten der ersten Wohnung, Josel hat gute Aussichten, eine Eigentumswohnung im neu gebauten Häuserblock im Zentrum von Zabrze in einem Jahr käuflich zu erwerben, bis dahin werden beide eine Mietwohnung haben. Mutter ist stolz, wertvolle Aussteuer ihrer Tochter zu schenken, vergisst unseren Vater, der großen Anteil daran hat, drückt ihre Brüste hervor, bewegt voller Hochmut den Kopf rechts und links. Aber ob Josel so begeistert ist von Mutters Aussteuer für Dorota darf bezweifelt werden, in seinen Gesichtszügen sieht Zufriedenheit anders aus.

Die Hochzeit findet am 12.10.1958 statt, der Tag wurde gewählt, da unsere Eltern ihre Silberhochzeit zusammen mit ihnen feiern wollen, keine schlechte Idee, Mutter kann denken und organisieren. Dorota und Josel laden Helene und mich als Brautführerpaar ein, wir danken und freuen uns über die Einladung. Die Vorbereitungen laufen auf Hochtouren, Mutter ist nicht ansprechbar, organisiert und verfolgt bei der Schneiderin das Brautkleid für Dorota, sie muss die schönste Braut sein. Verwandte, gute Bekannte und Freunde wurden bereits mit dem Hochzeitskuchenbrauch offiziell eingeladen, auch Helene bekommt Besuch, ich bin dabei. Mit Dorota und Josel, beide in guter Verfassung, führen wir eine angenehme Unterhaltung im Beisein von Helenes Mutti. Helenes tolles Kleid als Brautführerin, geschneidert von Hand ihrer Mutti, hängt bereits am Bügel. Mein Anzug hängt noch irgendwo im Bekleidungsladen, demnächst mache ich den Einkauf mit Josel, anschließend betreten wir eine Gaststätte, weihen den Anzug nass ein. Bei seinen Einkäufen bin ich auch dabei, Josel ist ein toller Kumpel.

1958, Dorota, Vater, Günter auf dem Krankenhausgelände

Vater fühlt sich gesundheitlich nicht wohl, lag zwischenzeitlich im Krankenhaus, die Silikose macht ihm zu schaffen, er ist sehr ruhig, meidet Stress, den er bei Mutter hat, verbringt viel Zeit

im Garten, wo er Ruhe findet. Mutter kocht, wäscht, bügelt, aber zeigt keine Zuneigung, kein ausreichendes Mitgefühl mit dem schwer kranken Vater. „Ich bin auch krank“, pflegt Mutter zu sagen.
Meine Helene ist stets modisch schick gekleidet, es passt alles in Farbe und Stil, sie hat einen sehr guten Geschmack, kein Wunder, Mutti ist Schneiderin von Beruf. Meine Mutter beobachtet auf Schritt und Tritt meine Helene, sagt auch nichts, bewegt den Kopf mit strengem Gesichtausdruck, als wäre sie neidisch, dass ihre Tochter diese Eigenschaften nicht besitzt. Die gleiche Szene, wenn Helene und ich uns nah sind, Mutter denkt bestimmt, die Diebin hat mein Eigentum in ihrem Besitz, so eine Unverschämtheit, zu Hause dann die Sprüche: „Deine Helene hat dich schon schön eingewickelt, du bist nur mit den Gedanken bei ihr und ihrer Familie, das sehe ich doch, beeil dich nicht, du hast noch Zeit.“ Diskutieren hat keinen Sinn, Mutter hält an ihrer Meinung fest. Bei solchen Sprüchen steigt der Blutdruck auf 200, besonders am Abend, wenn ich nach Hause komme und mich für den nächsten Arbeitstag vorbereiten möchte.

Die standesamtliche Trauung hat stattgefunden im engsten Familienkreis, am Abend der Polterabend, Glas- und Keramikscherben aus Klo und Waschbecken, aus Tassen und Tellern, aus Schüsseln und Flaschen müssen von Braut und Bräutigam auf einen Haufen gefegt werden, der immer größer wird. Wir lachen und schauen zu, mit welcher Geduld beide den Besen bewegen, und wieder kommt ein Klobecken geflogen und beide fegen weiter.

1958, Helene

Von links: Dorota, Josel, Helene

Die Trauung in der Laurentius-Kirche zu Mikulczyce ist feierlich, junge Frauen vom katholischen Frauenverein, weiß gekleidet, stehen im Spalier, Musik durch Orgel und Chor, vor dem beleuchteten Altar empfängt der Priester im Gewand das Brautpaar, leise Orgelmusik begleitet das kurze Gebet des Priesters, anschließend die Worte der Trauung: „... vor Gottes Angesichts nehme ich dich an als meine Frau (mein Mann). Ich verspreche dir Treue in guten und bösen Tagen, in Gesundheit und Krankheit…“ Die sanften Orgelklänge füllen den Kirchenraum, plötzlich das Ave Maria solo gesungen mit glasklarer Frauenstimme, es ist sehr rührend, unsere Eltern weinen noch kurz auf der Kniebank, die Vermählten verlassen den Kirchenraum und fahren zum Fotografen.
Die Hochzeitsfeier im gemieteten Saal in Mikulczyce ist von Gästen gut besucht, am Eingang wird das Brautpaar mit Glückwünschen begrüßt. Meine Helene im schicken langen Kleid, tolle Frisur, passend geschminkt, ihre großen, schwarzen wachsamen Augen, das schöne junge Alter, ihre freundlichen Lippenbewegungen beim Grüßen von Gästen wird mit kritischen Augen meiner Mutter beobachtet, nur Dorota darf schöner sein, die nicht selten mit groben Worten beschimpft wird, wenn Dora, so in Wut genannt, nicht nach Mutters Pfeife tanzt. Mutter wechselt wenige Worte mit meiner Helene, in vorherigen Gesprächen konnte sich Mutter von sachlichen und ungeschminkten Antworten überzeugen, nicht wie Dorota, die sich oft mit Notlügen behilft, ich bin sehr stolz auf meine liebe Helene. Mutter meidet Gesprächspartner, die ihr widersprechen, meine Helene ist eine davon, das kann noch lustig werden, ich muss mich in Zukunft warm anziehen. Ich habe einen tollen Anzug, schwarze Schuhe, schwarze Socken, ein weißes gebügeltes Hemd, die Haare frisiert, passende schwarze Fliege, alles neu mit Josel gekauft, der Einkauf hat Spaß gemacht. Beim anschließenden Biertrinken in der Gaststätte wird Josel plötz-

lich nachdenklich und sagt: „Zu eurer Mutter werde ich nicht Mutter sagen können“, das ist vielsagend, es tut mir weh. Ich hoffe, meine Erscheinung kommt gut an, Helene und Mutter üben keine Kritik, Mutter meidet meinen Blick, sie ist bestimmt böse, nicht die Partnerin an meiner Seite nach ihrem Wunsch zu sehen, das höre ich mir oft an. Wir tanzen im Saal, schauen freundlich den Gästen zu, schließen neue Bekanntschaften von Josels Seite, Ursel schaut im Hintergrund mit Argusaugen uns zu, spendet kein Lächeln, Werner schaut mit halb offenem Mund den Tanzenden zu.

Mit dem vermählten Paar sind wir auf Hochzeitsreise in Zakopane, eine herrliche Region der Hohen Tatra, Zakopane ist einer der populärsten Orte für Erholung im Sommer und im Winter, jeder findet etwas Passendes für sich, untergebracht sind wir in Privatunterkünften. Wir sind am Morske Oko (Meeresauge), der größte und mit einer Tiefe von 50,8 Metern der vierttiefste See der Hohen Tatra. Der See liegt auf einer Höhe von 1395 Metern über dem Meeresspiegel und hat eine Fläche von 34,9 Hektar. Wir sind am Giewont, ein 1.895 Meter hoher Berg in der West-Tatra, er wird auch der schlafende Ritter genannt, auf der Spitze steht ein 17 Meter hohes Kreuz aus Eisen. Wir fahren mit der Standseilbahn auf die Gubałówka, den 1.126 Meter hohen Hausberg Zakopanes, er wurde im Jahre 1938 aufgrund der bevorstehenden Weltmeisterschaften im Nordischen Ski in Rekordzeit erbaut.

Eine Urlaubswoche ist vorbei, unseren beruflichen Aufgaben gehen wir wieder nach. Dorota zog zu Josels Familie, bis die Mietwohnung frei zum Einzug wird, zu Hause ist es ruhiger, meine Eltern trauern um Dorota.

Gumulkas angesagte Wirtschaftsreform greift nicht,

Chruszczow drängt die polnische Wirtschaft, straffer zu zentralisieren, Menschenschlangen stehen weiter vor ausländischen Konsulaten und Passportbehörden. Für Außenpolitik interessiere ich mich nur beiläufig, es häufen sich Stimmen in Europa, die für eine Anerkennung der Oder-Neiße-Grenze plädieren, die streng bewachte Grenze bei Guben/Gubin habe ich als Soldat gesehen.

Helene und ich sind ein festes Paar, wir besuchen Theatervorstellungen, Kino, Café-Restaurants, oft auch mit Adelheid und Paul, Dorota und Josel, meinen Freunden Josef und Jerzy, beide in festen Händen. Meine Mutter sieht sich noch nicht geschlagen, mich von Helene fernzuhalten und einer anderen zuzuordnen, sie versucht es nach dem gleichen Muster: Das familiäre Umfeld dort ist nicht für dich geeignet. Einmal ist ihr das gelungen, mithilfe von Ursel. Jetzt mit dem Aushorchen einer Briefträgerin, die Helenes Familie nahesteht, sie spricht mit Frauen, die Kundinnen von Helenes Mutti sind, da gibt es nichts Negatives zu erfahren, nur lobende Worte. Eine Witwe mit Minimalrente hat zwei Mädchen vorbildlich erzogenen, sie kämpft sich tapfer durchs Leben, näht für Kundschaft ohne Wucherpreise, näht bedürftigen Menschen kostenlos ein Kleid oder eine Hose, Helenes Mutti ist eine geschätzte Person und bekannt im weiten Umkreis.
Bei Josels Geburtstag 1958 sind auch meine Eltern da, Oma, im hohen Alter, hat Josel großgezogen, seine Mutter ist früh verstorben, sein Vater tödlich im Bergwerk „Ludwik“ verunglückt. Unsere Mutter, wie ein Luchs, hört und sieht alles, ist stolz, dass Dorota eine so wertvolle Aussteuer hat. Mutter empfiehlt, was einem Diktat gleich kommt, wie sich Dorota in der neuen Wohnung einrichten soll, wir schauen uns verstohlen an, Vater bewegt den Kopf, Dorota unterbricht und sagt erregt: „Mama, bitte lass das meine Sorge sein, bitte keine weitere

Diskussion darüber.“ Mutter erträgt weder Widerspruch, Kritik noch andere Meinungen, hat dafür kein Verständnis, ist stur. Trotzdem entwickelt sich eine lebhafte Diskussion zwischen Mutter und Tochter, die sich gestärkt fühlt durch unsere Anwesenheit, dann der taktlose Satz unserer Mutter: „Dora, wenn dir was zustößt, hole ich mir deine Aussteuer zurück.“

Am 20.1.1959 (bis 30.6.1960) wechselt Helene ihre Arbeitstelle. Sie ist nun Büroangestellte auf der Baustelle in Bobrek, es hat finanzielle Vorteile, die Arbeitszeit ist geregelter, wir sehen uns auch am Arbeitsplatz.
Am Wochenende sind wir unterwegs bei Adelheid und Paul, beide immer noch kinderlos, wir sind zum Fußballspiel in Warschau zwischen Polen und der Bundesrepublik Deutschland, ein paar Tage wieder in Zakopane, bei Verwandten meines Vaters in Zakrzow, Kino, Theater …
Im Sommer 1959 zelten wir mit Freunden am Baggersee in Bezchlebie, meine Kollegen Josef mit Malgosia und Jerzy mit Chrysia sind bereits verheiratet, der Einladung zur Hochzeitfeier folgten wir, Helene und ich sind fest miteinander verbunden, leider müssen wir uns am Abend trennen.

1959, beim Zelten am Baggersee

An einem späten Samstagnachmittag im August 1959 beim Kaffeetrinken und gedämpfter Musik im Café-Restaurant in Zabrze sagt Helene zu mir: „Ich bin schwanger.“ Überrascht von der freudigen Botschaft antworte ich prompt: „Das ist gut, wir heiraten schnell, damit unsere konservativen Eltern keinen Schreck bekommen, unverheiratet mit Bäuchlein …“ Wir überlegen uns den Hochzeitstermin, im Oktober soll es sein. Unseren Eltern verschweigen wir die Schwangerschaft, noch am gleichen Abend bitte ich um Helenes Hand, Mutti ist überrascht, stellt keine Fragen, ich begründe schnell, alle meine Kollegen sind verheiratet, wir wollen nicht mehr nutzlos in der Gegend herumgammeln, Hochzeittermin 17./18. Oktober 1959. Zu Hause ist die Stimmung nicht die beste, Mutter beklagt stets, ich sei nur kurz da, helfe wenig, sie muss für mich kochen, waschen, bügeln, Werner und Ursel sind öfter da, beide können mein Verhalten nicht verstehen, sagt Mutter. Dorota kommt nur am Wochenende, aber nicht regelmäßig nach Hause, das missfällt der Mutter. Mutter und Tochter diskutierten stets bis zum Streit, Dorota antwortet oftmals unpassend, dann

wird es laut. Mutter schreit dann: „Dora, Dora, du bist undankbar und schrecklich ungezogen." Vater und ich antworten nicht, wir nicken nur freundlich mit dem Kopf und schauen woanders hin, aber wenn sie uns ertappt, dann wird es ungemütlich, Vater wird zum schlechten Vorbild für mich deklariert.
Vater verbringt viel Zeit im Garten, er genießt die Ruhe der Natur, das Plätschern der Lindenbäume, Zwitschern der Vögel, bevor ich zu meiner Helene gehe, besuche ich erst mal meinen Vater im Garten, er freut sich, nicht vergessen zu sein.

Nun warte ich auf eine passende Gelegenheit, den Hochzeitstermin meiner Mutter freudig mitteilen zu können. Tage vergehen. Plötzlich, wie ein Blitz, ist die Gelegenheit da. Mutter tobt wieder, ich soll endlich aus dem Haus gehen, heirate doch, du verbringst mehr Zeit bei Helene als zu Hause ... Mutter hört nicht auf zu toben, mittlerweile bin ich mit dem Essen fertig und sage halb laut: „Mama, stopp, jetzt möchte ich dir was sagen: Meine liebe Mama, ich lade dich ganz herzlich zu meiner Hochzeit am 18. Oktober 1959 ein." Mutter erschreckt, wird blass, ist desorientiert, überlegt und legt los: „Ja, du musst heiraten, du musst heiraten!", und hält die Hände überm Kopf. „Ich werde das dem Vater sagen, was für eine Schande, was für eine Schande, nicht verheiratet und schwanger."
„Mama, bitte höre mir zu, dein Wille geschehe, wie im Himmel, so auf Erden ..." Mutters Seitenhieb folgt: „Lästere nicht, du bist ein Sünder, du bekommst noch deine Strafe."
„Mama ich muss zu meiner Helene gehen."
„Geh, geh!", ruft mir Mama nach. Ich atme tief ein und aus, wie ein Bergsteiger, der seinen Gipfel erklommen hat. Erleichtert eile ich in den Garten zum Vater, er sitzt auf der Bank vor der Laube, freut sich, mich zu sehen. „Gibts Neuigkeiten? Du bist in Eile, mein Junge?"

„Papa, ich muss dir was sagen.“
„Erzähle, Junge.“
„Ich muss heiraten, meine Helene ist schwanger …“
„Nooo, und ich musste auch heiraten, da kam ein prächtiger Kerl zur Welt, der sitzt jetzt neben mir. Weiß das deine Mama?“
„Sie ahnte es, als ich sie zur Hochzeit eingeladen habe für den 18.10.1959.“
„Junge, halte dicht, sonst ist der Teufel los. Und deine zukünftige Schwiegermutter, weiß sie das?“
„Nein, wir halten beide dicht bis nach der Hochzeit, dann soll erst die Freude aufkommen.“ Vater erzählt, wie er die Schwangerschaftsankündigung bei seiner Schwiegermutter, meiner Oma, erlebt hat. Das war ein Horror. „Junge, ich habe nichts gegen deine Helene, das ist ein hübsches Mädchen, du wirst viel Freude mit ihr haben, macht beide das Beste draus und … hau ab zu deiner Lenchen, sie wartet auf dich.“
Meiner Helene berichte ich die Hochzeitankündigung bei meiner Mama: „Die kam nicht sehr gut an, sie vermutet, dass ich dich geschwängert habe, Mama jammerte … das wird eine Schande sein … meine Schwiegertochter wird den Altar mit langer leuchtender Kerze in der Hand nicht umrunden können … ein schreckliches Zeichen, keine Jungfrau mehr zu sein, das sind die Sorgen meiner lieben Mama. Mein Vater wiederum freut sich, eine hübsche Schwiegertochter zu bekommen, sprach mir Mut zu, ich soll die Klappe halten bei Mutter, es wird schon alles gut gehen. Beim Vater war es nicht besser, meine Oma hatte noch kleine Kinder und den Werner als Säugling, der gerade in die Hosen geschissen hatte, in dieser kritischen Zeit kündigten meine Eltern die Schwangerschaft meiner Mutter an, das war eine Bruchlandung für meine Eltern, mein Vater hat mehrere Tage die Oma gemieden.“

Seitdem W. Gumulka an der Macht ist, hat sich der Lebensstandard der Bevölkerung nicht gebessert. Polen ist weiterhin ein armes Land, und wenn man von der Bevölkerung Opfer verlangt, verurteilt man das Volk weiter, arm zu leben und schlecht zu wohnen. Die Stimmung im Lande ist nicht gut, der kleine Mann sehnt sich jetzt weniger nach dem Wohlstand des Westens, er muss mit Neid feststellen, dass seine kommunistischen Nachbarn in der Sowjetunion, der ČSSR und in der DDR besser leben als er selbst.

Die Kunde von unserer Heiratabsicht zieht Kreise, Dorota und Josel, Adelheid und Paul freuen sich, wir verraten niemandem, dass Helene im gesegneten Zustand ist, Neugierige fragen danach. Die Anmeldungen zur Trauung sind vermerkt worden, beim Standesamt ist der Termin für den 17.10.1959, beim Pfarramt der katholischen Theresienkirche zu Mikulczyce für den 18.10.1959 reserviert, Tauf- und Erstkommunionsscheine liegen vor, Blumensträuße für die standesamtliche und kirchliche Trauung sind für meine Helene bereits bestellt. Diesen bedeutsamen Tag werden wir in Helenes Wohnung feiern, Möbel aus dem Schlafzimmer werden vorübergehend entfernt.
Brautpaare werden zum Traugespräch im Pfarramt eingeladen, mehrere Brautpaare sind anwesend, manche Bräute mit sichtbarem Bäuchlein. Der Pfarrer erklärt die Bedeutung der Ehe, die nach katholischem Glauben ein heiliges Sakrament ist, ein heiliger Bund, ein Treuebund. „Das Versprechen ist ein Gelöbnis, das vor Gott, in der Person des Priesters, bei einer sakramentalen Handlung vollzogen wird. Die Ehe zwischen Mann und Frau ist das Abbild der Beziehung zwischen Jesus und seiner Kirche – also etwas sehr Besonderes. Aus diesem Grund ist die Ehe auch so lange gültig, bis einer der Partner verstirbt. Der Begriff ‚Sakrament‘ geht auf das lateinische Wort ‚sacramentum‘ zurück und bezeichnete in der Antike den Fah-

neneid römischer Legionäre. Eheleute haben die Pflicht, heilig zusammen zu leben, einander mit immer währender Zuneigung in den geistigen und zeitlichen Bedürfnissen zu helfen und Kinder gut zu erziehen, indem sie für ihre Seele nicht weniger sorgen als für ihren Leib und sie vor allem mit dem Wort und dem guten Beispiel zur Frömmigkeit und Tugend erziehen. Viele Ehen sind geschieden, für jene, die das Sakrament der Ehe am Altar empfangen haben, gibt es keine Ehescheidung. Was Gott verbunden hat, darf der Mensch nicht trennen!"
Die Vorbereitung zur Hochzeitsfeier ist in vollem Gange, Einkäufe sind schwierig, die Versorgung ist nicht optimal, aber irgendwie schaffen das die Frauen, wo ein Wille ist, ist auch ein Weg. In der Vorbereitungszeit verspürt meine Helene auch Brechreiz, Magenschmerzen, wir schieben es auf die große Aufregung und Verdauungsprobleme.

Am Vortag der standesamtlichen Trauung eile ich in den Blumenladen, meine Bestellung abzuholen, die Blumenhändlerin unter Tränen, die Ware ist nicht geliefert worden. Mir wird schwindelig, morgen 11:00 Uhr ist die Trauung, ich habe keine Blumen, eile mit dieser Hiobsbotschaft nach Hause, Mutter verfällt in Panik, schimpft mich: „Das ist Gottes Strafe, du lästerst zu viel, kein guter Start in die Ehe!" Mutter tobt und schimpft auf die Blumenverkäuferin, den Blumenlieferanten, auf mich, wenn ich ein guter Sohn wäre, hätte ich auch die Blumen, verflucht Gumulka und seine korrupte Regierung. Vater zügelt Mutter und kriegt auch was ab. Mutter sagt nichts, zieht sich an, verlässt die Wohnung, ich bin verzweifelt, suche in Mikulczyce einen zweiten Blumenverkäufer, der wurde auch nicht beliefert. Ich fahre nach Zabrze, auch hier in mehreren Blumenläden nur mickrige Pflanzen im Angebot, ich bin verzweifelt. Ich bin am Ende meiner Kräfte und kurz vor einem Nervenzusammenbruch, bekomme einen Heulkrampf. Mein

Vater tröstet mich: „Junge, es gibt Schlimmeres, warte ab, Mama ist auf Achse, sie schafft alles.“ Tatsächlich, am späten Abend kommt Mutter mit zwei Blumensträußen, Teerosen, und sagt: „Hier, deine Blumen.“ Ich umarme meine liebe Mama, danke mit Küssen, Mama sagt: „Junge, du bist ein Judas, ich war in Katowice, in einem Blumenladen hatte ich Glück, ich musste den doppelten Preis zahlen, die Rechnung habe ich nicht gesehen.“

Ich kann nicht schlafen, der Blumenschock macht mir zu schaffen, Mama hat mich aus der miserablen Lage gerettet. Was wäre, wenn ich die Blumen nicht hätte? Daran darf ich nicht denken, irgendwann bin ich doch eingeschlafen, noch mal einen herzlichen Dank an meine Mama.

Heute, Sonnabend der 17.10.1959, ich bin aufgeregt, Mama und Papa helfen beim Ankleiden, es muss alles sitzen, Papa kurbelt an meiner Fliege, die nicht so richtig Gestalt annehmen will. Ein Arbeitskollege mit seinem PKW „Warszawa“ bedient unsere Hochzeit, wir fahren zu meiner Braut. Meine Helene begrüßt mich in einem schicken langen Kleid von Hand ihrer Mutter, ich übergebe meiner Braut meinen schwer erkämpften Blumenstrauß, ich im schwarzen Anzug und mit überdimensionaler Fliege und Myrte-Anstecker am Revers.

Wir besteigen die Stufen zum Standesamt der Gemeinde Mikulczyce. Im Standesamt begrüßt uns die Standesbeamtin und nach Feststellung unserer Personalien, auch von unseren Trauzeugen Josel und Paul, betreten wir das Trauzimmer mit den Gästen.

Die Standesbeamtin hält eine kurze Ansprache und stellt die Frage, ob wir die Ehe miteinander eingehen möchten. Wir antworten mit „Ja“, dann folgen Ringwechsel und der Brautkuss. Anschließend liest die Beamtin die Eintragung im Ehebuch, der Eintrag wird unterschrieben von uns, dem Brautpaar, den

Trauzeugen und der Standesbeamtin.
Helene unterschreibt mit ihrem neuen Nachnamen Mosler, es folgen Gratulationen der Standesbeamtin und der Gäste.

Standesamt, Trauung

Am späten Nachmittag vor der Hauseingangstür wird es laut, der Polterabend, Keramikscherben aus Klo und Waschbecken, Glasscherben, Tassen und Teller, Schüsseln und Flaschenscherben liegen auf breiter Fläche zerstreut, wir als Brautpaar fegen und fegen, der Scherbenhaufen wird immer größer. Da kommt wieder ein Beklopfter mit einem Klobecken, schleudert diesen mit Freude zu Boden und wir fegen und fegen weiter, lachen dabei. Paul und Josel sind mit alkoholischen Getränken da, beide bewirten die fleißigen Scherbenproduzenten mit Schnaps und Bier, ein anstrengender Tag neigt sich dem Ende zu.

Heute, Sonntag der 18.10.1959, die gleiche Aufregung wie gestern, kaum geschlafen, ich bin bereit zu gehen, der Blumenstrauß auf dem Küchentisch, meine Eltern schauen mich an, mein Vater sagt im ernsten Ton: „Junge, bitte knie dich hin." Erstaunt frage ich, warum, mein Vater wiederholt und ich knie mich hin, er legt seine Hände über mein Haupt, spricht ein kurzes Gebet und segnet mich: „Im Namen des Vaters und des Sohnes und des Heiligen Geistes." Wir antworten: „Amen." Mutter und Vater weinen, wir gehen aus der Wohnung, Mutter sagt zum Vater: „Jetzt sind wir allein."
In der Wohnung bei Lenchen neben der Schwiegermutter meine Braut, eine Prinzessin. Das lange weiße Brautkleid, die Frisur, das Styling, sie ist einfach wunderschön, meine Helene. Ich begrüße meine Braut, bedanke mich bei Schwiegermutter für eine so tolle Tochter, begrüße andere Gäste. Sicher bin ich mir nicht, ob meine Schwester Dorota und Mutter meine Helene auch so bewundern? Wir fahren zur Theresienkirche, ein neues Gotteshaus, erbaut in den Jahren 1932-33 nach dem aus Bytom stammenden Architekten Theodor Ehla. Wir steigen aus dem Auto, Josel und Paul als Trauzeugen hinter uns, besteigen die Stufen zum beleuchteten Kirchenportal unter neugierigen Augen links und rechts der Bankreihen, sanfter Orgelmusik, gehen an der Kniebank vorbei zum Hauptaltar. Der Priester im Gewand begrüßt uns, leise Orgelmusik begleitet das kurze Gebet des Priesters, er leitet die Trauung mit den Worten ein: „Sie schließen jetzt vor Gott und vor der Kirche den Bund der Ehe, indem Sie das Ja-Wort sprechen werden, anschließend stecken Sie einander den Ring der Treue an." Der Priester fragt zuerst den Bräutigam: „Günter, ich frage dich vor Gottes Angesicht:

Nimmst du deine Braut Helene an als deine Frau und versprichst ihr, die Treue zu halten in guten und bösen Tagen, in Gesundheit und Krankheit und sie zu lieben, zu achten und zu ehren, bis der Tod euch scheidet? Dann sprich: Ja."
Der Priester fragt die Braut: „Helene, ich frage dich vor Gottes Angesicht: Nimmst du deinen Bräutigam Günter an als deinen Mann und versprichst ihm, die Treue zu halten in guten und bösen Tagen, in Gesundheit und Krankheit und ihn zu lieben, zu achten und zu ehren, bis der Tod euch scheidet? Dann sprich: Ja."
Der Priester weiter: „Nehmet den Ring, das Zeichen eurer Liebe und Treue, stecke ihn an die Hand deiner Braut, Helene dann deinem Bräutigam Günter und sprich: Im Namen des Vaters und des Sohnes und des Heiligen Geistes." Der Ring wird angesteckt und der Segen „Im Namen des Vaters und des Sohnes und des Heiligen Geistes" wird vom Priester gesprochen. Der Priester wendet sich an uns Brautleute und sagt: „Reicht euch nun einander die rechte Hand. Gott, der Herr, hat euch als Mann und Frau verbunden. Er ist treu. Er wird zu euch stehen und das Gute, das er begonnen hat, vollenden." Der Priester legt die Stola um die ineinandergelegten Hände von uns Brautleuten. Er legt seine rechte Hand darauf und spricht: „Im Namen Gottes und seiner Kirche bestätige ich den Ehebund, den ihr geschlossen habt."
Wir schreiten zur Kniebank zurück, verweilen kurz in Gedanken versunken, Helene erhebt sich mit einer Kerze und umrundet den Altar, ein Zeichen der Frömmigkeit, anschließend umrunden wir beide den Altar. Die sanften Orgelklänge füllen den Kirchenraum, plötzlich das Ave Maria, gratia plena, Dominus tecum …, solo gesungen mit glasklarer Frauenstimme, es ist rührend. Unsere Eltern weinen noch kurz auf der Kniebank, dann verlassen wir unter Orgelklängen den Kirchenraum. Ein herber Schlag für Neugierige und Klatschweiber: Sie deuten

die Altarumrundung der Braut als Zeichen der Noch-Jungfräulichkeit.

Solo Altarrundgang

Brautpaar, dahinter Josel

Beim Fotografen

Vor der Kirche lauern Neugierige und Bäuchleinbegutachter, zu Hause werden wir beglückwünscht, eingeladene Gäste sind in der festlich eingerichteten Wohnung da, auch meine Eltern und Oma haben Platz genommen, die Hochzeitsfeier ist im Gange, es wird gegessen, getrunken, ein angemieteter Spaßmacher und Musiker sorgen bis späten Abend für Stimmung.

Mit meiner Braut bin ich am Tisch meiner Eltern und Oma, wir sind in freudiger Unterhaltung, meine Mutter weniger, freudige Stimmung sieht anders aus. Mutter ist nicht gesprächig, sucht auch nicht den Kontakt zu meiner Schwiegermutter, die sich große Mühe gibt für die gelungene Hochzeitfeier, das Verhalten meiner Mutter kränkt mich, ansprechen ist sinnlos. Meine Schwester Dorota, Josel, Helene und ich sind in freudiger Stimmung bei meiner Schwiegermutter und Schwägerin Adelheid mit Paul, bewundern und danken für das Ausrichten der Feierlichkeit, trotz schwieriger Versorgungslage. Zwei festliche Tage enden mit hoffnungsvollem Blick in die Zukunft.

Ich bin erwachsen

Ein neues Leben beginnt für uns, Möbel haben wir, nur die Wohnung fehlt, ein Problem für viele Menschen. Bei Schwiegermutter ist es eng, aber angenehm, kein Stress, keine Belehrungen, keine Vorwürfe, es läuft alles friedlich im Alltag. Helene arbeitet weiter im Baustellenbüro in Bobrek, ich in der Investabteilung des Bergwerks Bobrek.
Auch wenn es uns gelingen sollte zu diesem Zeitpunkt eine Wohnung in Bytom oder Bobrek zu bekommen, wäre das ungünstig, die Schwangerschaft, die Entbindung, die Entfernung, wir stecken in einer Zwickmühle, aber guter Hoffnung. Wir müssen sparsam umgehen, Schwiegermutter unterstützt uns allseitig, wir leben im Hotel Mama. Natürlich helfe ich mit meiner Kraft im Haushalt, es muss alles geschleppt werden, Kohle und Brennholz aus dem Keller, Helene hilft der Mutti, die bis spät in den Abend an der Nähmaschine rattert. Nach Feierabend beschäftige ich mich mit meiner Briefmarkensammlung, bewundere Länder wie China, Vietnam, afrikanische Länder, die wunderschönen Landschaften, arme und reiche Menschen in ihren traditionellen Kleidungen, ich kann mir nicht vorstellen diese Länder irgendwann besuchen zu können.
Ich habe das Bedürfnis, irgendwas zusätzlich zum Beruf zu unternehmen, mir schwebt eine Hühnerzuchtanlage vor. Mein Vater könnte mir dabei helfen, das würde ihn ausfüllen, aber von diesem Projekt muss ich mich trennen, die Hürden bei den Behörden für eine Genehmigung dafür sind zu hoch. Ein weite-

rer Versuch: Mit zwei Arbeitskollegen fahren wir in eine ländliche Ortschaft, zwei betagte Frauen wollen ihre Karpfenzuchtanlage aus Altersgründen veräußern, das wäre was, eine Molkerei liefert seit Jahren gutes Futter. Leider müssen wir davon Abstand nehmen, der Preis für diese Anlage und die von Behörden geforderten Auflagen machen das Projekt wenig attraktiv.

In den Medien werden junge Menschen zur Ansiedlung in neuen westlichen Gebieten Polens geworben, mit beiden Arbeitskollegen und Helene fahren wir mit der Eisenbahn in den Raum von Stettin, ein örtlicher Bürgermeister bietet uns sofort Beschäftigung im Bauwesen an und führt uns zu mehreren unbewohnten Einfamilienhäusern zum Erwerb. Auf der Rückreise analysieren wir das Angebot mit negativem Ergebnis, die Verdienstmöglichkeiten sind nicht akzeptabel, die Versorgung lässt zu wünschen übrig und die besichtigten unbewohnten Einfamilienhäuser benötigen einen hohen finanziellen Aufwand.

Hin und wieder mal gehen wir zu meinen Eltern, zu Hause fühle ich mich unsicher, eingeschränkt, Mutter betrachtet mich und Dorota als unselbstständig, gibt uns „gute“ Ratschläge, die sich wie ein Diktat anhören, für uns nicht immer annehmbar. Mutter begreift nicht, dass wir unser eigenes Leben führen und lernen müssen, aus eigenen Fehlern zu lernen. Meine Mutter hat ihre Schwiegertochter, meine Helene, noch nicht in ihr Herz geschlossen, weicht ihr aus, das kränkt mich sehr, meine Schwiegermutter hat mich sofort angenommen wie einen eigenen Sohn.
Tage, Wochen vergehen, Helenes Bäuchlein wird immer umfangreicher, ein neues Kleid zum Fest der Heiligen Barbara, der Patronin der Bergleute, ist erforderlich, wir lauern auf eine

passende Gelegenheit, Helenes Mutti die Schwangerschaft mitzuteilen. Nach einem Feierabend wechsele ich meine Kleidung, Helene ist noch nicht da, Schwiegermutter in froher Stimmung, lacht, singt leise, kommt an mich heran und flüstert mir ins Ohr: „Ich werde Oma."
„Das ist schön, Oma", sage ich, „und wann?"
„No ja, im Juni." Ich sage: „Das kann nicht sein."
„Ja, Heidel sagt im Juni und sie muss es wissen." Ich lache. „Du wirst eher Oma, schon im April oder Mai, nicht von Heidel, sondern von Helene." Schwiegermutter ist voller Freude, Freudentränen rollen, da kommt auch Helene, beide werden wir gedrückt, ab jetzt wird Schwiegermutter Oma, Omi genannt, sie ist stolz darauf.
Das Kleid zur Barbarafest-Veranstaltung wird aufs neue Maß zugeschnitten und genäht, wir freuen uns auf die kommende Zeit, Eltern zu sein. Über Helenes Schwangerschaft fallen keine negativen Bemerkungen, unsere Nächsten freuen sich, mein Vater ist begeistert, meine Mutter weniger, vielleicht, weil Dorota noch nicht schwanger ist (bleibt kinderlos), sie hat Fruchtbarkeitsprobleme. Das Bäuchlein wird von Tag zu Tag größer, morgens gehen wir beide aus dem Haus, manchmal trennen sich unsere Wege an der Straßenbahnhaltestelle, bei Ankunft der Eisenbahn rennt Helene bergauf zum Bahnhof, ich schließe die Augen vor Angst, sie könnte stürzen.

In der Philatelie-Zeitschrift finde ich willige Tauschpartner, aus der Bundesrepublik Deutschland, Ägypten, Ungarn, DDR, UdSSR …, ohne Genehmigung des polnischen Philatelieverbandes ist der Briefmarkentausch mit Ausländern aber verboten. Das Risiko gehe ich ein, es macht Spaß, ich bekomme interessante Briefmarken, es bahnen sich Fernfreundschaften an, eine betagte Frau, Gertrud Reidelbach, lässt sich im Laufe der Zeit ansprechen mit Tante Gertrud, ein fast gleichaltriger

Helmut Theiß, beide aus der Bundesrepublik Deutschland, ein nettes Ehepaar Christel und Horst Krippner aus der DDR.

Mittwoch, der 27. April 1960, wir sind bei Ursel und Werner, betrachten ihren Fernseher in der neuen Wohnung. Einen Fernseher käuflich zu erwerben, ist schwierig, dieser Luxusartikel ist schnell vergriffen. Am Abend während der Unterhaltung klagt Helene über Wehen, wir brechen auf, die Wehen werden stärker, zu Hause platzt die Fruchtblase, es gibt kein Telefon in unserer Nähe. Im Dauerlauf eile ich etwa einen Kilometer zur Polizeistation, rufe einen Krankenwagen zur Entbindungsstation an. Zu Hause angekommen, wurde Helene bereits abgeholt, den gleichen Weg eile ich zurück und weiter. In der Entbindungsstation gibt es Entwarnung, es zieht sich hin, sagen meine Helene und die diensthabende Hebamme.
Ich habe schlecht geschlafen, Unruhe verfolgt mich während der Arbeitszeit, meine Gedanken sind bei Helene, in der Mittagszeit der ersehnte Anruf, Schwägerin Heidel mit freudiger Nachricht. Ich bin Vater geworden, ein Mädchen kam heute, Donnerstag, den 28. April 1960 um 10:30 Uhr gesund, 51cm groß, 4500 Gramm schwer zur Welt. Um 14:00 Uhr bin ich mit Heidel bei der glücklichen Mama in der Entbindungsstation, drücke meine Helene ganz fest und schon steht die freundliche Hebamme mit meiner Tochter im Tragekissen vor mir. Kaum zu glauben, ein winziger Kopf, leicht behaart, geschlossene Augen, bewegende Lippen, dazwischen rein und raus die kleine Zungenspitze, umringt vom Speichel. Ich kann nicht genug zuschauen, bin gerührt und fassungslos erfasst von tief greifenden Gefühlen, drücke noch mal meine Helene.
Auf dem Rückweg eile ich mit froher Botschaft zu meinen Eltern, gratuliere zu Oma und Opa, beide freuen sich, wollen den Ablauf genau erfahren. Vater schaut mich weiter freudig an, Mutter wird plötzlich traurig, sagt: „Meine Dorota ist immer

noch kinderlos.“ Mama verspricht, ihre Schwiegertochter und Enkelin in der Entbindungsstation zu besuchen.
Am Freitag, den 29. April 1960, ein schöner sonniger Tag, gehe ich zu meiner Helene, eine Hebamme hält mich im Flur an, drückt mir ein Schreiben in die Hand mit dem Hinweis: „Gehen Sie schnell zu einem Arzt, ein Rezept möchte er für Ihre Frau ausstellen und bringen Sie das Medikament aus der Apotheke.“ Ich frage aufgebracht: „Was ist los mit meiner Frau? Ich möchte sie sehen.“ Helene liegt apathisch da, hat Schmerzen und Fieber. „Ihre Frau hat eine Brustdrüsenentzündung und Milchstau, hat gerötete Stellen an der Brust, die sich hart anfühlen, Ihre Frau braucht dringend ein Antibiotikum.“ Auf der Straße stehe ich da, einen Arzt soll ich aufsuchen, wo find ich hier einen? Ich steige in einen Bus, er ist schneller als die Straßenbahn, fahre nach Zabrze zur medizinischen Nothilfe, ein junger Arzt liest das Schreiben der Entbindungsstation, stellt Fragen und gibt mir ein Rezept, das Medikament übergebe ich der Hebamme und lasse mir meine Tochter zeigen. Sie ist süß, die kleinen Fingerchen greifen schwach meine klobigen, die Augenlider wollen sich öffnen und die Lippen und Zungenspitze bewegen sich wie gestern. Ich sitze neben meiner Helene, streichle ihre Wangen und Arme, sie lächelt, aber hat Schmerzen, ich sehe das.
Sonnabend, 30. April 1960, ich werde erneut angehalten wie gestern, der gestrige Arzt verschrieb zu wenig Antibiotikum, ich fahre noch mal zur medizinischen Nothilfe nach Zabrze, ein älterer Arzt telefoniert mit der Entbindungsstation, ich bekomme ausreichend Antibiotikum verschrieben.

Eine Woche später sind meine Frau und Tochter zu Hause, ein neues Gefühl. Helene sieht krank aus, regelmäßig muss Milch von der Brust abgepumpt werden, die Kleine wird im neuen, gut ausgestatteten Kinderwagen platziert, der von Tanten,

Nachbarn umringt wird. Bei jedem kommt der bekannte Ausspruch: „So ein schönes Kind!“ Omi Luzie, meine Schwiegermutter, ist überglücklich, Tage später sind auch meine Eltern da.

Sonntag, 15. Mai 1960, 17 Tage nach der Geburt, so der Brauch in katholischen Kreisen in dieser Zeit, wird unsere Tochter in der Theresienkirche zu Mikulczyce getauft. Nach dem Gottesdienst schreiten wir zum Taufbecken, der Priester fragt das Patenpaar nach dem Namen unserer Tochter, dann schöpft er Wasser aus dem Becken und überschüttet dreimal den Kopf des Täuflings und spricht: „Ich taufe dich, Halina Helene, im Namen des Vaters und des Sohnes und des Heiligen Geistes“, Anwesende antworten „Amen“.

Helene befindet sich im Mutterschaftsurlaub, ab 1. Juli 1960 versorgt sie unsere Tochter, die sich blendend entwickelt, hilft im Haushalt und wird als Schneiderin-Hilfskraft beschäftigt, bei sonnigem Wetter sind wir mit unserer Kleinen im Freien, besuchen auch meine Eltern im Garten.
Mich treiben Überlegungen zum Arbeitsplatzwechsel in die Bauproduktionsvorbereitung um, in meiner Funktion als Bauaufsicht bin ich stets konfrontiert mit einer schlechten technologischen Planung. Das von Baubetrieben ausgearbeitete Kostenangebot entspricht meistens nicht dem realisierten Bautenstand, die Kosten explodieren.
Ich stehe zwischen zwei Fronten, meiner Investitionsplanung, die kein Geld für Mehrkosten hat, und dem Baubetrieb, der von mir Geld für seine erbrachten Leistungen verlangt, eine unangenehme Situation, die sich ständig wiederholt.

Meine Eltern im Garten

Ein örtlicher Baubetrieb in Ruda Slaska hat Interesse an meiner Person und stellt mich am 1. Januar 1961 als Leiter der technischen Abteilung mit mehreren Technologen ein, zum Betriebsdirektor, ein sehr sympathischer Genosse, Edmund Wozniak, finde ich schnell Vertrauen, das Betriebsklima ist hervorragend, Ökonomie, Technologie, Bauproduktion arbeiten eng zusammen. Meine Berufserfahrung als ehemalige Bauaufsicht kommt mir zugute, schlecht erarbeitete Bauzeichnungen werden zurückgeschickt, Kostenangebote werden mit großer Überlegung erarbeitet, ein Zuschlag im Aufmaß wird berücksichtigt, auch Verträge zwischen Auftraggebern und -nehmern werden juristisch und wirtschaftlich aktualisiert, mein Betriebsdirektor ist zufrieden. Unsere Baustellen sind im Umkreis bis zu 80 Kilometern verstreut, mit meinem Betriebsdirektor, Ökonomen

oder anderen besuchen wir die Standorte oder verhandeln mit Auftraggebern vor Ort. Ich komme oft später nach Hause, manchmal auch alkoholisiert, was meiner Helene missfällt.
Mein Chef Edmund Wozniak, Pole, in Poznan geboren, er wurde mit 17 Jahren 1943 von den Nazis verhaftet, gefoltert, die Folge eine Verletzung der Wirbelsäule, was ein hinkendes Bein nach sich zieht, anschließend wurde er nach Süddeutschland zur Zwangsarbeit in der Landwirtschaft transportiert. Dort hat er seine Frau Eva kennengelernt, nach dem Krieg heirateten sie und haben zwei Töchter.

Das Jahr 1961 ist von wichtigen weltpolitischen Ereignissen geprägt. Am 21. Januar 1961, Wechsel im Weißen Haus, John F. Kennedy ist der neue Präsident der Vereinigten Staaten von Amerika, Ziel seiner Politik ist die Einführung von zahlreichen Reformen in der Sozialpolitik und die Gleichberechtigung der schwarzen Bevölkerung.
Am 12. April 1961, Juri Gagarin, der sowjetische Kosmonaut umkreist im Raumschiff Wostok 1 als erster Mensch die Erde, sein Flug dauert 108 Minuten.
Am 17. April 1961 scheitert die Invasion aus Exilkubanern und CIA in Kubas Schweinebucht, das Ziel ist, Fidel Castro zu stürzen. Die Niederlage ist eine persönliche Blamage für den Präsidenten der USA, John F. Kennedy.
Am 5. Mai 1961, Alan Shepard, der erste amerikanische Kosmonaut im Raumschiff Freedom 7 im All, sein Flug dauert 15 Minuten. Dieser Flug ist nicht als Erdumkreisung geplant, sondern als suborbitale ballistische Flugbahn, er erreicht eine Höhe von 187 Kilometern.
Vom 6. bis 7. August 1961, German Stepanowitsch Titow, der sowjetische Kosmonaut umkreist im Raumschiff Wostok II die Erde über 25 Stunden lang. Es ist der zweite Raumflug, Titow, 26 Jahre alt, hält den Rekord als der jüngste Raumfahrer.

Prägend für das Jahr 1961 ist der Baubeginn der Berliner Mauer am 13. August 1961, die die deutsche Teilung endgültig zementiert. Dezember 1961, Walter Ulbricht, der Staatsratsvorsitzende der DDR setzt seine Bemühungen mit Vorschlägen an die Bundesregierung für die Anerkennung der Existenz zweier deutscher Staaten fort. Das Kanzleramt in Bonn hat die Annahme dieses Briefes verweigert.

Helene hat einen Arbeitsvertrag bei der Handelsorganisation, arbeitet seit dem 15.4.1961 (bis 6.2.1965) in einem Lebensmittelkiosk vor unserem Haus, eine Glückssache, sie kann ungehindert nach unserer Tochter schauen oder der Oma, wenn nötig, zur Seite stehen.
Dienstag, 28. April 1961, Halina ist ein Jahr alt geworden, entwickelt sich prächtig bei Mutti und Omi, wir feiern diesen bedeutenden Tag. Am Sonntag, den 3.5.1961, ein Gottesdienst in der Theresienkirche zu Mikulczyce, beide Omas, Opa, Urgroßoma und andere sind anwesend.

Helene mit Halina u. Heidel

Meine Mutter mit Halina

Uroma Matylde, Halina u. Helene

Beim Briefmarkentausch mit meiner Partnerin Frau Gertrud Reidelbach erwähnte ich unsere kleine Tochter, bald darauf kommt ein großes Paket mit Babybekleidung, Süßigkeiten, Spielzeug und eine Puppenwiege, wir sind überrascht. In Abständen kommen Päckchen, auch Pakete mit gutem Inhalt für uns alle, auch Oma ist bedacht mit Stoffen für Halina, auch Helene, in Briefen befinden sich auch D-Mark-Scheine, eine gute Tante. Ich bin weiter im regen Briefmarkentausch mit dem Ausland, besonders interessieren mich Kosmosmotive, die ich aus der UdSSR und DDR bekomme.
Unsere Ehe läuft sehr gut, aber in jeder Ehe gibt es Differenzen, eine Ehe ist keine Autobahn, sie ist eine Fernverkehrstraße mit guten und schlechten Abschnitten, die lang oder kurz sein

können. Ursache einer Ehekrise sind Eifersucht, Finanzen, Kindererziehung, Wahl des TV-Programms … Bei einem Ehestreit nimmt meine Schwiegermutter unsere Tochter und geht spazieren, nach einer Stunde sind beide wieder da, wir Streithähne liegen dann friedlich auf der Couch.

1962, der Kalte Krieg nimmt an Schärfe zu, die Kubakrise bringt die Welt an den Rand eines Atomkriegs. Trotz eines Ausgleichs der Supermächte USA und UdSSR wird der Weltöffentlichkeit die Gefahr eines globalen Atomkrieges bewusst. Der Vietnamkrieg, die Berliner Krise …, wir leben bewusst in Angst, Erinnerung an die Bilder von Hiroshima und Nagasaki nach dem Abwurf der Atombombe werden wach.
In Polen wird wieder mal der Rapacki-Plan diskutiert, dieser Plan wurde am 2. Oktober 1957 vom polnischen Außenminister Adam Rapacki der UN-Vollversammlung präsentiert, der Plan sah eine begrenzte Demilitarisierung in Mitteleuropa, die Bildung einer atomwaffenfreien Zone vor. Die Vereinigten Staaten befürchteten bei Umsetzung des Rapacki-Planes einen Verlust des Mächtegleichgewichts in Europa und auch das Vereinigte Königreich sah eine Gefährdung der Sicherheit für die NATO-Staaten aufgrund der Vorherrschaft sowjetischer Streitkräfte in Osteuropa.

Zu meinen Eltern gehen wir nicht oft, es kommt jedes Mal zum Streit, Mutter hat stets was auszusetzen, ihre Enkelin ist zu warm oder zu leicht angezogen oder wir sehen schlecht aus. Wir haben immer noch keine Wohnung. „Dorota hat eine Wohnung nach der Hochzeit bezogen, du baust Häuser, Wohnungen und bekommst keine“, Mutter lacht zynisch. Wir haben uns Mäntel gekauft, Helene einen Pelzmantel, ich einen Ledermantel zu günstigen Konditionen, meiner Mutter passt das überhaupt nicht. „Ihr braucht was anderes, keine teuren Män-

tel“, so der Vorwurf und dann der Vergleich mit Dorota: „Sie ist besser eingerichtet und kauft solche Sachen nicht.“ Jede Reaktion erzeugt eine Gegenreaktion, das ist ein Gesetz der Natur.
Bei Diskussionen zur gegenwärtigen Politik werde ich oft angesprochen, der Polnischen Vereinigten Arbeiterpartei beizutreten. Trotz Warnung meines Vaters werde ich Mitglied der PVAP, die Mitgliedschaft verschweige ich vor meinem Papa.

Eine Hiobsbotschaft erreicht unseren Baubetrieb, wir werden fusioniert, ab 1. Januar 1963 übernimmt unser Direktor Edmund Wozniak die Leitung einer neu gegründeten selbstständigen Bau-Investitionsabteilung im Eisenhüttenwerk „Florian“, er holt mich zu sich, ab 1. Februar 1963 bin ich sein Stellvertreter mit gutem Gehalt. Wir sind ein gutes Team, bauen eine Wohnsiedlung mit Mehrfamilienblöcken, Industriebauten für das Werk. Auch hier werden die Fundamente der Bauwerke auf ein Kiespolster und eine Betonplatte gestellt, wir arbeiten fast täglich über die Zeit hinaus, der Termindruck ist hoch. Nach Feierabend bildet unser Team eine Arbeitsbrigade, wir betonieren Fundamente und Unterfußböden, putzen Innenwände, verdienen dabei schönes Geld, aber kommen spät nach Hause. Auf dem Heimweg zum Bahnhof gehen wir in die Gaststätte, bestellen einen deftigen Imbiss, 100 Gramm Wodka und Mineralwasser, wir sind etwa sechs bis acht, manchmal zehn Personen.

Ein Teil unserer Feierabendbrigade

Der gute Kellner kennt unsere Wünsche, bedient schnell, stellt eine 1-Liter-Flasche Wodka auf den Tisch und sagt: „Zweimal werde ich nicht laufen mit 100 Gramm, verschont mich.“ Wir eilen zum Bahnhof, zu spät, der nächste Zug in einer Stunde, diese Zeit verbringen wir wiederum in der Bahnhofgaststätte bei einem Imbiss und 100 Gramm Wodka. Auf wackeligen Beinen eilen wir zum Zug, meine Kollegen steigen an der zweiten Station aus, ich fahre weiter, werde geweckt vom Schaffner auf der Endstation. Meine Helene ist nicht erfreut, mich wiedermal „krank“ und diesmal spät in der Nacht zu sehen. Das ist der Höhepunkt meiner Diskrepanz, so was darf nicht mehr vorkommen, das ist nicht meine Art, unkontrolliert Alkohol zu trinken, hier im Arbeitskollektiv ist alles locker, in Bobrek gab es kein Du, auf Distanz haben wir miteinander kommuniziert. Ich überlege, wie es weitergehen soll, abgrenzen, den Feinen demonstrieren, wäre nicht klug und … plötz-

lich die Idee: in die Gaststätte mitgehen, Bestellung gemeinsam aufgeben, Alkohol nicht trinken, alles mit bezahlen. Das befriedigt mich, meine Kollegen weniger, sie drängen, das Glas zu heben, wenigstens antippen, auch dieses Verlangen geht an mir freundlich, aber bestimmt vorbei. Meine Freunde sind in Stimmung, der Alkohol wirkt funktionshemmend, ich beobachte die langsame Herabsetzung der Steuerungsfunktion, der Koordination der Muskeln und Handgelenke meiner Kollegen. Der träge Blick meiner Kollegen klebt zu lange an der Wodkaflasche oder dem Glas, meine Trinkzurückhaltung wird nicht mehr wahrgenommen, wir zahlen unter meinen wachsamen Augen und verlassen die Gaststätte in Schlangenlinien, schreiten, singend meine Freunde, zum Bahnhof. Diese nüchterne Beobachtung macht mich nachdenklich, wie sich ein intelligenter Mensch schnell zum Spott machen kann, die nächsten Gaststättenbesuche nehme ich unter meine Kontrolle, nach der 100-Gramm-Wodkarunde halte ich mich weiter zurück mit dem Alkoholtrinken, wir gehen zum Bahnhof. In Situationen, wenn meine Kollegen auf dem Verbleib in der Gaststätte bestehen, verabschiede ich mich freundlich mit passender Begründung, meine standfeste Haltung wird positiv bewertet.
Zigarettenrauchen ist sehr populär, ich bin Zeitraucher, kann die Zigaretten wegwerfen, einen bis zwei Monate nicht rauchen, dann wieder für kurze Zeit den Stängel glimmen lassen, ich kann mich beherrschen, ein Glück.

Finanziell haben wir keine Probleme, wir wohnen mietfrei bei Schwiegermutter, die kann sich nicht vorstellen, dass wir einmal ausziehen werden, große Anschaffungen machen wir nicht, wir sind guter Hoffnung für die Zukunft. Ich pflege weiter Kontakt mit meinen Briefmarkenfreunden im Ausland, eine schöne Nach-Feierabend-Beschäftigung, wenn nichts anderes vorliegt. Wir tauschen Briefmarken, schreiben nette Zeilen,

Tante Gertrud schickt hin und wieder mal ein Paket oder Päckchen, manchmal im Brief ein D-Mark Schein.
Nun kommen neue Überlegungen auf. Ausreisen, aber wohin? In die Bundesrepublik ist nicht möglich, wir haben keine Verwandten ersten Grades dort, um den Ausreiseantrag als Familienzusammenführung zu deklarieren. Zweitens leben unsere Eltern und Verwandten hier, die politische Lage macht es schwierig, gegenseitige Besuche öfter zu praktizieren. Meine Oma gibt mir die Adresse von ihrem Bruder Konrad in Karl-Marx-Stadt/DDR, ein betagter Urgroßonkel, von ihm bekommen wir eine Einladung für die Passbehörde.

Halina im Jahr 1963

Helene und Halina 1963 in Zakopane

Im September 1963 reisen wir auf Erkundung in die Deutsche Demokratische Republik, die ich schon mehrmals von Weitem in Gubin gesehen habe. Unser Reiseplan lautet: Berlin – Karl-Marx-Stadt – Schmölln – Karl-Marx-Stadt – Berlin.
In Berlin checken wir in einem Hotel ein, wir sind beeindruckt von der Stadt, die Geschäfte sind gut versorgt, wir staunen. Viele DDR-Mark haben wir nicht, wir weilen am Alexanderplatz, Friedrichstraße, Unter den Linden, sehen das Brandenbur-

ger Tor und Reichstaggebäude von Weitem, sehen die Spree, das Gebäude der Volkskammer und des Staatsrates der DDR, fahren mit der S- und U-Bahn. Wir haben das Bedürfnis, einen Zoo zu besuchen, fragen einen älteren Passanten danach, der gute Mann antwortet: „Wenn Sie den Zoologischen Garten meinen, den können Sie nicht besuchen, der befindet sich auf der Westseite.“ Wie peinlich, er erklärt uns den Weg zum Tierpark.

1963 in Berlin, Hauptstadt der DDR

Nach drei eindrucksvollen Tagen verlassen wir Berlin und fahren mit der Eisenbahn in Richtung Karl-Marx-Stadt, mein Urgroßonkel Konrad wartet auf uns am Bahnhof. Wir haben viel

Stoff zum Erzählen, Urgroßonkel war Soldat im I. Weltkrieg, stationiert in Öls, heute Olesnica bei Wroclaw, nach mehreren Fronteinsätzen in Frankreich und Belgien wieder zurück in Öls heiratet er dort seine ansässige Frieda. Urgroßonkel erzählt von seiner Jugend, über das Zerwürfnis mit Theodor, dem Ehemann meiner Oma, er war kein guter Ehemann und Vater. Nach dem I. Weltkrieg trat mein Urgroßonkel der KPD bei, nahm an Demonstrationen teil, marschierte sogar mit Ernst Thälmann in Breslau, nach der Machtübernahme der Nationalsozialisten hatte er Angst verhaftet zu werden, er hatte Glück. Als Soldat im II. Weltkrieg war er nicht, wurde freigestellt, arbeitete als Reparaturschlosser an Lokomotiven bei der Reichsbahn. 1945, als die Rote Armee vor den Toren Breslaus stand, wurde die Bevölkerung evakuiert in Richtung Westen und in Chemnitz angesiedelt. Urgroßonkel ist Mitglied der SED und kann sehr gut die Fistelstimme von Walter Ulbricht imitieren, ihn als Witzfigur präsentieren. Wir sind zum Skatabend in einer Gaststätte, ein Kollege fragt: „Konrad, was hat unser Walter zur Sicherung unserer Staatsgrenze gesagt?“ Und Onkel schießt los mit Ulbrichts Stimme: „Niemand hat die Absicht, eine Mauer zu errichten“, dreht dabei den unschuldigen Kopf von links nach rechts.

Mein Urgroßonkel nimmt mich zur Parteiversammlung mit, meldet mich als Gast, polnischer Genosse, beim Sekretär an. In der anschließenden Diskussion nach einem Vortrag eines Genossen meldet sich ein betagter Genosse und antwortet laut mit Walter Ulbrichts Fistelstimme, die Genossen lachen, auch der Parteisekretär.

Wir gehen zum Einkauf, auch hier beeindruckt uns das Warenangebot, obwohl Urgroßtante klagt, es fehlt an vielem, Butter ist reglementiert, trotzdem kein Vergleich mit unserem Angebot in Polen. In Karl-Marx-Stadt wird viel gebaut, Fachleute werden gebraucht, Urgroßonkel macht mir schmackhaft, hier zu arbeiten und zu wohnen. Dieser Gedanke keimt in uns, seitdem wir in der DDR sind, wir würden sofort Arbeit kriegen, mit einer Wohnung ist das problematisch, aber machbar. „Überlegt es euch, hier zu siedeln, so weit möglich, werde ich helfen. Für uns und euch würde es gut sein, wir würden uns nah sein, wir haben hier niemanden, unser Sohn wohnt in Kehl in Westdeutschland, arbeitet in einer französischen Militärgarnison und darf sich nicht bekennen, Angehörige in der sowjetischen Zone zu haben. Aufgrund unseres Alters dürfen wir nach dem Westen fahren. Unseren Gerhart können wir nur auf Umwegen besuchen, wir fahren nach Hannover zu meiner Schwägerin, Schwester meiner Frau, nach zwei bis drei Tagen steigen wir in den Zug und fahren nach Kehl."

Vor uns steht eine wichtige Entscheidung, aber wir wollen nichts überschlagen, wir fahren für zwei Tage nach Schmölln zu meinem Briefmarken-Tauschpartnern Horst und Christel Krippner. Am Bahnhof werden wir erwartet. Krippners sind in unserem Alter, Horst arbeitet in der Chemiebranche, Christel in der Stadtverwaltung, sie sind gut eingerichtet, fahren einen neuen Wartburg, für uns ein Traum in Polen. Vor der Mauer waren beide auf Rundreise im Westen, mit guten Eindrücken kamen beide zurück nach Schmölln, eine kleine Thüringer Stadt. Horst und Christel sind mit dem Leben in der DDR zufrieden, Arbeit gibt es zur Genüge, auf eine Wohnung muss man eine Zeit warten, jetzt werden neue Wohnungen gebaut, es wird besser werden.

Krippners fahren mit uns nach Leipzig, wir sind am Völkerschlachtdenkmal, im Zoo, besuchen Markt und Altes Rathaus, Nikolaikirche. In einer Gaststätte werten wir den von Eindrücken geprägten Tag aus, der Wunsch, in die DDR überzusiedeln wird immer stärker. Beim Abschied aus Schmölln sagt Horst: „Günter und Helene, auf Wiedersehen ... in der DDR."

Mein Urgroßonkel war zwischenzeitlich bei der Abteilung Inneres der Stadtverwaltung und fragte unverbindlich über Möglichkeiten einer Übersiedlung aus Polen, nach Arbeit und Wohnraum, die Antwort: „Wenn polnische Behörden die Ausreise genehmigen, dann gibt es keine Probleme. Urgroßonkel Konrad und Urgroßtante Frieda verabschieden sich mit: „Auf ein baldiges Wiedersehen in Karl-Marx-Stadt.“

Wir sind wieder bei unserer Tochter in Mikulczyc mit vollem Kopf von den Eindrücken, vollgestopften Taschen, vollen Koffern mit Geschenken, aber auch Artikeln, die bald im An- und Verkaufladen Platz einnehmen werden. Meine Gedanken drehen sich nur um die Umsiedlung in die DDR, alles spricht dafür, Arbeit, Wohnung, Versorgung, gutes Umfeld. Urgroßonkel Konrad als eingebürgter Karl-Marx-Städter würde uns in seinem Ermessen am Anfang helfen, einzig Fachausdrücke werden anfangs schwierig sein.
Im Postamt in Katowice finde ich die Adresse der DDR-Botschaft in Warschau und stelle im einstudierten Deutsch den Antrag, mit Frau und Kind in die DDR nach Karl-Marx-Stadt umzusiedeln, wo mein Urgroßonkel wohnt. Die ersehnte Antwort ist schnell da, mein Ersuchen wurde ans DDR-Konsulat in Wroclaw überwiesen, ich entscheide mich dort hinzufahren, Informationen einzuholen. Der nette Bearbeiter sagt: „Eine ständige Einreise in die DDR ist möglich, wenn die polnische Passbehörde die Ausreisegenehmigung erteilt.“ Arbeit und Wohnraum bei Einreise in die DDR wurden mir für die polnische Passbehörde schriftlich bestätigt. Ein kleiner Schritt in die noch weite Zukunft wurde getan.

Die politischen Ereignisse des Sommers 1963 im Kalten Krieg machen weltweit Schlagzeilen: Im Juni bereist Präsident John F. Kennedy Berlin-West und hält eine seiner denkwürdigsten

Reden, die mit den berühmten Worten endet: „Ich bin ein Berliner." Dass Kennedy im selben Jahr am 22. November einem Attentat zum Opfer fällt, überschattet die Ereignisse im Nachhinein noch.
Am Arbeitsplatz quälen mich Gedanken unserer Ausreise: Wie sage ich das meinem netten Chef Edmund Wozniak, meinen Mitarbeitern, einige sind gebürtige Polen? Wie nimmt das der Personalchef auf, der Betriebsdirektor? Alle sind echte Polen, ich stelle mich dem Kampf.
Edmund Wozniak ruft mich zu sich, wird ernst und sagt: „Du bist anders geworden nach deiner Rückkehr aus der DDR, stimmt das?"
„Stimmt", antworte ich, „wir tragen uns mit dem Gedanken, dorthin umzusiedeln." Edmund weiter: „Sei bitte ehrlich zu mir, zwingt dich jemand zu dieser Entscheidung, deine Eltern oder Schwiegereltern?"
„Nein, die Entscheidung ist von uns beiden in Karl-Marx Stadt getroffen worden, vom DDR-Konsulat wurden mir schriftlich Arbeit und Wohnraum zugesagt."
„Günter, wenn das so ist, will ich dir helfen, Ausreisewillige haben es nicht einfach, ihr Ziel zu erreichen, das muss dir bewusst sein."
Tage später wird mir vom Personalchef meine Planstelle gekündigt, mein Chef stellt mich als Maurerbrigadier ein, meine gekündigte Funktion führe ich weiter an der Seite meines Chefs Edmund Wozniak aus.

Meine Anträge zur Ausreise werden abgelehnt, ich gehe in Widerspruch, begründe das politisch mit dem Alter meines Urgroßonkels, ehemaliges KPD- und jetzt SED-Mitglied, er braucht uns. Wir leben in großer Ungewissheit, 1964, 1965 keine positive Entscheidung, auch meinem Freund und Chef Edmund Wozniak gefällt die Ungewissheit nicht, er steht unter

Druck, ich werde in der Direktion und auf dem Betriebsgelände gesehen, bin oft auf Dienstreisen, kaufe Ersatzteile für Baumaschinen und Geräte, damit ich nicht gesehen werde.
Edmund saß in den 50er auf der Parteischule mit Edward Gierek in einem Hörsaal, Gierek kam 1948 als Repatriant nach Polen zurück, seine Eltern emigrierten nach dem I. Weltkrieg nach Frankreich, Edward Gierek ist I. Sekretär der PVAP in der Wojewodschaft Katowice, ein hoher Entscheidungsträger.

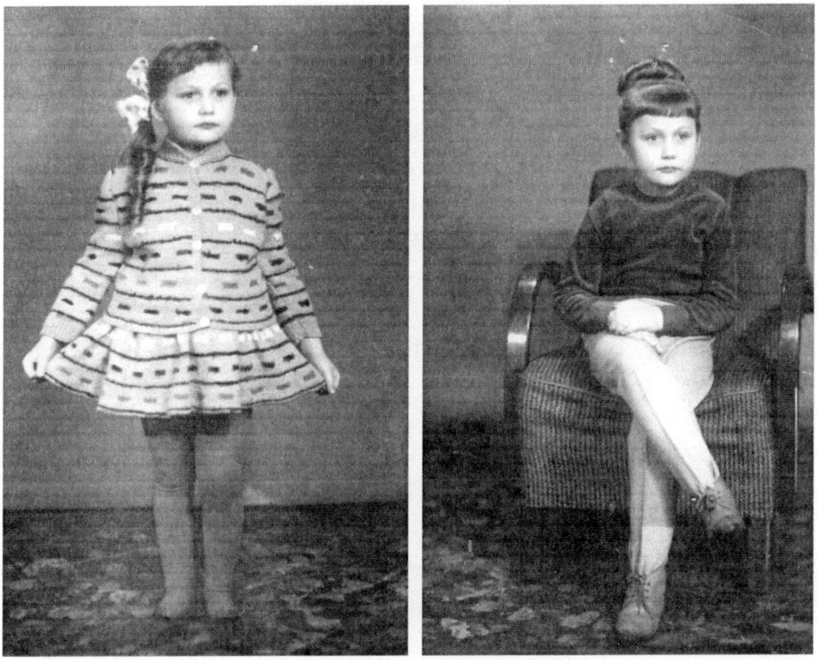

Unsere Tochter Halina 1964

Edmund beantragt einen Freundschaftsbesuch bei Giereck, dem wird zugestimmt, ein paar Tage später sitzen wir uns gegenüber, Edmund und Gierek sind erfreut sich zu begegnen, erinnern sich an gemeinsam verbrachte Zeiten, Edmund bringt

das Anliegen meiner Ausreise in die DDR vor, Gierek schaut mich an, sagt: „Die Passbehörde ist dafür zuständig, warum willst du ausreisen?“
Ich begründe mit meinem Urgroßonkel. Gierek antwortet: „Junge, bleib hier …“ Das war die Audienz beim Genossen Edward Gierek, I. Sekretär der PVAP der Wojewodschaft Katowice.

Das Warten und die Ungewissheit gehen weiter, im November 1965 die erlösende Nachricht: die Ausreisegenehmigung, Termin der Ausreise bis zum 15.2.1966. Wir müssen die polnische Staatsbürgerschaft ablegen, im Antrag werde ich nach unserer Parteizugehörigkeit gefragt, ich bin Mitglied der PZPR, antworte ich. Der Genosse schaut mich verdutzt an, sagt zynisch: „Ein polnischer Genosse siedelt nach Deutschland um.“ Darauf meine Antwort: „Es gibt zwei deutsche Staaten, wir siedeln um in die Deutsche Demokratische Republik.“ Seine Antwort: „Das ist auch Deutschland!“ Wir reisen als Staatenlose in die DDR.
Meine Schwiegermutter ist traurig, meine Eltern auch, Mutter tobt, hoffte, es würde nicht klappen. „Was wollt ihr in der DDR? Du denkst, ein roter Teppich und eine geschenkte Villa warten auf euch zur Begrüßung? Viele, die nach dem Westen geflohen oder ausgereist sind, sind wieder da“, und lacht zynisch. „Bleibt hier, kümmere dich um eine Wohnung und ihr werdet es auch hier gut haben.“ Mein Vater ist traurig, aber sagt: „Wenn ihr euch entschieden habt, dann gebt nicht auf, ich wünsche euch viel Glück.“ Das passt meiner Mutter nicht.
Meine Arbeitskollegen beglückwünschen mich, versprechen allseitige Hilfe, diese benötigen wir tatsächlich. Mein Chef Edmund gestattet, kostenlos drei große Holzkisten in der Zimmerei herzustellen für den Transport meiner Güter in die DDR, entsendet Zimmerer zu mir nach Hause, um unsere Möbel

fachgerecht zu verpacken, was sonst eine Menge Geld kosten würde.

1965, die letzten Weihnachtsfeiertage in der Heimat, unsere Angehörigen sind traurig, aber trösten sich, die DDR ist nicht die BRD, das Hin- und Herreisen wäre problematischer. Meine Helene ist im Stress mit der Abwicklung unseres Daseins in Polen, es müssen Dokumente wie Geburtsurkunden, Taufscheine, Schulabschlüsse, Arbeitsverlaufsnachweise, Arbeitszeugnisse … eingeholt und vom vereidigten Dolmetscher übersetzt werden.

Januar 1966, mithilfe unserer Zimmerer und Lkw transportieren wir drei schwere Holzkisten zur Annahmestelle am Katowicer Güterbahnhof. Nach der Zollabfertigung werden die Kisten einzeln auf die Waage gestellt, einer unserer Kollegen schubst mit dem Fuß ein Gewicht unter die Waage, dann die zweite und dritte Kiste, alle mit gleichem Gewicht, wir schauen uns gegenseitig erschrocken an. Dem Waagemeister fällt der Betrug nicht auf, unterschreibt den Empfang, wir verabschieden uns von ihm mit kräftigem Handschlag und suchen das Weite mit voller Freude, ich würde sonst das Dreifache zahlen müssen für die Fracht in die DDR. Es läuft alles gut.
Die Verabschiedungsrunde bei Oma, Verwandten und Freunden haben wir hinter uns, am Vorabend unserer Ausreise sind wir bei Dorota und Josel, hier sind auch meine Eltern sowie Werner und Ursel, wir berichten über unsere organisatorischen Aktivitäten zur Ausreise, Mutter und Vater sind ruhig, horchen zu, sind traurig. Dorota möchte noch mehr wissen, als hätte sie auch die Absicht auszureisen, Josel bremst seine Frau bei der weiteren Fragestellung.

Donnerstag, der 10.2.1966, wir verabschieden uns von

Schwiegermutter und Heidel, Tränen fließen, der Abschied ist schwer durchzustehen, Schwager Paul begleitet uns zum Abendzug nach Berlin. Im warmen Waggon bekommen wir das Gefühl, von einer inneren Last befreit zu sein. Die innere Unruhe, die Hektik der letzten Tage, der Gedanke, ständig auszureisen in die DDR, die Frage, was kommt dort auf uns zu, ist plötzlich entwichen, Halina ist putzmunter und singt. Die gewohnte Selbstsicherheit und der Optimismus sind wieder da, der schmerzliche Abschied von unseren Lieben rückt immer weiter in die Ferne, ich zünde mir eine Zigarette an und bin wieder mal Raucher geworden, meine Helene macht das Gleiche, wir schweigen in Gedanken versunken.
Der Schnellzug rollt in die Nacht hinein, Halina schläft in den Armen der Mutti, die Augen geschlossen, ich denke über die nächsten Schritte bei unserer Ankunft in Karl-Marx-Stadt nach, Wroclaw liegt schon hinter uns, an der Grenzstation in Zgorzelec werden wir vom polnischen Zoll und der Passkontrolle abgefertigt. Der Zug rollt weiter, wir sind auf der DDR-Seite in Görlitz, nur ein kurzer Blick der Grenzsoldaten in unsere Reisepässe und wir sind abgefertigt. Der Bahnsteig ist hell beleuchtet, wir schauen aus dem Fenster. „Wir sind in der DDR“, sagt Helene und Halina fängt an zu singen, polnisch: „Jeszcze Polska nie zginela poki my zyjemy … (Noch ist Polen nicht verloren, solange wir leben …)“, wir bitten sie, nicht so laut zu singen. Halina ist putzmunter, hört Gespräche am Bahnsteig und sagt: „Die Menschen am Bahnsteig sprechen deutsch ganz anders.“ Mutti erklärt: „Unsere deutsche Aussprache hat einen schlesischen Akzent, Deutsch habe ich mir selbst angeeignet, bin nur in die polnische Schule gegangen, Vati wiederum hat bis zur fünften Klasse nur Deutsch gelernt, nach dem Krieg kam er in die polnische Schule. Wir werden bald so sprechen wie deutsche Bürger.“ Wir steigen aus, warten im Wartesaal auf die Weiterfahrt nach Karl-Marx-Stadt, es

ist draußen dunkel, die Geschäfte sind noch geschlossen, wir haben wenig DDR-Geld, die Zeit vertreiben wir uns beim Betrachten der Schaufenster mit interessantem Angebot. Bei Tageslicht fahren wir in Richtung unseres Zieles, die Spannung wächst zunehmend auf das Kommende.
Es ist Freitag, der 11. Februar 1966, etwa 11:00 Uhr, in der Abteilung Inneres der Stadt Karl-Marx-Stadt werden wir begrüßt, nach kurzem, freundlichem Gespräch bekommen wir 200 DDR-Mark als Überbrückung ausgehändigt und werden in ein Überbrückungsheim gefahren. Herr Schuster, der Heimleiter, stellt uns ein großes Zimmer zur Verfügung, ausgestattet mit dem Notwendigen, zeigt die gemeinsame Küche, Wasch- und Toilettenraum, der erste Schock, wir schauen uns an. Ein frostiger Nachmittag, wir sind durchgefroren, entscheiden Einkäufe zu machen, es ist Wochenende. In einer Kaufhalle kaufen wir das Notwendigste, eine Flasche Wodka zum Aufwärmen ist auch dabei, wir kreisen in der Halle herum, Halina erfüllt sich ihre Wünsche mit Süßigkeiten, wir eilen zurück ins Überbrückungsheim, es ist sehr unangenehm kalt. Im Küchenraum kommt Helene schnell ins Gespräch mit Frauen, die klagen, in den Räumen ist es sehr kalt, ob Tag oder Nacht, einige Familien leben schon Monate in diesem Heim, manche zwei Jahre ohne Aussicht, eine eigene Wohnung zu bekommen, die hier Lebenden sind aus Polen und der ČSSR. Helene kommt zurück mit zubereitetem Abendessen und weint, schildert, was sie gehört hat, ich werde hellhörig, überlege weitere Schritte. Vor dem Schlafengehen trinken wir unseren Wodka mit heißem Tee vermischt, es tut uns gut, einen kleinen Schluck bekommt auch unsere Halina, die sich tapfer verhält. Helene weint immer noch und drängt, etwas zu unternehmen.
Am nächsten Morgen, es ist Sonnabend. Der Heimleiter Schuster kann uns nicht helfen, weder mit ausreichend Wärme im Zimmer noch mit eigener Wohnung, weist auf die hier schon

lange wohnenden Übersiedler. Noch am Sonnabend eilen wir zur Abteilung Inneres der Stadt, wir beklagen die Zustände im Überbrückungsheim, werden auf Montag vertröstet, wir sind einverstanden, vorausgesetzt, wir wohnen die zwei Tage im Hotel, der Sachbearbeiter geht darauf ein. Jetzt besuchen wir unseren Urgroßonkel Konrad und Urgroßtante Frieda in der Frankenberger Straße, beide freuen sich uns zu sehen, staunen über unseren kämpferischen Mut bei den Behörden, wollen uns unterstützen, auch damit, vorübergehend bei ihnen zu wohnen. Wir lehnen es ab, denn dann bekommen wir überhaupt keine Wohnung.
Mein Freund und ehemaliger Chef Edmund Wozniak gab mir einst den Hinweis: Wenn du ein Anliegen oder eine Beschwerde vortragen möchtest, dann beginne zu kämpfen an der obersten Etage, deine Beschwerde flattert schnell in die unteren Etagen und dein Anliegen wird meistens vor Angst vor der Obrigkeit zu deinen Gunsten geregelt. Am Montag, den 14. Februar 1966 werden wir in der Abteilung Inneres wieder vertröstet mit unseren Problemen bei der Beschaffung von Wohnraum, darauf meine Antwort: „Ins Überbrückungsheim gehen wir nicht zurück, wir werden uns in Berlin beschweren." Der Leiter der Abteilung nimmt das nicht ernst. Helene und Halina übernachten bei unseren Verwandten, ich besteige den Nachtzug nach Berlin, unterwegs erinnere ich an die weisen Worte meines Freundes, entscheide, zum Staatsrat der DDR zu gehen.
An der Anmeldung schildere ich mein Anliegen, der freundliche Genosse telefoniert, dann die Empfehlung zum Ministerium für Inneres zu gehen, dort werde ich von einer Genossin empfangen, bald darauf sitzen wir uns gegenüber. Ich schildere recht aufgeregt unsere Enttäuschung nach unserer Ankunft, uns ist es egal, in welcher Stadt wir angesiedelt werden, wir brauchen eine Wohnung, meine Frau und Tochter warten mit Gepäck auf Antwort am Bahnhof in Karl-Marx-Stadt, ins Über-

siedlungsheim gehen wir nicht zurück. Die nette Genossin hört aufmerksam zu, ich verspüre ihr Mitleid und sie sagt: „Bitte fahren sie zurück nach K-M-Stadt, gehen sie zur Abteilung Inneres des Bezirkes, Sie werden dort beim Abteilungsleiter, Genossen Lange, angemeldet sein, er wird Ihnen helfen. Andernfalls kommen Sie mit Familie nach Berlin." Sie lächelt freundlich, ich bedanke mich und verabschiede mich mit innerer Zufriedenheit.

Am Dienstag, den 15. Februar 1966 werden wir vom Genossen Lange empfangen, er entschuldigt sich, sagt, wir sollten uns vorher bei ihm melden, aber jetzt ist unsere Angelegenheit geklärt. Wir bekommen noch mal 100 DDR-Mark Überbrückungsgeld, ich wurde bereits angemeldet in der Kaderabteilung im VEB Wohnungsbaukombinat für Donnerstag, den 17. Februar 1966 um 10:00 Uhr, zur Einstellung. Der VEB Wohnungsbaukombinat garantiert uns eine Wohnung, wir fahren zum Überbrückungsheim für Umsiedler aus der Bundesrepublik, Italien und Spanien in der Annaberger Straße. Ein angenehmer warmer Wohnraum, gut eingerichtet, freundliche Leitung. Am nächsten Tag sind Onkel und Tante da, sie können es nicht fassen, wie schnell wir uns hier zurechtfinden.

Ich gehe zum Wohnungsbaukombinat Karl-Marx-Stadt, unterwegs schaue ich mich um, an einer Tafel lese ich Montagebetrieb, bleibe stehen und buchstabiere. M o n t a g e-Betrieb, überlege, was das für ein Betrieb sein kann, dort wird wohl nur am Montag gearbeitet, ich gehe weiter und lache. In der Kaderabteilung werde ich erwartet, der Abteilungsleiter befragt mich, liest meine übersetzten Arbeits- und Ausbildungszeugnisse, sagt: „Das ist schön, Sie sind Bauingenieur." Ich sage, ich sei Bautechniker mit Abitur, sie werden das prüfen wie man mich bezeichnen wird, bekomme ich zur Antwort. Der Kaderleiter stuft mich mit monatlich 440,00 DDR-Mark ein, Forderungen kann ich nicht stellen, bin noch unbekannt. Ein Kollege kommt

ins Büro, mein Gesprächspartner sagt: „Wolfgang, du kannst den Kollegen Günter Mosler, ein Umsiedler aus Polen, vom Bezirk zu uns avisiert, gleich mitnehmen nach Zeitz, er ist Bauingenieur. Du brauchst Leute vom Fach auf deiner Baustelle, sorge auch dafür, dass er sofort eine Wohnung zugewiesen bekommt."
„Selbstverständlich, als Technologe kannst du sofort bei uns einsteigen, wir bauen in Zeitz einen Wohnkomplex, eine Wohnung zu bekommen, ist möglich, unser Kombinat hat Wohnungen bei der Stadt für unsere Mitarbeiter reserviert." Das klingt gut. „Am Montag, den 20. Februar, fahren unsere Arbeitskräfte mit dem Bus zur Baustelle nach Zeitz. Du fährst mit, unsere Kollegen sind informiert, ich bin am Nachmittag in Zeitz, du bist eine Woche vor Ort im Wohnheim, wir richten dir die Wohnung provisorisch mit Möbeln aus dem Wohnlager ein. Am Freitag fahren wir nach Karl-Marx-Stadt zurück und am Montag, den 27.Februar, fahren wir mit deiner Frau und Tochter nach Zeitz in eure Wohnung." Das hört sich sehr gut an.
Helene ist sehr erfreut über meine Nachricht, das Zimmer ist geräumig, warm, gut eingerichtet, wir machen kleine Einkäufe, morgen beginnt das Wochenende. Am Sonntag, den 19. Februar, sind wir bei Onkel und Tante, Onkel Konrad hat Geburtstag, ist 70 Jahre alt geworden, ich habe auch Geburtstag, bin 32 Jahre alt geworden, wir feiern. Beide können es nicht fassen, dass wir eine Wohnung und das im Neubau haben werden in so kurzer Zeit. Tante fängt an, auf Onkel zu schimpfen, sagt: „Wir wohnen schon 21 Jahre in dieser kleinen Wohnung, die wir schon alle Jahre mit der Inhaberin des Hauses, einer alten Aristokratin, teilen müssen, gemeinsames Bad und Toilette. Wir dürfen die Wanne nicht benutzen, weil Konrad ein Arbeiter ist, und nach so einem wird sie sich nicht baden, hat sie mir gesagt, wir gehen jeden Sonnabend in das Stadtbad." Onkel ergänzt: „Die Alte spricht sehr hochnäsig, geht auf Distanz, war niemals

verheiratet, sitzt im Sessel den ganzen Tag, raucht wie ein Schlot, es wird geredet, im I. Weltkrieg arbeitete sie in Offizierskasinos im besetzten Ausland und Deutschland, sie war Mätresse von hochrangigen Offizieren. Solltet ihr ihr auf dem Korridor begegnen, sie ist sehr neugierig, grüßt sie freundlich, antwortet freundlich, sie antwortet sehr herablassend, nehmt das nicht übel, bei Gelegenheit werden wir ihr sagen, wer ihr seid."

Im Bus sind Facharbeiter, wir fahren nach Zeitz, von dieser Stadt habe ich nie was gehört. Die Kollegen sind freundlich, wir plaudern miteinander, ich muss meine Ohren sehr spitzen, um richtig zu verstehen, viele sprechen im Dialekt, manche auch nasal. Ich versuche, kurze Sätze zu sprechen, damit ich mit meinem schlesischen Dialekt verstanden werde, meine neuen Arbeitskollegen sind sehr verständnisvoll. Wir sind in Zeitz auf der Baustelle in der Mittagszeit angekommen, der Block 1 mit fünf Eingängen steht im Ausbau, demnächst werden vier Eingänge als Wohnlager für Arbeitskräfte eingerichtet, der fünfte wird von Mietern bezogen. Im Baustellenbüro und auf der Baustelle mache ich Bekanntschaft mit meinen neuen Mitarbeitern Achim Jäger, Erich Buchwald, Günter Saalbach, Lothar Gottschalk, Roland Kreher, Rüdiger Noack und vielen anderen.

Ich bin Baustellentechnologe, mein Schreibtisch ist mit Dokumentationen beladen, meine Aufgabe ist Zeichnungen studieren, technische Beschreibungen lesen, Materiallisten durchschauen. Mit Achim Jäger, den ich sofort sehr sympathisch finde, gehen wir aufs Baufeld, er erklärt das Gesamtvorhaben, zeigt geplante Standorte einzelner Wohnblöcke, macht mich bekannt mit Günter Machens, Bauleiter eines Tiefbaukombinates, das am Baufeld aktiv ist. Achim Jäger ist ein großzügiger Kollege, er schenkt mir eine Butterkarte für Halina, es gibt

noch einige Engpässe in der Versorgung. Achim bietet mir eine ganze Zigarettenschachtel an, ich bin noch Raucher, eine schöne Geste. Am Nachmittag ist Wolfgang Thonig da. „Morgen gehen wir zum Wohnungsamt, eine Wohnung für dich reservieren“, und fügt hinzu, „es wird schon klappen.“
Wir übernachten bis Freitag im danebenstehenden Hotel Sophienhöhe, eingerichtet als provisorisches Wohnlager für Bauarbeiter aus Karl-Marx-Stadt. Die Bauarbeiterkollegen sind freundlich, ob am Baufeld, im Büro oder Wohnlager, sprechen langsam und verständlich, besonders wenn es um Fachbegriffe geht wie Bezeichnungen einzelner Betonfertigteile, in der DDR angewandte Betongruppen und Betonfertigkeitsklassen, Bewehrungsstahl …
Am nächsten Tag beim Wohnungsamt der Stadt Zeitz: Der Leiter des Amtes hört Wolfgang an und händigt mir einen Wohnraumzuweisungsschein aus, datiert mit 21.2.1966 für 2 Zimmer, 1 Kinderzimmer, Küche, Bad mit 59 m² im 2. Obergeschoss in unserem Block 1. Ich freue mich riesig, vor 11 Tagen waren wir noch in Mikulczyce und schon beziehen wir eine Neubauwohnung, obwohl man uns hier in der DDR eine lange Wartezeit vorausgesagt hat. Wolfgang Thonig gibt dem Wohnlagerleiter den Auftrag, unsere Wohnung mit Möbeln aus dem Wohnlager auszustatten, eine tolle Geste.

Meine Helene ist überglücklich, als sie den Wohnraumzuweisungsschein sieht, auch sie hat mir Freudiges zu berichten, die Wohnlagerleitung hat sie während meiner Abwesenheit als Hilfskraft eingestellt und sie hat 50 DDR-Mark verdient, auch das ist eine tolle Geste.

Helenes 25. Geburtstag am 26. Februar, sie ist sieben Jahre und sieben Tage jünger als ich, feiern wir bei Onkel und Tante, beide freuen sich über unsere Neubauwohnung, aber sind auch traurig, dass wir nicht in ihrer Nähe bleiben.

Unsere neue Heimat Zeitz im Bezirk Halle/DDR

Am Montag, den 27. Februar 1966, sind wir in Zeitz, wir stehen vor unserer Wohnungstür, ich schließe auf, blitzschnell packe ich meine Helene an Beinen und Schulter und hieve mein Frauchen mit einem Schritt über die Schwelle, beide sind wir glücklich, Halina steht neben uns, beobachtet die Szene. Die Wohnung ist provisorisch, aber vollständig eingerichtet, in der Küche sogar Töpfe, Pfannen, Eimer, Abwasch- und Wischlappen, es fehlt an nichts. Unsere drei großen Holzkisten mit Möbeln und anderem sind noch unterwegs.
Zeitz hat etwa 40 000 Einwohner, ist eine Kreisstadt im Bezirk Halle, nach Halle sind es 60 Kilometer, nach Leipzig/Sachsen 40 Kilometer, nach Gera/Thüringen 25 Kilometer. Zeitz ist ein Industriekreis: Braunkohle, VEB ZEKIWA Zeitzer Kinderwagenfabrik, VEB ZEMAG, Zeitzer Eisengießerei, Maschinen- und Anlagenbau, VEB Zitza, Kosmetikfabrik, VEB Hydrierwerk, Öl und Reibstoffe, VEB Zuckerfabrik, mehrere Produktionsgenossenschaften, VEB HO Handelsorganisation, Konsum.
In der Meldestelle der Stadt Zeitz melden wir uns an als Neu-Zeitzer Bürger, wir sind Staatenlose, stellen einen Antrag zum Erwerb der DDR-Staatsbürgerschaft, in der Abteilung für Kinder und Jugend melden wir Halina zum sofortigen Eintritt in den Kindergarten an, am 1. September soll sie eingeschult werden. Halina wird im April sechs Jahre alt, ist sehr groß, bis dahin wird sie sprachlich geeignet sein. Von der Sparkasse bekommen wir einen Kredit für die nötige Wohneinrichtung.
Ich arbeite mich gut ein, verspüre keine Kommunikationsprob-

leme, Wolfgang Thonig, Achim Jäger und andere stehen mir stets hilfsbereit zur Seite. Auch in einer Provinzkreisstadt wie Zeitz ist die Versorgung gut im Vergleich zu Polen, man kann nicht klagen, es gibt Engpässe wie bei Butter, dafür gibt es Bezugskarten für solche Artikel, es ist alles geregelt, Menschenschlangen sind nirgendwo zu sehen. Anders war es in der alten Heimat, wo man schon früh um 3:00 Uhr beim Fleischer anstehen musste. Nach unserer Ankunft in Zeitz werden uns Bezugskarten ausgehändigt, bei Ämtern werden wir zügig, freundlich und sachlich abgefertigt.

Im Philatelie-Verband habe ich mich als Mitglied angemeldet, dabei neue Freundschaften geknüpft, mit dem Ausland zu tauschen bedarf es einer Genehmigung des Zentralverbandes, werde ich belehrt, die gleiche Regel wie in Polen.

Helene richtet die Wohnung gemütlich ein, sorgt für gute Stimmung, begleitet täglich unsere Halina zum Kindergarten und zurück. Halina hat sich schnell angepasst, hat schon Freundinnen, spricht volle Sätze Deutsch, es scheint einer Einschulung in diesem Jahr 1966 nichts im Wege zu stehen.
Wir wohnen auf der Baustelle, zusätzliche bezahlte Aufgaben werden mir angeboten, am Wochenende, bei Anlieferung von Betonfertigteilen dabei zu sein, Lieferscheine entgegenzunehmen, auf Richtigkeit zu prüfen. Nach der Frostperiode gründe ich, auf Bitten vom Wolfgang Thonig, eine Feierabendbrigade zum Handschachten von Streifenfundamenten für neue Wohnblöcke und Kabelgräben, wir arbeiten fast jedes Wochenende, das hat Vorteile, schon ab Montag kann betoniert werden.

Baustelle Wohnkomplex Zeitz/Ost

Unsere drei schweren Umzugskisten sind angekommen, es zeigt sich die volle Hilfsbereitschaft meiner Kollegen, das Schlafzimmer, Küche und anderes wird in das zweite Obergeschoss getragen, sofort aufgebaut, wir brauchen nur anleiten. Helene ist in ihrem Element, richtet die Wohnung ein, holt aus der Stadt, was nötig ist zum Einrichten der Wohnung, unser Domizil wird von Tag zu Tag schöner. Wir träumen von einem Fernseher. Ich staune über die Koch- und Backkunst meiner lieben Frau, alles ihre eigenen Ideen, sie hat das nirgends gelernt – eine tolle Ehefrau und Mutter.
Meine Helene beginnt am 2.5.1966 als Verkäuferin in der Lebensmittelbranche bei der HO Handelsorganisation Zeitz zu arbeiten, arbeitet sich schnell ein, auch sprachlich werden die

Probleme immer geringer, bald übernimmt sie Verantwortung an der Kasse. Helene hat Stress, Haushalt, Halina begleiten und abholen vom Kindergarten je circa einen Kilometer, Beruf, kochen, waschen … Es fehlen noch wichtige Haushaltsgeräte, die die Hausarbeit erleichtern würden.

Am 26. Mai 1966 folgen wir der Einladung des Bürgermeisters der Stadt Zeitz, mehrere Personen sind anwesend. Der Bürgermeister hält eine kurze Ansprache und überreicht jedem die Einbürgerungsurkunde als Bürger der Deutschen Demokratischen Republik, mit der Urkunde wird der Personalausweis ausgehändigt, wir sind stolz, wieder einem Staat anzugehören. Noch vor einem Jahr im Mai sah die Welt anders aus, die Ungewissheit, das ständige Warten auf die Ausreisegenehmigung, als Maurerbrigadier wurde ich geführt, habe mich fernhalten müssen von der Direktion, ich stand unter dem Schutz meines Chefs und Kollegen Edmund Wozniak, er hat mich allseitig unterstützt und mir geholfen, ihm bin ich sehr dankbar dafür.

Einen Teil meiner Zusatzeinkünfte behalte ich für eine Überraschung, die mir nicht ganz gelingt. Ende Mai kaufe ich einen Fernseher, beim Heraustragen steht plötzlich Helene mit Arbeitskolleginnen vor mir, eine vorzeitige Überraschung. Im August schaffen wir Waschmaschine und Kühlschrank an, Helene bestellt einen PKW Wartburg, auf den man zehn Jahre lang warten muss.

MINISTERRAT
DER DEUTSCHEN DEMOKRATISCHEN REPUBLIK

Einbürgerungsurkunde

MINISTERRAT
DER DEUTSCHEN DEMOKRATISCHEN REPUBLIK

Einbürgerungsurkunde

Einbürgerungsurkunden

Unser Treppenhaus ist vollständig bezogen von Mietern, die restlichen vier Treppenhäuser sind Wohnlager, belegt von Bauarbeitern, im ersten Treppenhaus ist die Bauleitung in einer Wohnung.

Im Kindergarten hat sich Halina sehr gut sprachlich entwickelt und ist reif zur Einschulung. Für diesen Tag ist unsere Halina gut gerüstet, Mutti sorgt für schöne Kleidung, Schulranzen und Zuckertüte. Der Einschulungstag ist feierlich, auf dem Schulhof stehen Einschüler, daneben Lehrerinnen und Lehrer, abseits Eltern, Familienangehörige und Freunde. Die Kinder werden vom Schuldirektor begrüßt, es folgt ein kurzes Theaterstück, aufgeführt von älteren Schülern, und Chorgesang.

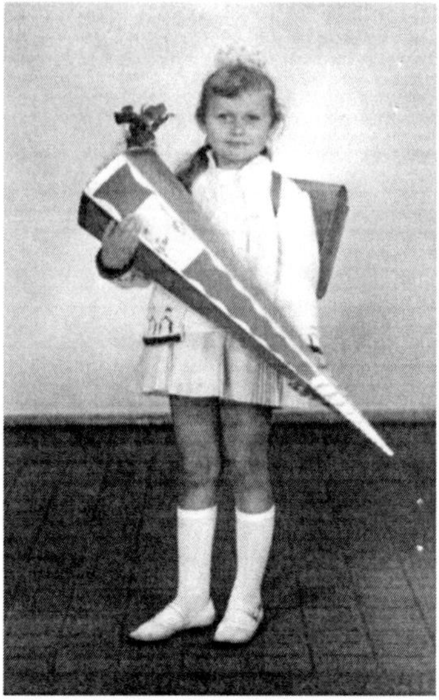

Einschulung unserer Tochter in Zeitz 1966

Halina auf dem Weg zur Schule

Im Büro studiere ich technische Zeichnungen, zwei aus Karl-Marx-Stadt angereiste Antennen-Monteure fragen mich leger lächelnd, wie die Antenne am Block ausgerichtet werden soll, ob links und auch rechts oder nur rechts, und lachen. Damit ich keine blöden Fragen stelle, antworte ich freundlich, aber unbewusst, in beide Richtungen. Später erfahre ich, der Monteur meinte nach Ost oder auch West.

An einem Montag kommt der Baustellen-SED-Partei-Organisator auf mich zu, drückt mir einen Umschlag in die Hand und geht sich umziehen, der Bus mit Arbeitskräften kam soeben aus Karl-Marx-Stadt. Ich öffne den Umschlag und entnehme mein SED-Parteidokument, ausgestellt vom ZK der SED in Berlin. Ich bin überrascht. Mein polnisches PZPR-Dokument landete im ZK der PZPR in Warschau, von dort ging es nach Berlin und weiter nach Karl-Marx-Stadt, ich bin doch eine wichtige Person, sage ich im Selbstgespräch und lache.

Laut Bebauungsplan muss ein Heizhaus gebaut werden, Wolf-

gang Thonig bestimmt mich als Verantwortlichen dafür, es läuft gut, Geländeregulierungen sind abgeschlossen, Fundamente und Rauchgaskanäle in der Abschlussphase, der Rohbau folgt, Termine für Ausrüstungsmontage mit einem Spezialbetrieb wurden bereits abgestimmt, der Winter steht vor der Tür.
In meinem kurzen Dasein steigt mein Monatsgehalt sechs Mal, von 440 auf 560, 640, 760, 840, 960 DDR-Mark, ohne dass ich Anträge gestellt habe, jedes Mal bin ich angenehm überrascht, hinzu kommt mein Zusatzeinkommen und Helenes Verdienst, wir sind sehr zufrieden.
Der Wohnkomplex nimmt Gestalt an, mehrere Wohnblöcke sind bereits bewohnt, so ist es für mich einfach, Arbeitskräfte zu gewinnen, die Feierabendbrigade zu verstärken, um Vorlauf für die kommende Woche zu schaffen.

Meine Schwester Dorota und Schwager Josel sind da, von Dresden machten sie einen Abstecher zu uns, eine Überraschung, acht Monate sind vergangen, als wir uns zuletzt gesehen haben. Es gibt viel zu erzählen, das Überbrückungsheim in Karl-Marx-Stadt, der kurze Kampf um eine Wohnung bringt bei unseren Gästen Erstaunen auf. Wir machen lange Spaziergänge, einen PKW haben wir noch nicht. In der Nähe sind Plantagen für Äpfel und Kirschen, aber auch Grünanlagen, in der Stadt die Michaeliskirche, das Schloss Moritzburg, Josel interessiert sich für die Baustelle.

Ich habe Kontakte zum Stadt- und Kreisbauamt, suche Nachauftragnehmer für Schlosser- und Tischlerarbeiten, langsam werde ich bekannt in Zeitz, auch Helene hat eine gute Stadtorientierung, wir haben uns sehr gut eingelebt.

Dorota, Josel, Helene, Halina

In unserem Treppenhaus wohnt der Chef vom Staatssicherheitsdienst, Kreisdienststelle Zeitz, unser Block ist der einzige mit Ost- und Westfernsehprogrammen, von ihm kommt kein Einspruch. Aus neu bezogenen Blöcken kommen laufend Beschwerden, kein Westprogramm zu haben, von der Stadt kommt der Auftrag, die Antenne nur auf Osten zu richten. Wolfgang Thonig, als Baustellenbereichsleiter, schickt den Auftrag zur Kombinatsleitung, eine Kostenstelle für die zusätzliche Aufgabe zu benennen, dabei ist es geblieben. In anderen Hauseingängen unseres Blockes wohnen prominente Zeitzer Personen wie der Vorsitzende des Kreises, der Bürgermeister, Parteisekretäre, der Vorsitzende des FDGB des Kreises und andere.

Halina und Helene

Ich bin auch ab und zu in der Kombinatsleitung in Karl-Marx-Stadt, ein Abstecher zu Onkel und Tante ist eine Selbstverständlichkeit, sie freuen sich, manchmal übernachte ich, wenn eine Beratung lange andauert. Besonders Onkel freut sich, ich lade beide ein, das Weihnachtsfest 1966 in Zeitz zu feiern, Oma Luzie, Heidel, Paul und Sohn sind auch da.

Mit Tante Gertrud Reidelbach sind wir im Brieftausch, sie ist überrascht vom schnellen Einleben in der DDR, Tante Gertrud und ihr Ehemann Karl, beide Rentner und SPD-Mitglieder, arbeiteten in den Opelwerken Rüsselsheim, Tante als Sekretärin in den oberen Etagen und Onkel war Werksmeister. Briefe kommen mit D-Mark-Scheinen, auch Päckchen mit freudigem Inhalt, meistens für Halina. Unserer Tochter predigen wir, niemanden zu sagen, dass Päckchen aus dem Westen kommen, die Päckchen sind von Oma aus Polen. Halina geht zur Schule im neuen Anorak mit mehreren diversen bunten auffallenden

Stickern am Arm und Brust von Tante Gertrud. Im Treppenhaus der ersten Etage begegnet sie unserem Hausbewohner, dem Chef vom Staatssicherheitsdienst, und der sagt Halina: „Hast du einen schönen Anorak, von wem hast du ihn?“ Darauf Halina: „Von meiner Oma aus Polen.“ Helene steht oben in der zweiten Etage, hört zu.

Das provisorische Heizhaus an der Giebelblockwand ist im Bau, die Wärmeversorgung muss optimal sein im Winter, die Funktionsaufsicht am Wochenende wird mir übertragen, dafür zusätzlich belohnt.

Adventszeit, bald Weihnachten, die ersten in der DDR. Helene und ich gehen in die August-Bebel-Straße, im Spielwarenladen kaufen wir ein Puppenhaus für unsere Halina. Zum ersten Mal ist unsere Tochter allein in der Wohnung, steht vor der Fensterscheibe, schaut nach uns und weint, meine Helene bekommt starke Muttergefühle, am liebsten würde sie zurückgehen, ich halte sie an, Halina muss auch lernen allein zu sein.
Die Vorbereitungen zum Weihnachtsfest sind im vollen Gange, eine große Herausforderung für meine Helene, viele Gäste werden da sein, auch übernachten. In der Weihnachtszeit hat Helene beruflich viel zu tun, kommt spät nach Hause, ich bin auch ständig auf Achse, aber wir werden das schon schaffen, unsere lieben Gäste gut betreuen. Ich bewundere stets die hervorragenden Fähigkeiten meiner Helene im Haushalt, Kochen, Backen, Nähen, super Ordnung in der Wohnung, sie versorgt unsere Tochter allseitig, erträgt meine Launen, meine liebe Helene, wir gehen gemeinsam durch dick und dünn.
Der Besuch ist da, Oma Luzie, meine liebe Schwiegermutter, Adelheid, Paul mit Sohn Jerzy und die Karl-Marx-Städter Onkel Konrad mit Tante Frieda, das Wohnlager steht uns zur Verfügung zum Übernachten. Wir feiern unser Wiedersehen und

Weihnachten, werden beglückwünscht zum hervorragenden Neustart in der neuen Heimat, der Deutschen Demokratischen Republik. Halina spricht mit dem gleichaltrigen Jerzy polnisch, mit Oma, Tanten, Onkeln deutsch. Oma Luzie verspricht länger zu bleiben, eine tolle Stütze für meine Helene, das Visum werden wir später auf ein halbes Jahr verlängern lassen. Es ist Winterzeit, kalt und viel Schnee, mit Onkel und Paul begehen wir den Wohnungsbaukomplex, anschließend gehen wir in die Gaststätte am Kleefeldplatz und plaudern über Geschehnisse der letzten Monate in Polen und bei uns.
Mit meinen Eltern und Freunden in Polen bin ich im Kontakt, besonders mit meinem ehemaligen Chef Edmund Wozniak, regelmäßig tauschen wir Briefe aus, er verspricht, uns irgendwann besuchen zu kommen, das wäre schön.

Von links: Konrad, Frieda, Helene, Luzie

Wir haben Beschaffungsprobleme von Pumpen für unser neues Heizhaus, eine Dienstreise nach Wernigerode zum Hersteller ist dringend erforderlich. Wolfgang Thonig schlägt vor, Helene mitzunehmen, das Dienstliche mit dem Privaten verbinden, wir müssten auch mal was anderes sehen, nicht nur Zeitz. Es hört sich gut an, Oma Luzie ist da, Halina bleibt in guten Händen.

Wir halten in Halle, fahren nach Wittenberg-Lutherstadt, besuchen die berühmte Schlosskirche mit der Thesentür, an der soll Martin Luther seine Thesen am 31. Oktober 1517 angeschlagen haben, erklärt Wolfgang. Ich höre zu, aber durch meine christlich-katholische Erziehung kommt weder Wissensdurst noch Begeisterung zu diesem Thema auf. Luther und die Reformation waren nie ein Thema, weder in der Familie noch Schule oder im Religionsunterricht. In der dritten Klasse Grundschule war ein Schüler namens Bolik, aus gutem Haus, beim katholischen Religionsunterricht verließ er den Klassenraum, er ist evangelisch, wir betrachteten das Evangelisch als abwertend, teufelsverbunden. Ähnlich bei Tante Frieda, evangelisch, Onkel Konrad katholisch, in der streng katholischen Familie vom Onkel wurden beide jahrelang nicht gut angesehen. Bis zum Zweiten Vatikanischen Konzil ist das Verhalten der Geistlichkeit äußerst streng konservativ und verängstigend, jede Sünde wurde als Todsünde bewertet, die mit der Hölle unter Feuerqualen bestraft wird, die heilige Messe wurde in Latein zelebriert, der Priester stand mit dem Rücken zu den Gläubigen, die nichts verstanden, außer das „Amen" zu sagen, den Blick zum Altar andächtig zu richten, war Pflicht. Als Ministrant habe ich das erlebt, das in Latein gefasste „Confiteor Deo omnipotenti, et vobis, fratres …" habe ich auswendig heruntergeleiert, ohne zu wissen, was aus meinem Mund kommt. Das Zweite Vatikanische Konzil vom 11. Oktober 1962 bis zum 8. Dezember 1965 von Papst Johannes XXIII. einberufen wies in der lateinischen Eröffnungssprache darauf hin, dass eine gewisse Aktualisierung dogmatischer Sätze im Sinne ihrer Orientierung auf das Verständnis des gegenwärtigen Zeitalters möglich und notwendig sei. Denn das eine sei das ewige Dogma, die bleibende Wahrheit, ein anderes die Ausdrucksweise der jeweiligen Zeit. Nach dem Tod Papst Johannes XXIII. im Jahr 1963 wurde das Konzil durch Papst Paul VI. fortgesetzt und 1965 beendet. Es entschied zugunsten der Religionsfreiheit in der bürgerlichen Staatsordnung und für verstärkten Dialog mit Anders- oder Nichtgläubigen. Nach dem Zweiten Vatikanischen Konzil zelebriert der Priester den Gottesdienst verständlich in der Landessprache mit dem Blick zu Gläubigen, Gläubige gestalten den Gottesdienst mit, es gibt Mädchen als Ministrantinnen, die Ökumene ist erkennbarer, um nur einiges zu nennen. Im Konservativen und streng katholischen Polen sprach man nicht öffentlich über die Reformation in der Kirche, nach der Einreise in die DDR kam ich mit den Begriffen Martin Luther, Reformation, 95 Thesen, Wittenberg u. a. in Berührung und wurde nachdenklich über die Spaltung der katholischen Kirche. Jetzt hat meines Wissens nicht Prof. Dr. Martin Luther die katholische Kirche gespalten, mit der Spaltung begann Papst Leo X. (1513-1521), der den Dialog mit Martin Luther nicht suchte, er regierte mit harter Hand. Am 15. Juni 1520 unterzeichnete Papst Leo X. die Bannandrohungsbulle gegen Luther, in welcher 41 Sätze Luthers wörtlich angeführt und verurteilt wurden, Luther wurde ultimativ aufgefordert, seine Lehren zu widerrufen, ihm drohte das Urteil der Inquisition, der Tod auf dem Scheiterhaufen, ein qualvolles Sterben. Eine Bannbulle ist eine päpstliche Urkunde, die eine Lehrverurteilung oder eine Exkommunikation als Bann ausspricht. Papst Leo X. starb am 1. Dezember 1521, seine Nachfolger Hadrian VI. (1522-1523), Clemens VII (1523-1534) … suchten auch nicht den friedlichen Dialog mit Prof. Dr. Martin Luther, geboren am

10.11.1483, er starb am 18. Februar 1546, die Spaltung der katholischen Kirche setzte sich unaufhaltsam fort.

Es sind Schulferien, Zeit für den Urlaub, ein Ferienplatz wurde genehmigt, es geht nach Himmelpfort an der Havel, der erste Urlaub in der DDR. Himmelpfort, ein kleiner Ort, liegt in einer idyllischen wald- und seenreichen Gegend etwa sechs Kilometer von Fürstenberg entfernt, mit der Pferdekutsche fahren wir zum Ferienhaus.

Ferien in Himmelpfort

Unterkunft und Verpflegung sind gut, das Ferienhaus nahe am See. Unseren Urlaub verbringen wir auf der Wiese beim Sonnen, beim Paddeln im Boot, am See und ausgelegter Angel, mit Ausflügen in die Umgebung und nach Fürstenberg, Abendveranstaltungen. Wir sind begeistert. Sehr beeindruckend ist der Besuch der Mahn- und Gedenkstätte Ravensbrück für die Opfer des Konzentrationslagers. Das war das größte Konzentrationslager für Frauen auf deutschem Reichsgebiet, Halina sieht zum ersten Mal eine Gedenkstätte dieser Art, sie braucht lange Zeit, das Gesehene zu verarbeiten.

1967 feiert Zeitz sein 1000-jähriges Jubiläum, viele Veranstaltungen gibt es aus diesem Anlass, den Grundstein für die Stadt legte übrigens die Synode in Ravenna. Hier beschlossen Kaiser und Papst, dass Zeitz zum Bistum wurde. Julius Pflug war übrigens der letzte katholische Bischof des Bistums Naumburg-Zeitz und beriet Kaiser und Papst. Als Ratgeber und Diplomat war er maßgeblich an den Entwicklungen der Zeit beteiligt und setzte sich während der Reformation für die Einheit der Kirchen ein.
Die Bauarbeiten in unserem Wohnkomplex Zeitz-Ost schreiten voran, auch das neue Heizhaus an der Geußnitzer Straße, in meinem Verantwortungsbereich, macht gute Fortschritte.
Während der Veranstaltung im VEB Wohnungsbaukombinat in Karl-Marx-Stadt zum 19. Jahrestag der Gründung der Deutschen Demokratischen Republik werde ich ausgezeichnet mit Aktivistendiplom, Orden und Geldprämie, ich freue mich, im Baukombinat und in der DDR gut angekommen zu sein.

Helene ergattert im Reisebüro eine Urlaubsreise nach Grusinien/UdSSR, auch Georgien genannt, ein eurasischer Staat an der Grenze zwischen Europa und Asien in Transkaukasien. Wie schön, die liebe Schwiegermutter ist da, wir können ver-

reisen, Halina ist versorgt, März 1968.
Mit der Eisenbahn bis Moskau, ein Erlebnis, weiter mit einer TU-104 nach Tbilissi, auch Tiflis genannt, übernachten im Jugendtouristikhotel. In Tbilissi, der Hauptstadt Grusiniens, sind die Bauwerke vorwiegend in der Architektur der 50er, wir besuchen die Altstadt mit engen, gewundenen Kopfsteinpflasterstraßen, sehen die Monumentalstatue Mutter Grusiniens, Kirchen und die Kathedrale, alte aber sehr gepflegte Bauwerke. In Tbilissi lebt der Geist von Josef Stalin, da und dort eine Büste von ihm, die Dolmetscherin sagt, in Grusinien sind diese Statuen in der Vielfalt nicht zu übersehen.
Unsere Reisegruppe fährt weiter nach Bakuriani, ein Gebirgs-Ferienort, schneebedeckte Berge hinter unserer Herberge, viele Touristen, Skifahrer rasen die Hänge herunter, Skiausrüstung kann kostenlos geliehen werden, davon machen wir Gebrauch. Wir erproben unsere Fahrkünste, ein netter Grusiner ist hilfsbereit, zeigt unseren Leuten die Technik des Skifahrens. Wir sind eine fröhliche Truppe, im Spaß sagt ein Einheimischer: „Verkaufe mir deine Frau." Ich sage spontan: „Einverstanden für einen Liter Wodka." Am Abend bei Tisch kommt der gute Mann mit zwei Liter-Flaschen Wodka, alle lachen. Der sonnige März in dieser Region ist hervorragend, wir sitzen im Schnee, der Körper ist Sonnenstrahlen ausgesetzt, ach, es ist schön unter der Sonne Kaukasiens zu liegen.

Unter der Sonne Kaukasiens

In der Kurstadt Borjomi

Wir fahren nach Borjomi, einem bekannten Kurort in der UdSSR, etwa 30 Kilometer von Bakuriani entfernt. Das Zentrum der Stadt im Stil der 50er ist bekannt für seine Mineralwasserindustrie, Borjomi-Mineralwasser ist in allen Sowjetrepubliken ein begehrtes Gesundheitswasser. Wir genießen im Freien, aber auch in Kurhäusern das Mineralwasser mit verborgenen Heilkräften der Mineralquellen. In Borjomi gibt es Bauwerke aus Vorrevolutionszeiten, die einst auch von den Romanows bewohnt wurden.
Wir fahren weiter nach Gori, die Stadt mit ca. 35 000 Einwohnern, so der Reiseführer, liegt nordwestlich von Tbilissi. Im Jahr 1818 wurde in Gori die erste theologische Hochschule Grusiniens gegründet, ein Josef Wissarionowitsch Dschugaschwili, bekannt als Stalin, hat sich zum Priesterstudium eingeschrieben, das Studium nicht beendet. Im Jahr 1920 wurde die Stadt durch ein starkes Erdbeben zerstört. Das Rathaus wurde von deutschen Kriegsgefangenen des Zweiten Weltkriegs erbaut und wird wegen seiner Kuppel im Volksmund auch Reichstag genannt, die Reiseführerin schmunzelt. Vor dem Rathaus steht ein 15 bis 18 Meter hohes Stalin-Denkmal, Gori ist die Geburtsstadt von Josef Stalin, sowjetischer Politiker und gnadenloser Diktator, in der er bis 1883 lebte (geboren: 18. Dezember 1878, gestorben: 5. März 1953 in Moskau).

Im Museum Stalins

Wohnhaus elterliche Küche

Wir sind wieder glücklich in Zeitz angekommen und gehen unseren Aufgaben nach, meine Helene übernimmt immer mehr Aufgaben in der Kaufhalle, das Heizhaus ist Schwerpunkt meiner Aufgabe, der Winter kommt und es werden immer mehr bezugsfähige Wohnblöcke. Wir sind ein gutes Bauleitungsteam, Wolfgang Thonig, Achim Jäger, Erich Buchwald und, und, und. Wir sind gut eingespielt, keine Besserwisserei, es macht mir Spaß, Teil dieses Kollektivs zu sein.

Der angekündigte Besuch, mein ehemaliger Chef und Freund Edmund Wozniak und seine Frau Eva, ist da, wir freuen uns, die Begrüßung folgt nach alter Tradition mit einem Gläschen Wodka, es ist Sonntag, der 19.6.1968. Wir machen einen ausgedehnten Baustellenrundgang, besuchen die Innenstadt, Michaeliskirche, das Rathaus, den Schwanenteich.

Am Schwanenteich

Dienstag, der 21.6.1968. Edmund begleitet mich zur Kombinatsleitung nach Karl-Marx-Stadt, dort stelle ich meinen ehemaligen Chef vor, beide Seiten erwähnen mich lobend, leider muss ich auf beiden Seiten dolmetschen, was mich in Verlegenheit bringt.
Am Mittwoch, 22.6.1968, besuchen wir Halle-Neustadt, ein neuer Stadtteil im Bau. 16:50 Uhr, es klingelt an der Wohnungstür ein Postbote, überreicht Helene ein Telegramm, sie weint. „Am 20.6.1968 ist Josel im Bergbau unter Tage tödlich verunglückt, die Beerdigung findet am Sonnabend, den 25.6.1968 um 9:00 Uhr statt.“ Plötzlich ist die Welt anders, ich renne zur Volkspolizei, um ein Ausreise-Visum zu bekommen, der diensthabende Volkspolizist telefoniert zur Sachbearbeiterin nach Hause, die nette Dame stellt für uns Reisedokumente aus, unsere Gäste können nicht glauben, dass es geklappt hat.
Am nächsten Tag reisen wir gemeinsam nach Polen, unsere Angehörigen, besonders meine Schwester, freuen sich trotz des traurigen Anlasses, dass wir da sind. Es sind traurige Tage, Dorota tut uns leid, wir stehen ihr bei.

Trauerzug v. links Günter, Dorota, Werner,
v. hinten Helene, Halina

Am nächsten Tag sind wir mit Dorota in der Stadt, besuchen Oma Luzie, die sich riesig freut, verspricht zu Weihnachten nach Zeitz zu kommen. Wir sind auch bei meinen Eltern, sprechen eine Einladung nach Zeitz aus.

Oma Luzie

Unsere Halina spricht gut polnisch und deutsch, das wird anerkannt, viele Ausgewanderte in die Bundesrepublik, die zu Besuch kommen, können kein Polnisch mehr.

Wir fahren nach Katowice zu Edmund und Eva, dort treffe ich meine ehemaligen Mitarbeiter, Edmund hat das arrangiert.

Wir sind wieder in Zeitz, ich werde informiert, dass unsere Baustelle zum 31.12.1968 eingestellt wird. Baukapazitäten bleiben im Bezirk Karl-Marx-Stadt, die Abwicklung wird mir übertragen, unser Kombinat bietet mir eine Wohnung und Aufgabe ab 1.1.1969 in Karl-Marx-Stadt an. Meine Helene ist davon nicht begeistert, wir entscheiden, in Zeitz zu bleiben.
Bis zum endgültigen Abzug verbleiben noch sechs Monate. Es gibt noch eine Menge zu tun, Lothar Kreher, ein Meister, steht mir zur Seite, Rechnungen von Nachauftragnehmern flattern

mir täglich auf den Tisch. Ich bin oft in Karl-Marx-Stadt, besuche jedes Mal meine Tante und Onkel. Auch Helene hat Stress, ist vollbeschäftigt, übernimmt immer mehr Aufgaben, ist Mutter, am Hals den Haushalt, näht, das Schneidern hat sie bei ihrer Mutter gelernt, ich Nörgler fehle noch zur Vollständigkeit. Zum Feierabend oder Wochenende machen wir lange Spaziergänge in grüner Umgebung, auch im Zentrum der Stadt.

Schon am frühen Morgen ein Aufschrei in westlichen, danach kurz in östlichen Medien, in der Nacht vom 20. auf den 21. August 1968 marschierten Truppen des Warschauer Paktes in die Tschechoslowakei ein. Panzer rollen auf Prager Straßen voller Menschen, die protestieren, Jugendliche werfen sogar Steine und Flaschen auf die Panzer-Besatzung, es gibt Tote und Verletzte, wird berichtet. Tage später beruhigt sich Lage mit Konsequenzen für die Reformer, sie hatten die Wirkung ihrer Reformen auf die Regierungen der sozialistischen Nachbarländer unterschätzt.

Meine Eltern sind zu Besuch da, wir freuen uns, besonders Halina. Mein Vater sieht schlecht aus, abgemagert, er ist 61 Jahre alt, immer mit einem Lächeln, meine Mutter sieht gut aus, trauert noch sehr um ihren Schwiegersohn, beklagt, Dorota sei noch so jung und schon Witwe. Ich beruhige Mutter, Dorota wird bald einen neuen Schwiegersohn präsentieren, den sie auch ins Herz schließen wird wie Josel und meine Helene, im Stillen denke ich, das wäre schön. Mutter hilft nach ihrem Muster im Haushalt, wenn Helene arbeiten geht, ich versuche oft, am Tag bei meinen Eltern zu sein. Mutter vermisst in der Wohnung ein Kreuz oder Heiligenbilder, dann der Vergleich mit Dorota, was sie besser hat. Bald verhält sich Mutter wie in der eigenen Wohnung, Diskussionen sind nicht ausgeschlossen, wir erinnern uns an Diskussionen zwischen Mutter und Dorota. Ein gravierender Unterschied zwischen meiner Schwiegermutter und meiner Mutter: Obwohl das meine Mutter ist, fühle ich mich unwohl, unsicher in ihrem Beisein, ich möchte ihr nicht wehtun, ich liebe meine Mutter, ich muss mich zusammenreißen, nicht zu explodieren, wie es zu Hause war. Helene zögert nicht, kontert sofort kurz, aber sachlich, was Mutter missfällt, verdreht die Augen, drückt ihre Brüste vor und geht eingeschnappt ein paar Schritte, solche Szenen wiederholen sich in

der Besuchszeit. Vater ist ruhig, interessiert sich für meine Tätigkeit, ich zeige den Wohnkomplex, das neue Heizhaus, schildere unsere Anfangszeit in Karl-Marx-Stadt, dann in Zeitz. Vater freut sich, dass wir es geschafft haben, schnell ein neues Leben aufzubauen, spricht lobende Worte.
Wir fahren nach Karl-Marx-Stadt zu Onkel Konrad und Tante Frieda, beide sind überrascht vom plötzlichen Besuch, freuen sich sehr, zwischenzeitlich bin ich dienstlich in der Kombinatsbauleitung, am Abend sind wir wieder in Zeitz. In der Stadt zeigt Helene ihre Arbeitsstelle, wir nähern uns der Michaeliskirche, ich sage beiläufig, das ist eine evangelische Kirche, Mutter will nicht hinein, das sei eine Sünde.

Ich bekomme ein Schreiben, datiert vom 21.11.1968, Kennzeichen V-4/11-ku E 466 vom Ministerrat der Deutschen Demokratischen Republik, Ministerium für Hoch- und Fachschulwesen. „Herr Günter Mosler … teile ich Ihnen mit, dass Sie entsprechend der Verordnung über die Führung der Berufsbezeichnung „Ingenieur" (GBL II S.278) vom 12.4.1962 § 2 berechtigt sind, die Bezeichnung „Ingenieur" zu führen."
Vom Betrieb bekomme ich eine Dringlichkeitsbescheinigung zur Teilnahme in der Fahrschule, es gibt viele Bewerber, Wartezeit eigentlich drei Jahre, der Unterricht ist sehr streng. Nach einem halben Jahr bin ich in Besitz der Fahrerlaubnis, einen PKW bekommen wir voraussichtlich erst in ca. zehn Jahren.

Der Kreisbaudirektor hat Interesse an meiner Person, empfehlt mich dem VEB Baureparaturenbetrieb, dieser baut eine Schule vom Typ Trauzettel im oberen Teil von Zeitz-Ost. Der Rohbau ist in der Endphase, der Fertigstellungstermin 31.8.1969 muss eingehalten werden, Schulanfang ist am 1.9.1969.

Eine Aufgabe, der ich mich ab 1. Februar 1969 stelle, mit einem Gehalt von 1200 DDR-Mark. Es fehlen Betonteile, die vor Ort hergestellt werden, der Ausbau ist schwierig, Nachauftragnehmer und Material für Ausbauarbeiten müssen organisiert werden. Ich bin beim Kreisschulrat, Kreisbaudirektor, der Kreisleitung der SED, beim Stadtrat, beim Rat des Kreises, bitte um Unterstützung, die Antwort immer die gleiche: „Genosse, dafür sind wir nicht zuständig, dein Betrieb muss sich darum kümmern." Wir brauchen dringend Keramik oder Betonrohre für die Außenentwässerung, die Kreisleitung der SED befiehlt, einen Rohrgraben zu schachten, die Rohre werden kommen. Wir schachten, die Rohre kommen nicht, die Grabenwände brechen ein, irgendwann kommen die Rohre doch. Es gibt keine Besuche auf der Baustelle, die Genossen möchten nicht belästigt werden mit Forderungen oder Hilfeleistungen, am Telefon werde ich zur Einhaltung des Fertigstellungstermins gedrängt, ein Teufelskreis.

In der Endphase des Innenausbaus erscheinen die Genossen verschiedener Couleur, brüsten sich mit: Die Partei, unsere SED hat es geschafft, versauen tun es andere.

Der Schulbau in der Endphase

Während der feierlichen Übergabe erfolgt die Namensgebung: Lenin-Oberschule. Verliehen werden Auszeichnungen, ich werde ausgezeichnet mit der Aktivisten-Medaille, dem Verdienstorden in Bronze vom Ministerium für Volksbildung der DDR und Geldprämien.

Der Kreisbaudirektor kommt auf mich zu, bedankt sich für meinen Einsatz an der Schule und fragt, ob ich mir schon mal Gedanken machte, der Sozialistischen Einheitspartei Deutsch-

lands beizutreten. „Wir brauchen solche Genossen wie dich." Das bin ich bereits und zeige mein Dokument, er schaut hinein, sagt erstaunt: „Dein Parteidokument ist vom Zentralkomitee der SED ausgestellt, wie kommt denn das?" Den Kreisbaudirektor verärgere ich ungewollt Tage später, auf meine Frage, welches Bauvorhaben mir jetzt zugewiesen wird, kommt die Antwort: „Vorhaben wie die Schule haben wir nicht, das ist ein VEB Baureparaturen." Ich antworte: „Da werde ich mit dem Handwagen in Zeitz herumfahren und Häuser reparieren."
„Das kommt nicht infrage", kontert er, „das ist auch eine wichtige Aufgabe."

Das Jahr 1968 ist sehr stressig für Helene und mich. Zeit für Entspannung, wir ergattern einen 14-tägigen Urlaubsplatz in Königstein, Oma, meine liebe Schwiegermutter, ist für ein halbes Jahr da, Halina ist gut versorgt. Das Septemberwetter ist ausnahmsweise sehr schön.

In Königstein

Der Wohnungsbau wird fortgesetzt, vom VEB Bau- und Montagekombinat Halle, Oberbauleitung Zeitz, macht mir der Oberbauleiter noch während des Baus der Schule ein Angebot, die Baustelle in Zeitz-Ost zu übernehmen.
Ab 1.10.1969 bin ich als Bauleiter im VEB BMK für den Wohnungsbau in Zeitz-Ost tätig. Es entstehen Wohnblöcke für

die Rote Armee, Häuser in traditioneller Bauweise mit Ziegelsteinen und Dachholzkonstruktion, eine Lehrbaustelle für Azubis in der Franz-Schubert-Straße, auf jeder Baustelle steht mir ein Meister und Lehrmeister zur Seite. Es läuft alles geordnet, seit Baubeginn der Blöcke für die Rote Armee in der Geraer Straße werde ich täglich bedrängt, es fehlen Wohnungen für Offiziere. Jeden Morgen um 8:00 Uhr melde ich mich beim Wirtschaftsoffizier, der verteilt Soldaten zu Arbeiteinsätzen, mir werden einige zum Handschachten für Streifenfundamente und Kabelgräben zugeteilt. Am langen Tisch sitzen Offiziere und Unteroffiziere, hören zu, alle warten auf Zuteilung, trinken Tee, eine Tasse wird mir zugeschoben mit Inhalt, ein neben mir sitzender Offizier sagt leise: „Na zdarowie towarischu, ruska wkusna wodka (zum Wohl Genosse, das ist schmackhafter russische Wodka)."
„Nein, ich bin mit Motorrad, könnte Schwierigkeiten bekommen mit der Volkspolizei."
„Dann gehst du zum Neugebauer (russischsprachiger Volkspolizist, Verbindungsmann zu Kaserne) und sagst, du hast mit uns auf meinen Geburtstag getrunken." Meine Oberbauleitung unterstützt mich im Rahmen der Möglichkeiten mit Baumaschinen und Kraftfahrzeugen, aber es gibt gravierende Schwierigkeiten bei der Lieferung von Betonteilen und Ausbaumaterial, besonders bei ungeplanten Vorhaben wie Wohnblöcken für die Rote Armee.

Meine Lieblingsbeschäftigung am Abend sind die Briefmarken, es gibt schöne Steckalben im Handel, von meiner Schwägerin Heidel bekomme ich jede polnische Ausgabe mehrfach, die ich zum Tausch verwende, Polen hat schöne Motive.
Tante Gertrud Reidelbach hat den Wunsch uns zu besuchen, die Einreisegenehmigung bekommen wir von der Stadt. 14 Tage später holen wir sie mit dem Taxi vom Bahnhof in Wei-

ßenfels ab. Sie ist eine kleine Frau, Ende der Sechziger, sehr aufmerksam, wir freuen uns, uns kennenzulernen. Auf die Frage, wie die Zugfahrt war: „Eigentlich sehr angenehm, wenige Passagiere, ohne Verspätung, auch die Pass- und Zollkontrolle ist ohne Nachfragen freundlich verlaufen." Auf dem Weg nach Zeitz, sagt Tante Gertrud: „Die Bundesstraße verläuft bestimmt in Richtung Halle/Saale." Darauf Halina: „Tante, das ist eine Fernverkehrstraße."
„Ach entschuldige, Halina, ich bin doch in der DDR." Unser Gast erkennt, dass unser Leben in der DDR ausbaufähig ist. „Ihr habt Wohnraum, Arbeit und soziale Sicherheit, das braucht ein junger Mensch." Auf dem Weg zur Meldestelle gehen wir an Läden vorbei, Tante sagt: „Eure Läden sind doch gut versorgt, bei uns in der Bundesrepublik wird gesagt, in der DDR gibt es nichts, die Läden sind leer, da kann ich denen was erzählen." Wir verbringen gemeinsam eine angenehme Woche mit Tante Gertrud in Zeitz, sie verspricht wiederzukommen.

Halina u. Tante Gertrud

Halina, Tante Gertrud, Helene

Wir haben gute und pflichtbewusste Baufacharbeiter, in Brigaden gegliedert, die gute Leistungen vollbringen, wenn Vorlauf vorhanden ist. Am schwierigsten ist das Arbeiten im Winter, der Betrieb muss die Bauarbeiter beschäftigen und das produktiv, es gibt keine Entlassungen in der Winterzeit oder Arbeitslose in der DDR. Winterzeit ist Gammelzeit, Schnee schippen, Wege streuen, damit der Bauarbeiter seine Knochen nicht bricht, wenn er angetrunken ist. Manche Treppenhäuser werden mit einem Heizgebläse beheizt, damit die Putzer beim Arbeiten oder Skat spielen nicht erfrieren. In der Winterperiode gibt es keine Baustellenkontrollen, die lieben Genossen Kontrolleure pflegen ihren Arsch im warmen Büro und erfragen ab und zu telefonisch die erbrachten Monatsleistungen.
In der Nachwinterzeit läuft die Bauproduktion gut, es gibt auch Material- und Transportengpasse, die bei guter Organisation nicht ins Gewicht fallen, das VEB Bau- und Montagekombinat Halle mit seinen Betriebsteilen und Oberbauleitungen hat gute Leitungs- und Fachkräfte und ist sehr gut strukturiert.
Das Jahr 1970 ist sehr abwechslungsreich, im Februar verbrin-

gen wir unseren Winterurlaub in Lückendorf im Zittauer Gebirge.

Im Zittauer Gebirge

Unser Baubetrieb organisiert einen Tagesauflug mit Familien nach Berlin, in der Stadt begegnen wir zufällig der bekannten DDR-Sängerin Chris Doerk mit ihrem Sohn Alexander, wir sehen das Brandenburger Tor, den Tierpark, Unter den Linden, die Friedrichstraße, den Alexanderplatz.

Ausflug nach Berlin

Wir haben einen Garten, dort verbringen wir unsere Freizeit, es macht Spaß zuzusehen, wie alles wächst, die bunten Tulpen, Nelken und Rosen, auch Goldfische sind im Bassin. Meine Schwester Dorota, die junge Witwe, ist da, wir sind glücklich in unserer neuen Heimat Zeitz/DDR. Wir haben schöne Rücklagen, die über ein Auto hinausreichen würden, und das in vier Jahren unseres Daseins.

Helene und Dorota im Garten

Am Schwanenteich in Zeitz

Zur Leipziger Messe treffen wir uns mit Helmut Theiß, ein Briefmarkentauschpartner aus der Bundesrepublik, er arbeitet in der Lederwarenbranche. Sein Vater ist Arzt mit gutem Einkommen, sagt Helmut. Einen ganzen Tag verbringen wir gemeinsam in Leipzig und Umgebung, Völkerschlachtdenkmal, Zoo, Markt und Altes Rathaus, Nikolaikirche ... stehen auf dem Besuchsprogramm. Wir nehmen Platz in einem guten Restaurant, werten den anstrengenden Tag aus. Wir bezahlen die Zeche, Helmut ist sehr zurückhaltend, wir haben ihn kennengelernt als typischen Geizhals, aber seine Charaktereigenschaften interessieren uns nicht, er bleibt mein Briefmarkentauschpartner.

Mit Helmut Theiß in Leipzig

Onkel Konrad und Tante Frieda aus Karl-Marx-Stadt sind zu Besuch bei uns, wir freuen uns, die Wegweiser für unser Dasein in der DDR wiederzusehen. Seit meinem Ausscheiden beim VEB Wohnungsbaukombinat war ich nicht bei ihnen, der Briefkontakt wird aufrechterhalten, so wie mit unseren Angehörigen und Freunden in Polen. Vier Jahre sind vergangen, seitdem beide bei uns zu Weihnachten weilten, die Freiflächengestaltung im Wohnkomplex sieht gepflegt aus, wir sind besser eingerichtet und ortskundiger geworden, das sehen Onkel und Tante. Wir machen ausgedehnte Spaziergänge, ich zeige meine jetzigen Baustellen, beide sind stolz, dass wir uns so schnell und gut eingelebt haben, bedauern, dass wir nicht in Karl-Marx-Stadt wohnen.

Onkel, Tante und wir

Am Schwanteich in Zeitz

Wir machen Urlaub in Mönkebude/Oderhaff, das Wetter ist sehr schön. Wir sind zum ersten Mal zusammen am Wasser, hier der Haff, dort die Ostsee, wir entspannen vom Trubel der letzten Monate. Untergebracht sind wir in einem Zimmer im Bauernhaus, gemietet vom FDGB, speisen in einer Gaststätte, wir haben Kontakt zu Bewohnern des Hauses und verbringen angenehme Abende. Die Bäuerin beklagt die Bodenreform und die Gründungszeit der LPGen, es wurde und wird propagiert, die Gründung erfolgte auf freiwilliger Grundlage. Wir können zuhören, unsere Kenntnisse sind nicht ausreichend zu dieser Thematik, wir lebten in einem anderen Land.

Am Haffstrand

Ich rauche wie ein Schlot, huste und atme wie eine ausrangierte Lokomotive, es pfeift in der Lunge, wenn ich die Treppen in die zweite Etage steige. Ich weiß auch, Rauchen ruiniert die Gesundheit, ist krebsfördernd, mein Vater, mein Urgroßonkel Konrad sind typische Raucherhelden. Das muss sich ändern, ich entscheide, Silvester zum Jahreswechsel 1970 auf 1971 den letzten Stängel zwischen den Lippen zu halten und verkünde, ein Jahr lang zu pausieren.
Silvester 1970, fünf Minuten vor dem Jahreswechsel zünde ich die letzte Zigarette an, meine Ankündigung wird nicht ernst genommen. Es klingelt an der Tür, unser Nachbar Kurt mit seiner Frau Wally Sieler mit Neujahrswünschen treten ein. Kurt bietet mir eine Westzigarette an, meine Antwort: „Nichtraucher."
„Seit wann?"
„Seit 30 Minuten."
„Die werden noch alle", sagt Kurt.
Auf der Baustelle wünschen mir manche Kollegen Durchhaltevermögen, manche lachen, sagen, das sind typische Neujahrsvorsätze, die nicht eingehalten werden. Kollegen provozieren mich, stecken Zigaretten in meinen Schreibtisch, in meine Jackentasche, ich halte durch, tatsächlich ein ganzes Jahr. Zum Jahreswechsel 1971 auf 1972, aus Liebe zu meiner Frau, sie raucht weiter, aber mäßig, stecke ich eine Zigarette in den Mund, nach dem dritten Zug lösche ich das stinkige Zeug und bin bis heute Nichtraucher.

Oma ist wieder da, eine große Hilfe im Haushalt für uns, das Leben verläuft geregelter. Sie betreut Halina, die zehn Jahre alt ist, wenn wir beruflich unseren Aufgaben nachgehen.
Es ist doch gut, dass wir in der DDR sind, Oma kann problemlos hin- und herfahren, in die Bundesrepublik reisen wäre komplizierter.

Meine Baustellen schreiten voran, einige Blöcke befinden sich im Ausbau, ich muss mehrmals am Tag hochsteigen, Treppengänge bis in die vierte Etage, um die Arbeiten in Augenschein zu nehmen. Nicht immer steht mir ein Motorrad oder Moped zur Verfügung, andere Baustellen muss ich auf Beinen aufsuchen, bis zu einem Kilometer mehrmals am Tag hin- und herlaufen, zum Feierabend bin ich ausgelaugt, das Gleiche betrifft meine Helene, die den ganzen Tag auf den Beinen steht und Kunden bedient.

Oma in Zeitz

Am Abend, dank Oma, können wir vor dem Fernseher sitzen oder ich sitze am Tisch mit meinen Briefmarken, beantworte Briefe.
Jedes Mal, wenn ich einen Brief mit Briefmarken zum Versand ins Ausland vorbereite, fühle ich mich als Gesetzesbrecher, ich bewege mich auf Glatteis.

Meine Eltern mit Dorota 1970

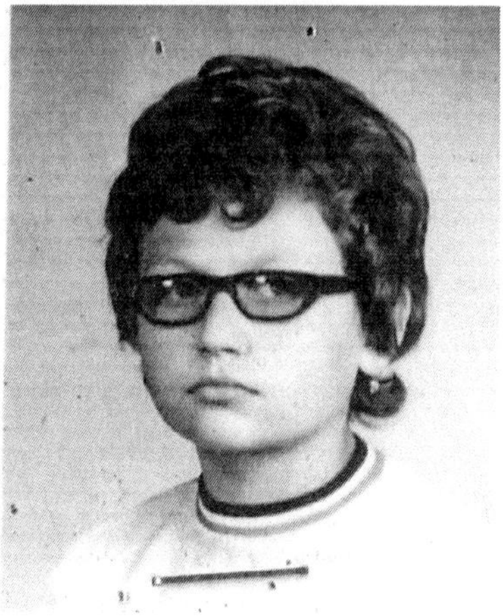

Halina 1970

Die Stadt genehmigt, privat Garagen zu bauen, auf freier Fläche neben unserem Block. Ich wurde gewählt zum Leiter der Garagenbaugemeinschaft, Bewerber müssen für jede Garage

Baugenehmigung und Baumaterial nachweisen und mitbauen. Das Problem ist das Baumaterial, das ist nicht frei käuflich, da fängt der Ärger an. Die einzige Möglichkeit, der Garagenbewerber kauft das erforderliche Material in seinem Betrieb, jeder benötigt eine Rechnung dafür für eventuelle spätere Nachfragen. Wenn diese Bedingungen erfüllt sind, kann mit dem Bau einer Garagenreihe begonnen werden, am Wochenende oder nach Feierabend, unter den Bewerbern sind Baufachkräfte. In meiner Reihe sind Kollegen, die direkt oder indirekt im Baugewerbe arbeiten, diese Kollegen organisieren einen Baukran, Lkw, wir bereinigen meine Baustellen von freiliegenden unbrauchbaren Betonfertigteilen und nutzen diese für die Außenwände.

Garagenbaugemeinschaft, mit hellem Helm Günter

Die beschädigten Betonteile werden ausgemauert, auf eine Ebene gebracht, die Genehmigung für den Betonfertigteilbruch habe ich von meinem Vorgesetzten, ein Glück. An einem Wochenende steht unsere Garagenreihe. Aber es gibt Ärger, die lieben Genossen der Kreisleitung der SED haben uns, besonders mich, im Fokus, die Kritik läuft auf Hochtouren. Das Baumaterial, die eingebauten Betonfertigteile, die Arbeitskraft sollten zur Planerfüllung im sozialistischen Wettbewerb der Volkseigenen Betriebe verwendet werden und nicht für den Garagenbau, abwertend ausgesprochen. Diese kritischen Diskussionen ziehen sich über Wochen, ich muss mehrmals bei den lieben Genossen in der Kreisleitung der SED und beim Kreisbaudirektor antanzen.
Das Richtfest der Garagen feiern wir ausgiebig, wir haben eine Garage, aber noch kein Auto, auf die Frage „Warum ist deine Garage leer?“ antworte ich: „Wir kaufen einen Esel für unsere Tochter.“

1971 werde ich ins Zeitzer Stadtparlament gewählt in die Arbeitsgruppe Bauwesen mit Schwerpunkt Wohnungswirtschaft, eine sehr undankbare Aufgabe, zumal mir ein Wohnbezirk in der Unterstadt mit bedürftiger Reparatur- und Instandsetzung von Wohnungen und Häusern zugewiesen wurde. In Sprechstunden muss ich mir Beschwerden der Menschen anhören, verstehe die Sorgen, klären kann ich nicht viel, die Kapazitäten der Stadt stehen nicht im Verhältnis zum Bedarf, die aufgebrachten Diskutanten muss ich mit Lügen beruhigen, das befriedigt mich absolut nicht, mich graut es vor jeder Sprechstunde.

Ein zweiwöchiger Urlaub in unserer alten Heimat ist fällig, vor fünf Jahren haben wir unser Geburtsnest verlassen. Es ist schön, bekannte Menschen wiederzusehen, wir fühlen uns als Gast, Halina spricht fließend deutsch und polnisch, darauf sind wir stolz. Omas und Opa freuen sich, uns in die Arme zu schließen, Vater hat Tränen in den Augen, ist sehr gebrechlich, Mutter sieht gut aus, obwohl sie ihren Gesundheitszustand beklagt. Am Tag verbringen wir viel Zeit bei Oma Luzie, Abende bei meiner Schwester Dorota, wo wir untergebracht sind. Meine Eltern besuchen wir, aber schon beim zweiten Besuch fangen Kritiken, Belehrungen und Hinweise an, was die Stimmung nicht gerade erfreulich macht, Spannungen zwischen Schwiegermutter und Schwiegertochter sind die Folge. Mutter lädt uns zu einem Ganztagsausflug nach Krakau und in Europas älteste Salzgrube Wieliczka ein, eine schöne Geste. Wir besichtigen den Marktplatz, die Marienkirche in gotischer Pracht, die Tuchhallen in der Architektur der Renaissance, das Wawel-Schloss mit der Kathedrale, in der polnische Monarchen gekrönt wurden. Wir sind in Wieliczka, mit einer Touristengruppe steigen wir Treppenstufen tief in den Schacht in eine fantastische Kunstwelt aus Salz ab, die von Bergleuten in jahrhundertlanger Arbeit geschaffen wurde.

Mutter, Halina (große), Helene

Helene mit Halina

Wir besuchen unsere Freunde Edmund und Eva, hier sind meine ehemaligen Arbeitskollegen, bei Wodka und gutem Happen verbringen wir angenehme Stunden. Wir sind bei meiner Großmutter, mittlerweile 78 Jahre alt, vom Leben schwer gezeichnet, aber sie klagt nicht, sie freut sich über ihre Urenkelin

Halina, beide sprechen deutsch und polnisch. Besorgt beobachte ich meinen Vater mit seinen 64 Lebensjahren, er verliert weiter an Gewicht, hat Atembeschwerden, die Silikose macht ihm zu schaffen. Paul organisiert eine Besichtigung im Kohlebergwerk, wir kleiden uns arbeitsschutzmäßig, im Förderkorb fahren wir 350 Meter tief in den Schacht hinein, ein Erlebnis für Halina und Helene. Wir befinden uns in einem hell beleuchteten Tunnel, Bergleute nennen das Strecke, mit Kohle beladene Loren fahren auf Schmalspurschienen zum Förderkorb, Tunnelwände grau und schwarz, Bergleute beschmutzt von Kohlenstaub arbeiten oder eilen mit einer Lampe die Strecken entlang.

Vater, Günter, Oma, Halina

Halina, Paul, Helene

Mit guten Eindrücken von unserer alten Heimat sind wir wieder in Zeitz, der Alltag hat uns wieder im Griff. Tante Gertrud ist auch in diesem Jahr 1971 da, diesmal ist ihr Ehemann Karl dabei, so ein Westbesuch macht Freude, unser Besuch ist sehr großzügig, das bringt uns in Verlegenheit. „Ach was", sagt Tante, „eure Freude ist unsere Freude."

Tante Gertrud Reidelbach Onkel Karl Reidelbach

Da wir lange auf einen PKW warten müssen, möchten uns Tante und Onkel einen Opel schenken, beide arbeiten in den Opelwerken Rüsselsheim, unsere Gäste würden die Zollgebühren tragen, angeblich 50 DDR-Mark pro Kilogramm, aber so groß die Verlockung ist, nehmen wir das Angebot nicht an. In Zeitz würde es einen Aufschrei geben, ein Opel auf Zeitzer Straßen und das von einem Genossen. Ein Übersiedler aus der Bundesrepublik fährt einen alten Citroën, mit Neid wird auf das Auto geschaut.

Oktober 1971, ich werde zum Kaderleiter der Betriebsleitung bestellt, es wird mir angeboten, ab 1.1.1972 zur Oberbauleitung Gleitbau in Bitterfeld zu wechseln, um mir Gleitbaukenntnisse anzueignen, mit dem Ziel, in Syrien auf Gleitbaubaustellen tätig zu werden, ich soll am Englischlehrgang teilnehmen, ein Angebot, was aufhorchen lässt. Mit meiner Helene diskutieren wir über Vor- und Nachteile. Gute Bezahlung und die Perspektive, im Ausland tätig zu werden, Nachteil: In dieser Zeit werde ich nur am Wochenende ab Freitag zu Hause sein.

Helene im Silvesterrausch

Ich bekomme Formulare zum Ausfüllen mit Fragen zu mir und Helene, Verwandtschaft u. a., die Frage, ob wir Westverwandtschaft 1. oder 2. Grades haben, beantworte ich mit nein, was auch stimmt, Familie Reidelbach sind Freunde, nach Freunden werde ich nicht gefragt. Hier kommen Zweifel auf, ob man mich als Auslandskader bestätigen wird, denn unsere Gäste aus dem Westen haben sich ordnungsgemäß bei der Stadt angemeldet, das könnte ausschlaggebend sein für eine Absage, das wäre auch nicht schlimm. Wochen später kommt ein Genosse auf mich zu, fragt, ob ich Mosler bin und legitimiert sich mit einer runden Blechscheibe an einer Halskette, betont „Staatssicherheitsdienst“, er habe eine Frage. „In Ihrem Fragebogen sind unterschiedliche Bezeichnungen zum Geburtsort angegeben, was ist richtig? Mikultschütz, Klausberg, Mikulczyce oder gibt es noch eine andere Bezeichnung?“ Ich erkläre, woraus die Bezeichnungen resultieren, der gute Mann gibt sich zufrieden. Ich atme tief ein und aus, dachte, die Stasi hat unsere Westbekanntschaft im Visier.

Auf das Angebot lasse ich mich ein, am 2.1.1972 trete ich meine neue Arbeitsstelle als Bauleiter an, habe gute, erfahrene Meister und Facharbeiter an meiner Seite, mit Gleitbau kam ich noch nicht direkt in Berührung. Hydraulische Heber fördern dabei die Schalungsformen ganzer Bauwerksgrundrisse unter ständigem Betonierfortschritt in durchgängiger Gleitbewegung aufwärts. Einer der größten Vorteile ist dabei die monolithische Bauweise. Das komplette Bauwerk entsteht aus einem Guss, ist damit frei von Fugen oder Durchankerungen. Gleitbauverfahren finden Anwendung bei hohen runden, konischen oder eckigen Bauwerken, zum Beispiel Silos jeglicher Art, Schornsteinen, Treppenhäusern. Eine Baustelle dauert zwei bis vier Monate, gearbeitet wird rund um die Uhr beim Betonieren, der Betoniergang darf nicht unterbrochen werden, der Personalaufwand ist sehr niedrig, ein hohes Maß an Wirtschaftlichkeit kann erzielt werden.
März 1972, ich treffe mich mit meinem Briefmarkentausch-

partner Helmut Theiß in Prag, er gibt mir zwei Versandkataloge für meine Helene. Helmut braucht Abwechslung, hat eine ernsthafte Ehekrise, die in einer Scheidung enden wird. Ich verbinde den Ausflug nach Prag mit einem exquisiten Einkauf wie Südfrüchte u. a. für meine Damen zu Hause. Helmut pflegt die Sparsamkeit, seine Kleidung, Zähne spiegeln seinen Charakter wider, er ist freundlich, erzählt vom Lederverarbeitungsbetrieb, wo er im Marketing tätig ist, kein sicherer Arbeitsplatz, wie er sagt, beim Bezahlen im Restaurant bin ich dabei.

Mit Helmut Theiß in Prag

Im Sommer ist meine Schwester Dorota da, eine gute Unterhalterin für meine Helene, die Urlaub hat, wir verbringen unsere Freizeit im Garten.

Links Dorota, rechts Helene

Im Herbst lädt uns Tante Gertrud nach Prag für ein langes Wochenende ein, mit einem großem PKW Opel machen wir weite Ausflüge nach Karlsbad, Pilsen u. a., wir besuchen den Hradschin. Mir gehen die Augen auf, an verschiedenen Stellen sehe ich hochrangige Zeitzer SED-Genossen, auch einen

Schuldirektor stehen, sie diskutieren ohne Zweifel mit Westangehörigen, die Westautos zeugen davon. Tante Gertrud und Onkel Karl sind sehr großzügig, wir übernachten im gemeinsamen Hotel, speisen in 4- bis 5-Sterne-Restaurants, die Auswahl ist überwältigend, wir werden beschenkt, haben Mühe, alles nach Zeitz mitzunehmen.
Wir verabschieden uns, ein Abschied für immer, Tante stirbt 1975, Onkel 1980. Weiteren Kontakt haben wir mit Tantes Schwester Lioba, einer katholischen Nonne.

Helene, Opel, Onkel Karl in Prag

In Prag

Vom FDGB haben wir einen Urlaubsplatz in Lubmin an der Ostsee, die Zeit ist ungünstig, Mitte Oktober, kalt und windig. Halina hat Herbstferien und wir haben es nötig zu entspannen. Wir machen Ausflüge, eine Schiffsfahrt rund um die Insel Rügen, ein stürmisches Wetter. Zum Speiseangebot werden auch Tüten ausgehändigt, Halina fragt, wozu die Tüten sind. Ich antworte: „Bald wirst du sehen wozu." Hoch und runter, wie auf einer Wippe, bewegt sich unser Ausflugsschiff, immer mehr Gäste hängen über der Reling und füttern Fische in der Ostsee, die Toiletten sind überfüllt, Helene und Halina halten sich tapfer, ich fühle mich elend, bin kreideblass und schwöre, nie wieder ein Schiff bei schlechtem Wetter zu betreten.

Urlaub in Lubmin

Meine Gleitbaustelle sind Getreidesilos für die Landwirtschaft in Kleinwanzleben bei Magdeburg, ich verfolge den schrittweisen Aufbau der Gleitbühne, Gleitschienen, Hydraulik, den Betonierungsprozess, die ständige Messlotkontrolle des senkrechten Aufwärtsbaus des Bauwerkes, eine sehr interessante Bauweise. Untergebracht sind wir in einem renovierten ehemaligen Schweinestall, trotz des hohen Renovierungsaufwandes bleibt der Schweinegeruch bestehen. Weitere Baustellen sind Zementsilos in Karsdorf und in Bernburg, ein Kühlwassersilo in den Leunawerken. Zweimal wöchentlich nehme ich am Englischunterricht in Bitterfeld teil, anfangs mit ca. 30 Teilnehmern, Ende des Jahres nur fünf, das Interesse am Lehrgang lässt nach, am Auslandseinsatz ist es wiederum sehr groß. In der Planung werde ich für weitere Gleitbaubaustellen in der DDR berücksichtigt, habe den Eindruck, ich schließe Lücken für Bauleiter, die in Syrien arbeiten, also der Dollar-Kuchen ist bereits vergeben – so nicht. Ich stelle einen Antrag auf Rückführung in meinen Betrieb, nach einigem Zögern wird diesem stattgegeben, ab 1.1.1973 bin ich Produktions-Ingenieur in Zeitz mit Erfahrungen im Gleitbau, eine Aufgabe, die mir Spaß macht.

In den sieben Jahren unseres Daseins in der DDR erarbeiteten wir uns das, was zum zufriedenstellenden Leben einer dreiköpfigen Familie Anfang der 70er Jahre benötigt wird. Wir haben keinen PKW, die Bestellung läuft seit 1966, dafür sind wir gut eingerichtet, gut gekleidet, verbringen unsere Urlaube im In- sowie Ausland, Rücklagen sind auch vorhanden und das alles in diesen wenigen Jahren, obwohl wir bei Null begonnen haben.

Vom Besuch des Personalchefs der Kombinatsleitung Halle bin ich überrascht, mein erster Gedanke, ich bin aufgeflogen, unsere Westkontakte in Formularen fehlen. Es läuft anders. Der Personalchef sagt: „Genosse Mosler, du wirst dringend gebraucht als Kooperant/Berater in der DR Vietnam beim Bau des Stahl- und Walzwerkes ‚Gia Sang', nicht weit von Thai Nguyen in der Provinz Bac Thai. Du musst dich entscheiden."

Mein Auslandsarbeitseinsatz in der DR Vietnam

Am 29.06.1973, pünktlich um 8:45 MEZ startet unsere IL-62 der Interflug in Richtung Moskau, am Abend geht es mit einer TU-104 der Aeroflot nach Peking, zwei Tage später, nach Besuch im Kaiserpalast, am Tiananmen-Platz und einer Stadtrundfahrt landet unsere kleine Waykan der Chinesischen Fluggesellschaft in Hanoi am 3.7.1973. Es ist schwülwarm, dunstig wie im Treibhaus, mein Hemd klebt am Körper, ich sehe Reisfelder unter Wasser, Kokospalmen, Bombentrichter, Teiche mit Lotosblumen, kleine Bambushütten mit Reisstroh gedeckt, zerbombte Wohnhäuser und Industrieobjekte. Mit einem Jeep fahren wir auf schlechten Straßen etwa vier Stunden zur Unterkunft in Thai Nguyen, zwei Backsteinhäuser mit Erd- und Obergeschoss vor uns, mir wird ein Zweibettzimmer zugeteilt, bewohnt von Geckos an Decke und Wänden. Leicht bekleidet eile ich in den Speiseraum, Johannes Rochlitz, unser Chefmonteur und Leiter des Teams, begrüßt uns drei neu Einreisende, stellt die Lage im Wohnkomplex und auf der Baustelle dar. Die Baugruppe mit Gruppenleiter Paul Pagalies ist noch nicht vollständig, Paul korrigiert mein Aufgabengebiet als Berater-Bauleiter an mehreren Teilobjekten, Baustoffprüfer, außerdem soll ich vietnamesische Arbeitskräfte qualifizieren.

Am nächsten Morgen, unterwegs mit Bus zur Baustelle, fahren wir vorbei an Bombentrichtern mit Regenwasser gefüllt, an Kokospalmen und Bananenstauden, wir begegnen vietnamesischen Soldatinnen und Soldaten, Kindern mit ausgestreckter Hand nach Süßigkeiten bettelnd, zwei Vietnamesen mit einer

Bambusstange auf Schultern gestützt, sie tragen eine kranke Person in einer Decke gewickelt zum Krankenhaus nach Thai Nguyen. Mit meinem Dolmetscher Hong, später Nhiep, bin ich täglich an der Betonmischanlage, erstelle Mischrezepturen, kontrolliere Misch- und Einbaugänge beim Straßen- und Abwasserbau. Hier sind Frauen in der Mehrzahl beschäftigt, da Männer wehrpflichtig sind. In der Mittagspause von 12:00 bis 14:00 bzw. 13:00 bis 15:00 Uhr in der Wohnunterkunft: duschen, Mittagessen, lang strecken auf dem harten Bett und warten auf das Signal des Busfahrers zur Abfahrt zur Baustelle.
Eine unerfreuliche Nachricht erreicht mich, mein Urgroßonkel Konrad aus Karl-Marx-Stadt ist verstorben, seinem Lungenkrebsleiden konnte nicht geholfen werden. Ich lese im Brief meiner Helene, bin traurig.
Die Regenzeit von April/Mai bis September/Oktober bestimmt den Tagesablauf, tiefe schwarze Wolken, sehr schwül, warmer Regen wird heftiger, prallt auf lehmige Bodenflächen der Baustelle, Schuhsohlen gleiten und rutschen, völlig durchnässt eilen wir zur ersten Teestube, beobachten machtlos die Naturgewalt, Flächen versinken in Regenwasser.

Auf dem Weg zur Baustelle

Straßenbau

Ich werde zur Fahrt nach Hanoi bestimmt, Postsendungen bei der DDR-Botschaft abzuliefern und eingegangene entgegenzunehmen, mein Dolmetscher Hoang sagt: „In Hanoi werden wir Froschschenkel essen, das smeckt, das smeckt.“ Ich antworte

nicht. Der Kellner serviert Noug Mam, Reis, ein Teller mit vier Stück Schenkel, Hoang spricht mir Mut zu, es riecht gut, ich greife zu, tatsächlich, das zarte, weiche Fleisch schmeckt ausgezeichnet.
Nach sechs Monaten in Vietnam fliege ich in den Urlaub, wir feiern Weihnachten und Silvester, Oma Luzie ist da, eine freudige und erholsame Zeit. Helene kann immer noch nicht wahrhaben, mit mir nach Vietnam zu fliegen, der Zeitpunkt ist günstig, Oma betreut unsere Tochter.
Mein Treppenhausbewohner kommt auf mich zu, sagt: „Die Stasi war bei mir im Büro und fragte, was du über Vietnam unter Freunden erzählst, wie die Bevölkerung zur DDR und anderen sozialistischen Bruderländern steht, wie unsere Solidaritätssendungen in der Bevölkerung ankommen, deine Meinung zum Befreiungskampf im Süden des Landes ..., er wollte auch deine Freunde wissen, sei vorsichtig, Günter."

Der 5. Februar 1974, Berlin und Moskau liegen hinter uns. Wir sitzen in der TU-154 der Aeroflot auf der Flugstrecke Moskau – Peking mit Helmut, Horst mit Frau und zwei lebhaften Jungs, drei und neun Jahre alt. In der Flughafenhalle dominiert der angenehme Jasminduft, wir schauen Geschäfte an, übernachten im Flughafenhotel.

Peking Terminal

Tiananmen-Platz

Am nächsten Morgen besteigen wir den Kleinbus der Botschaft und fahren voll besetzt in Richtung Stadtzentrum, wir halten am Tiananmen-Platz, unsere Begleiterin informiert kurz über die Stadt, das beeindruckende Tor, der Eingang zum Kaiserpalast, das große Porträt Mao Zedongs mit dem Staatswappen der VR China ist nicht zu übersehen. Wir fliegen in Richtung Hanoi, Helene schaut aus dem ovalen Fenster, nach mehreren langweiligen Stunden verlässt unser Flugzeug die Flughöhe. Es ist der 7. Februar 1974, ca. 17:00 Uhr Ortszeit, auf der Gangway die tropische Hitze. Helene und Anneliese werden vom Vertreter der Investbauleitung und drei vietnamesischen Frauen in Regionaltrachten mit Blumensträußen herzlich begrüßt. Eine tolle Überraschung für mich und Horst, mit welcher Herzlichkeit unsere Frauen empfangen werden, ein Beweis der Wertschätzung unserer Kooperationstätigkeit. Wir bewegen uns in Richtung Thai Nguyen auf holpriger Straße, bei Dunkelheit erreichen wir unser Ziel, Kollegen, Ehefrauen, das vietnamesische Bedienungspersonal kommen zur Begrüßung, helfen unser Gepäck auf die Zimmer zu hieven. Es ist nach 22:00 Uhr Ortszeit, Durst stillen wir mit heißem Tee, nach dem Duschen folgt der freie Fall auf die Bettlacken. „Sag mal, was sind das für Viecher auf der Decke?“

„Das sind Geckos, in der Nacht sehr aktiv, fallen oft auf das Moskitonetz, erschrecke nicht, das kann lustig werden“, sage ich meinem Frauchen. „Oh Gott, ist das Bett hart“, klagt Helene, dreht ihren Körper stets von der linken auf die rechte Seite und wieder zurück, dann wird es still. Der Wecker klingelt 6:00 Uhr morgens, meine Helene kann nicht aus dem Bett steigen, der Körper ist steif, Rücken, Beine, Hals schmerzen. „Du gewöhnst dich noch an diesen Luxus“, flüstere ich meiner Helene zu und verabschiede mich, ich fahre zur Baustelle. Helene steht auf dem Balkon, beobachtet den herannahenden Bus und das freudige Kläffen des Kollektivhunds Bobby, winkt mir zu. So kann man leben in Vietnam, die Frau ist da, das Zimmer häuslich eingerichtet, nur duschen, umziehen und in den Speiseraum zum Mittagessen.

Besuch in Pagode

Heute fahren wir nach Hanoi, im Zentrum der Stadt besichtigen wir Geschäfte, eine Pagode, Verkaufsstände auf dem Gehweg, einen Kooperantenladen, der von Ausländern gut besucht wird, Helene kauft einen Tropenhelm, Fingerring, Armreifen aus Elfenbein auch für Halina und vieles andere. In der Markthalle ein Tummeln von Menschen, aufgebrachte Stimmen, im Eingang Nahrungsmittel im Angebot, Helene zuckt mit der Nase, sagt nichts, am Ende der Halle wird der Gestank noch stärker, wir sehen Käfige mit papageiartigen Vögeln, kleine verspielte Rhesusaffen von Händlern laut angeboten, Helene kauft einen.

Helene mit Rhesusäffchen

Das Rhesusäffchen ist nicht verwirrt, schmiegt sich an Helene, bekommt den Namen Vieti und ein Halsband mit langer Leine, Vieti bekommt Bananen, Milch und Wasser, bevorzugt das Ruhen auf dem weißen Bettlaken. Im Bereich der Wohnhäuser riss sich Vieti mehrmals los, sprang in ein Zimmer zum Ärger der Bewohner, richtete Schaden an, lief davon mit Bananen, Handtuch oder Slipper. Vieti bekommt deshalb einen Käfig, bei Dämmerung führt Helene den kleinen „Räuber" in den Käfig, Vieti kreist herum, Sprung auf die Schaukel und Stäbe, rutscht herunter, noch ein Sprung an die Stäbe, umklammert mit vier Pfötchen die Stäbe und blickt lange nach uns, wenn

wir zum Haus gehen.
Unser Chefmonteur Johannes sagt: „Unser vietnamesischer Vertragspartner lädt uns ein, einschließlich Ehefrauen und Kinder, über die Osterfeiertage zum Kurzurlaub in die Halong-Bucht.“ Wir freuen uns, der Kurzurlaub findet vom 11. bis 14. April 1974 statt, der Rückflug in die DDR ist gebucht für den 15. April, Helene kann rechtzeitig zur Vorbereitung und Teilnahme an Halinas Jugendweihe zu Hause sein.

Vor uns liegt eine Strecke von ca. 300 Kilometern bis Halong, in Hai Phong gibt es eine Stadtbesichtigung und dann geht es weiter unserem Ziel entgegen. Unsere Fahrzeugkarawane hält auf einer Anhöhe vor einem mehrstöckigen Bauwerk aus dem 19. Jahrhundert, ein wunderschöner Blick zum Meer. Hier entspannen wir vier Tage und drei Nächte, das Wetter ist ausgezeichnet, die Aussicht von diesem Hügel faszinierend, die untergehende Sonne wie ein Feuerball.
Der lang gestreckte Tisch ist fantasievoll gedeckt, in kurzer, aber herzlicher Ansprache dankt Nguyen van Kiem allen Anwesenden für unseren Einsatz auf der Baustelle „Gia Sang“ und lädt zum Essen ein, unser Johannes dankt für die Einladung.

Fahrt zur Halong-Bucht

Halong-Bucht

Wir essen von jedem etwas, keiner sagt was, Helene flüstert mir zu: „Ich kann nicht mehr, meine Augen möchten noch, mein Magen streikt.“ Wir verlassen den Speisesaal, um die frische Meeresluft zu genießen, der Himmel ist wolkenlos, die Sterne am Firmament scheinen in greifbarer Nähe zu sein, die

Umrisse der Felsen über dem Meeresspiegel sind im Mondlicht deutlich zu erkennen.
Am nächsten Tag folgt eine Bootsfahrt in die Felsen- und Inselwelt, manche sind bewaldet, andere bestehen aus nacktem Gestein, viele sind vom malerischen Sandstrand umringt, einige sogar bewohnt, sagt der Reiseführer. Nach zwei Stunden Bootsfahrt geht ein unvergessliches Erlebnis zu Ende. Wir machen uns am Strand breit, verweilen abwechselnd mit Schwimmen bis zum Sonnenuntergang.
Das Abendessen und Frühstück an den nächsten Tagen mit gleicher Zeremonie wie am Vortag, der Abend ist bezaubernd, der wolkenlose Himmel, die Sterne, der leuchtende Mond, das stille Wasser in der Bucht, die Umrisse der verschiedenartigen Formen der Felsen über dem Meer, die Palmen entlang der Promenade – was kann romantischer sein?
Alles hat ein Ende, auch die Zeit in Halong. Der Abschied von Freunden fällt schwer, wir besteigen einen Jeep, eine mehrstündige Fahrt nach Hanoi beginnt, am nächsten Tag, der 15. April 1974 um 8:00 Uhr startet die Maschine mit meiner Helene in Richtung Berlin.

Mein Vietnameinsatz endet acht Monate später am 18.12. 1974. Ich bin eingeladen zum Ministerrat der DR Vietnam, mir wird gedankt für meinen Einsatz beim Bau des Stahl- und Walzwerkes Gia Sang, eine Urkunde und die Friedensmedaille der DR Vietnam wird mir überreicht.

Der Entsendebetrieb, der VEB SKET-Ingan Berlin als Generalauftragnehmer (GAN) für das Vorhaben in Vietnam, bedankt sich für meinen Einsatz in Vietnam mit einer Urkunde, der Ernst-Thälmann-Medaille und einer Geldprämie.

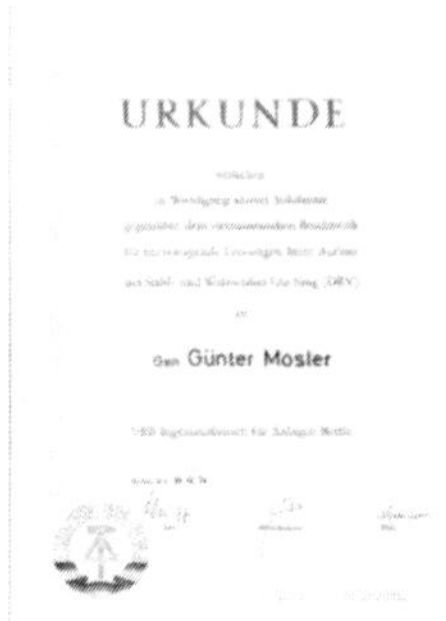

URKUNDE

Gen Günter Mosler

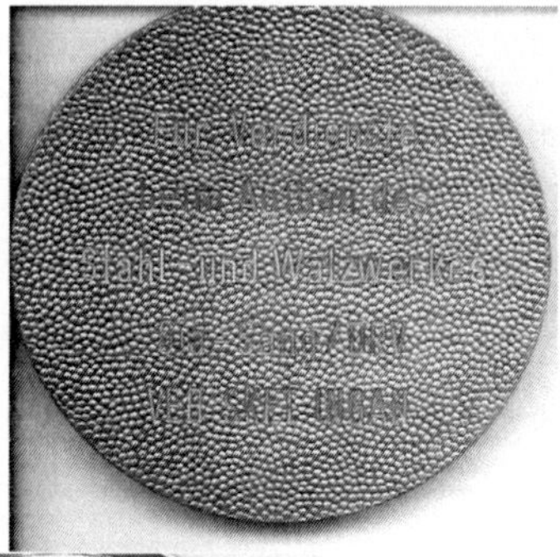

Meine Zeit in Vietnam habe ich ausführlich abgehandelt in meinem Buch: Vietnam 1973-1974; Ein DDR-Auslandskader erzählt; Zwischen Dschungel, Taiga, Savanne, Wüste und Heimat; Engelsdorfer Verlag Leipzig 2013

Endlich wieder daheim

Seit dem 1.2.1975 bin ich zurück beim VEB BMK „Chemie“ in Zeitz als Produktionsingenieur, meine Aufgabe: Einsatz von

Baumaschinen und Kraftfahrzeugen für unsere Baustellen. Eine interessante Aufgabe, ich habe Einblick in den Bauproduktionsablauf auf allen Baustellen.

Der fast zweijährige Arbeitseinsatz in Vietnam bereichert uns, meine Damen stöbern im Genex-Katalog, richten die Wohnung neu ein, wir kaufen einen neuen Farbfernseher, Bekleidung, einen PKW „Wartburg" können wir bald abholen. In der Kaderabteilung der Kombinatsleitung wird mein Vietnameinsatz gewürdigt, einem Journalisten beantworte ich Fragen über Vietnam, den heroischen Kampf der Vietnamesen gegen die Aggressoren im Süden. Der Kaderchef stellt die Frage, ob ich bereit bin für weitere Auslandseinsätze, ich bin einverstanden, aber erst nach einer Akklimatisierungszeit.

Die tägliche Verteilung von Baumaschinen und -geräten an die Bauleiter bringt Konfliktstoff mit sich, der Bedarf kann nicht vollständig gedeckt werden, Maschinen und Geräte fallen aus, Ersatzteile müssen beschafft werden, Reparaturen nehmen Zeit in Anspruch. Hilfe bei der Beschaffung von Ersatzteilen oder anderem ist bei der Betriebsparteileitung, Betriebsgewerkschaftsleitung, Arbeiter- und Bauernkontrolle, beim Kreisbauamt, der Kreisleitung der SED oder Kreisleitung der SED des Bezirks nicht zu erwarten, die Antwort lautet immer: Genosse, wir sind nicht zuständig. Die Verärgerung wird immer stärker.

Am 15.5.1975 fahre ich mit unserem Hauptmechaniker Rudolf Beyer zum VEB Automobilwerk Eisenach, um meinen PKW „Wartburg" abzuholen, ich bin sehr aufgeregt, habe keine Fahrpraxis, Rudi beruhigt mich, bald nehmen wir das Auto in Empfang, ein wunderbares Gefühl. Meine Helene ist nicht zu Hause, sie ist bei einem Diplomaten-Lehrgang für mitreisende Ehefrauen in Berlin, am Freitag hole ich sie vom Bahnhof mit unserem neuen Wartburg ab, eine Überraschung. Die darauffolgenden Tage übe ich fleißig fahren, am Abend und Morgen bei schwachem Straßenverkehr.

Wir sind jetzt ständig unterwegs, besuchen Christel und Horst Krippner in Schmölln, Urgroßtante Frieda in Karl-Marx-Stadt, wir fahren zur Gartenschau nach Erfurt, wir sind stolz auf unseren PKW „Wartburg“, danke, Vietnamarbeitseinsatz. Helene macht auch die Fahrschule, übt mit mir fleißig die Kunst des Fahrens.

Unser Genex-Wartburg

Anfang Juni, an einem Freitag, erkranke ich. Starke Nierenschmerzen treiben mich zur Betriebsärztin, Diagnose: Nierensteine. Sie überweist mich ins Krankenhaus, meldet mich auch dort an. Zu Hause habe ich keine Schmerzen mehr, gehe auch nicht ins Krankenhaus, denke, das war ein Kurzschluss. Am Sonntagnachmittag bekomme ich eine starke Nierenkolik, Schmerzen, die mein Atmen blockieren, ich eile zum Krankenhaus, die diensthabende Ärztin stellt mich zur Rede, ich habe ein Bett blockiert. Auf dem Röntgenbild ist der Stein zu erkennen, ich bekomme warmes Bier zu trinken, muss im Korridor hin und her gehen, von Treppenstufen springen, warm baden. Diese Empfehlungen kann ich nicht erfüllen, meine Aktivitäten wirken störend im Krankenhausbetrieb, der visitierende Arzt entscheidet zur Operation, ich bitte davon Abstand zu nehmen. Der Chefarzt erlaubt, diese Maßnahmen zu Hause durchzuführen, wenn das nicht wirkt, muss operiert werden. Zu Hause wirken die Empfehlungen, schon am Abend beim Wasserlassen kommt unter Schmerzen ein Stein herausgeschossen, ihn in Watte eingewickelt eile ich ins Krankenhaus, der Stein, 8 mm

lang und 4 mm breit, ist leicht gewölbt.
Täglich derselbe Streit um Fahrzeuge und Baumaschinen, nicht jeden Bauleiter kann ich befriedigen, die Kapazitäten decken nicht immer den Bedarf.
Rohrgräben müssen mehrmals maschinell ausgehoben werden, Rohre wurden terminmäßig nicht geliefert, die Weisung lautet ausschachten, Grabenwände brechen ein, der Graben muss erneut ausgehoben werden.

So zufrieden mit meiner Tätigkeit bin ich nicht, oft wird eigene Initiative schon im Keim erstickt. Aber irgendwie muss ich mich dem Strom anpassen, dagegen schwimmen ist gefährlich, schließlich habe ich Familie, wir möchten gut leben, ohne ins Visier genommen zu werden. Die Sehnsucht nach einem neuen Auslandeinsatz wird immer stärker.

Mit unserem Wartburg machen wir Ausflüge nach Sangerhausen, besuchen dort die Rosenausstellung Rosarium, wir sind bei Tante Frieda in Karl-Marx-Stadt und zur Gartenausstellung in Erfurt.

Im Rosarium Sangerhausen

Ich fühle mich stark genug, mit dem Wartburg in unsere alte Heimat Oberschlesien ca. 600 Kilometer zu fahren. Halina hat Ferien, mit unserem Urlaub klappt es auch. Unsere Angehörigen und Freunde freuen sich, es gibt viel zu erzählen, unser Auslandsarbeitseinsatz in Vietnam ist das Hauptthema. „Hier hättest du nicht die Möglichkeit, nach Vietnam delegiert zu werden, auch nicht, so schnell einen begehrten Wartburg zu bekommen", sagen meine ehemaligen Arbeitskollegen.
Oma Luzie ist überglücklich, verspricht, Weihnachten nach Zeitz zu kommen. Wir besuchen meine Eltern, mein Vater baut weiter ab, beklagt Atemschwierigkeiten, Schmerzen im Brustkorb und spricht sehr leise, Mutter beklagt wiederum ihren Gesundheitszustand, sagt, ihr täte alles weh, Einzelheiten nennt sie nicht, sie wirkt munter und ist beweglich. Als Mutter Kenntnis davon nimmt, dass wir mit unserem Auto da sind, wird sie putzmunter und sagt: „Wir fahren einkaufen!" Vater muss sich auch anziehen, er folgt, vielleicht uns zuliebe, wir fahren in einen Lebensmittelladen. Mutter kauft 15 Kilogramm Zucker, 10 Kilogramm Weizenmehl, kiloweise Graupen, Nu-

deln … „Mama, warum kaufst du so viel ein, ihr seid doch zwei Personen?“ Mutter schubst mich zur Seite, sagt: „Ich brauche das.“ Wir fahren mit vollem Kofferraum nach Hause, laden ab, mit Helene und Halina tragen wir die Waren in die Wohnung. „Und morgen kommst du wieder, wir fahren zum Markt“, befiehlt Mutter. Am nächsten Morgen bin ich da, wie Mutter befohlen hat, aber alleine, ich erspare mir Diskussionen zwischen Schwiegertochter und Schwiegermutter. Wir fahren zum Markt, Vater ist auch dabei, Mutter dirigiert am Stand, drückt den Preis beim Händler, zwei Säcke Kartoffeln, ein Sack Kraut, Obst und Gemüse, mein Kofferraum ist voll. In mir kocht es gewaltig, nur ruhig bleiben, sage ich im Selbstgespräch, das ist meine Mutter, anders kenne ich sie nicht.

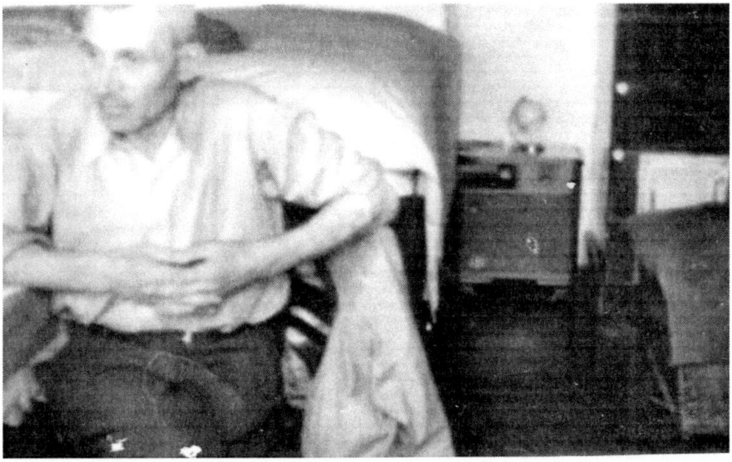

1975, mein Vater sehr krank. Ihn sehe ich zum letzten Mal, er stirbt im März 1977

Wir fahren nach Zakopane etwa 250 Kilometer, genießen die Berge der Tatra, ein schönes Gefühl im eigenen PKW. Wir suchen ein Hotel auf, besuchen bekannte Sehenswürdigkeiten, wir verbringen ein herrliches verlängertes Wochenende.

Mutter und Tochter in Zakopane

Im Herbst 1975 bekommt mein Berufsleben eine neue Perspektive, ein Anruf vom Ministerium für Bauwesen erreicht mich mit der Anfrage zu meiner Bereitschaft zum Arbeitsauslandeinsatz in einem arabischen Land. Ich nehme alles gelassen, ich werde von „oben“ gesteuert, was mich beruhigt, natürlich darf ich mir keinen politischen, beruflichen oder privaten Ausrut-

scher erlauben. So nebenbei erfahre ich, die strenge „Auslandskaderbestätigungsmaschine“ ist im vollen Gange, ich muss Vorsicht walten lassen auf Schritt und Tritt, im Nacken immer meine Briefmarkenkontakte.
Die Unruhen im arabischen Raum werden immer undurchschaubarer. Im Libanon entwickelt sich ein Bürgerkrieg zwischen christlichen Milizen, linken Moslems und Palästinensern, deren Ende nicht abzusehen ist, Syrien hat den Libanon besetzt. Für die DDR heißt es abwarten, die politische Lage in der Nahost-Region beobachten, meine Hoffnung auf einen Auslandseinsatz im arabischen Raum verblasst.
Meine Arbeit als Produktionsingenieur ist monoton, ein Bauleiter sieht Erfolge, ich sehe reparaturbedürftige Baumaschinen, fehlende Lkw und kann den Bedarf auf Baustellen nicht decken, jeden Tag die gleiche unangenehme Diskussion mit Bauleitern, so vergehen Wochen, Monate.

In den Ferien 1976 machen wir eine Rundreise im Riesengebirge, Halinas beste Freundin Petra ist dabei. Wir sind in Polen in Szklarska, Poreba, Karpacz und in der ČSSR in Spindermühle. In einem Dorf machen wir Bekanntschaft mit einer tschechischen Familie, eine schöne, abwechselungsreiche Woche.

Am 8. November 1976 bekomme ich einen Anruf vom Ministerium für Bauwesen mit der Anfrage, ob ich bereit wäre für eine einjährige Aufgabe in Ust Ilimsk. Das klingt nicht nach Arabien, ich bitte um Bedenkzeit, ein Jahr bedeutet, ohne Frau zu reisen. Ich suche und finde. Ust Ilimsk liegt in Sibirien an der Angara, dort wird ein Holzverarbeitungskomplex und eine Stadt gebaut, an diesem Vorhaben sind außer Baubrigaden aller Sowjetrepubliken, auch internationale Baubrigaden sozialistischer Bruderländern beteiligt, Bulgaren, Ungarn …

Am 22. November 1976 bekomme ich einen Reiseauftrag zum Zentralrat der Freien Deutschen Jugend nach Berlin, in der Abteilung Arbeiterjugend vorstellig zu werden. Genosse Rolf Krag, Stellvertreter des Abteilungsleiters, macht mich bekannt mit Jochen Krüger, 27 Jahre, aus Karl-Marx Stadt, und Wolfgang Pilz aus Dresden, 26 Jahre. „Ihr bildet die Leitung der DDR-Jugendbrigade in Ust Ilimsk, die aus 50 Jugendfreunden besteht“, sagt Rolf.
„Günter, als Brigadeleiter verantwortlich für den gesamten fachlichen und organisatorischen Ablauf, Jochen, Stellvertreter des Brigadeleiters, verantwortlich für den Bauablauf, Wolfgang, Stellvertreter des Brigadeleiters, verantwortlich für den sozialpolitischen Bereich wie Unterkunft, Verpflegung, Freizeitgestaltung …“ Der Parteiorganisator gehört zur Brigadeleitung, er kommt aus der Brigade. „Welcher Jugendfreund macht den Parteisekretär bei uns?“, frage ich. „Der Name ist mir entfallen, ich kann dir versichern, das ist ein sehr guter Genosse, fleißig und Fachmann in seinem Beruf“, antwortet Rolf. Ich werde nachdenklich, hervorragender Genosse, fleißig und guter Fachmann, mein Gott, so was ist ein Glücksfall, wenn das stimmt. Wir diskutieren über die anstehende Vorbereitung zum Arbeitseinsatz, Auswahl der Arbeitskräfte, Winterbekleidung, Werkzeuge …
Jochen, Wolfgang und ich verabschieden uns, Rolf erinnert, sich bei unseren Kreisleitungen der FDJ abzumelden und Beiträge im Voraus zu bezahlen. Ich antworte, auf mich trifft das nicht zu, ich war noch nie in einer Jugendorganisation (verschweige Jungvolk und Hitlerjugend), bin 43 Jahre alt, Genosse und kein FDJler. Rolf lässt nicht locker: „Auch während des Studiums warst du nicht in der FDJ?“
„Nein, Rolf, ich bin aus der Volksrepublik Polen in die DDR übergesiedelt, dort war ich Genosse der Polnischen Vereinigten Arbeiterpartei, ohne vorher im Polnischen Sozialistischen Ju-

gendverband gewesen zu sein." Ich höre, wie ein fleißiger Genosse der Abteilung halblaut flüstert: „Polen passt zum Sozialismus so wie die Kuh zum Reiter." Rolf weiter: „Günter, ihr seid eine Jugendbrigade, alle müssen FDJler sein, ohne Ausnahme, das musst du verstehen, geh zur Zeitzer Kreisleitung der FDJ und melde dich als Mitglied an."
Tage später bekomme ich eine Vorladung zum ZK der SED, Abteilung Internationale Verbindungen, rufe Rolf an. „Günter, man will dich kennenlernen, die Genossen werden dir den ausgewählten Parteiorganisator für deine Jugendbrigade vorstellen, du musst im Zentralkomitee pünktlich erscheinen." Mit Passierschein der Meldestelle im ZK besteige ich einen Paternoster, fahre am ersten Obergeschoss an der „allmächtigen Etage" vorbei, schaue neugierig, ob ich Erich Honecker sehen kann. Ein Mitarbeiter der Abteilung begrüßt mich und stellt mir den empfohlenen Parteiorganisator vor. „Johannes ist ein sehr guter Genosse, Zimmermann von Beruf, von seiner Betriebs- und Parteileitung liegt eine gute Beurteilung vor. Bei der ersten Parteiversammlung in Ust Ilimsk mögen die Genossen eurer Jugendbrigade Johannes zur Wahl zum Parteiorganisator vorschlagen und ihn wählen."
Meine bevorstehende Ausreise nach Ust Ilimsk stimmt meine Helene und Halina traurig. Wir kaufen einen weißen Zwergpudel, Buffy, der meine Abwesenheit etwas erheitern soll.

Mein Auslandsarbeitseinsatz in Ust Ilimsk/Sibirien

Wir sind 48 Jugendfreunde, einheitlich gekleidet, Berlin und Moskau liegen weit hinter uns, es ist 14:00 Uhr Ortszeit, der 14.03.1977. Wir sind in Bratsk gelandet, minus 20°C, sowjetische Genossen begrüßen uns, besorgt betrachten sie unsere

„warme“ Bekleidung.

Ankunft in Bratsk

Auf dem Weg nach Ust Ilimsk

Im warmen Bus setzen wir unsere Reise fort, rechts und links der Straße Taiga. Bäume, Sträucher gleiten an uns vorbei, nach drei Stunden Fahrt sind wir im Wohnheim in Ust Ilimsk, wo wir herzlich begrüßt werden. Am nächsten Morgen nach dem Frühstück werden wir sibirisch eingekleidet, die Wohnlagerlei-

tung informiert uns über die Anfänge von Ust Ilimsk und zur Verhaltensweise im Wohnheim.
Am 16.3.1977 um 8:15 Uhr fahren wir zur Baustelle, die Straßenverhältnisse sind nicht die besten, der Busfahrer Alioscha informiert, die Strecke zur Baustelle beträgt 18 Kilometer und dauert etwa 40 bis 45 Minuten, wir überqueren die 800 Meter lange Angarabrücke. Pünktlich 9:00 Uhr halten wir vor der geschlossenen Baustellenunterkunft, niemand wartet. Alioscha sagt: „Podaschditie, prarap budjet … (wartet, der Meister kommt)“, und fährt zurück, es ist kalt, -20°C. Nach 10:00 Uhr erscheint der Bereichsbausleiter Iwan Nikolajewitsch und belehrt in überheblichem Ton: „Ab sofort habt ihr die gleichen Rechte und Pflichten wie unsere sowjetischen Bauarbeiter und Angestellte und werdet auch so entlohnt, technische Zeichnungen sind in meinem Büro, los, an die Arbeit.“ Der Bereichsbauleiter Iwan Nikolajewitsch scheint mir kein sympathischer Typ zu sein, seine überhebliche und herablassende Art missfällt mir sehr, ich muss Ruhe bewahren, beobachten, Argumente und Beweise zurechtlegen. Sollte das Maß voll sein, ergreife ich Gegenmaßnahmen, meine Hand reicht weit.
Auf dem Baufeld läuft es nicht gut, es fehlen komplette Zeichnungen, Material, Vermessungsgeräte, Baumaschinen, Lkw, mit Unterstützung unserer bulgarischen Freunde, die den Maschinen- und Lkw-Park verwalten, können wir uns helfen, in zwölf Monaten sollen wir ein DDR-Denkmal hinterlassen! Prima! Es fängt „gut“ an! Im Speiseraum kommt Stefan Staniew auf mich zu, fragt, wie der Arbeitstag läuft, ich schildere unsere „Aktivitäten“ des Tages. Stefan antwortet: „Günter, hier musst du Geduld aufbringen und das Wort budjet (es wird schon) wird euch zwölf Monate lang verfolgen“, er lacht und geht weiter. Ich platze vor Wut, das ständige „budjet“, die Gleichgültigkeit, die Verantwortungslosigkeit stehen doch im völligen Widerspruch zu dem, was über Sowjets propagiert

wird. Walter Ulbricht sagte einmal: „Liebe Landsleute, von der Sowjetunion lernen, heißt siegen lernen.“ Was lernen?
Leonid Schagin, I. Sekretär des Komsomol, schlägt mir vor, eine Wohnung in der Stadt zu beziehen, dieser Vorschlag entspricht nicht meinen Vorstellungen, als Jugendbrigadeleiter gehöre ich rund um die Uhr zur Brigade. Mir fällt die Rückführung eines ungarischen Brigademitgliedes im Zinksarg in die Heimat ein.
Unsere Jugendfreunde werden eingestuft, ein monatlicher Nettobetrag steht in Aussicht; Baufacharbeiter ca. 200 Rubel; Brigadier ca. 250 Rubel; Meister ca. 300 Rubel; Stellvertreter Brigadeleiter ca. 350 Rubel; Brigadeleiter ca. 400 Rubel. Dieser hohe Betrag in den Händen meiner Jugendfreunde bereitet mir als Brigadeleiter Sorgen, ich beobachte den leichtsinnigen Umgang mancher Jugendfreunde der Bulgaren, Ungarn, Sowjets mit dem schwer verdienten Rubel.
Unser Parteiorganisator wird gewählt, Johannes wurde vom ZK der SED dazu bestimmt, wir müssen nur die Hand heben und uns einreden „die Partei hat immer recht“, außer Jochen, Wolfgang und Erich weiß keiner, wer das sein wird. Vor Beginn der Parteiversammlung flüstere ich einigen Genossen ins Ohr: „Wir wählen Johannes zum Parteiorganisator.“ Begeisterung kommt nicht auf, ich werbe für Johannes, als würde ich ihn schon 100 Jahre kennen, am Ende frage ich, ob es weitere Kandidaten zum Parteiorganisator gibt, es herrscht Stille. Wir kommen zur Abstimmung, alle Genossen heben die Hand, der Parteiorganisator wird einstimmig gewählt.
Unsere Jugendfreunde haben längst Fuß gefasst in Ust Ilimsk, Freundschaften wurden geknüpft, an Wochenenden werden Discoveranstaltungen organisiert, den begehrten Wodka gibt es auch. So mancher Jugendfreund versucht seine schlechte Laune damit aufzubessern, was in meisten Fällen ins Gegenteilige umschlägt.

Sibirische Straße

Ich habe durchgesetzt, dass jeden Sonntag um 10:00 Uhr eine FDJ-Versammlung im Klubraum stattfindet, ausgewertet werden Geschehnisse der vergangenen Woche am Arbeitsplatz und in der Freizeit, wenn nötig, werden auch Ermahnungen und Verweise ausgesprochen.
Auf der Großbaustelle sind Betonmischanlagen so lokalisiert, dass die Entfernung zur Betoneinbaustelle nicht länger als 20 bis 25 Minuten beträgt, in den eingebauten Beton werden Bewehrungsstäbe senkrecht gestellt und mit einem Heiztrafo ver-

bunden.

Wir bekommen neue Kontaktpersonen, das sind: Genosse Fjodor Gawrilowitsch Chodakow, Bauleiter, und Leon, ein Knastologe, 20 Jahre Haft, im Freigang, die Hälfte abgesessen, zuständig für den Maschineneinsatz. Die Erwartungen an Fjodor gehen nicht auf, es kommt zu Meinungsverschiedenheiten zwischen uns beiden, Fjodor fehlt früh, wir benötigen seine Unterschriften, später entschuldigt er sich, er war beim Arzt, seine Alkoholfahne und seine geröteten Augen sagen was anderes.

Aufregung herrscht in der Baudirektion, der Generaldirektor mit seinem Stab aus Bratsk befindet sich in Ust Ilimsk, für uns schlägt die Stunde zum Handeln. Wolfgang meldet ein Gespräch an, um 20:00 Uhr empfängt mich der oberste Natschalnik. Die Tür geht auf, Wolfgang als Dolmetscher und ich als DDR-Brigadeleiter betreten den Raum, an den Wandseiten stehen alle örtlichen Leiter, nicht zu übersehen Spak, Fjodor und andere, die mich stets vertrösten mit „budjet“. Der General kommt auf uns zu, bietet an Platz zu nehmen, fragt fast väterlich, was wir aus dem Herzen haben. Ich sage: „Unsere DDR-Jugendbrigade ‚Ernst Thälmann‘ hat sich gut eingelebt und die Arbeit auf der Baustelle bereitet uns Freude.“ Der General strahlt und sagt: „Eto otschen charascho (sehr gut).“ Schnell füge ich hinzu: „Wir könnten noch viel mehr leisten, wenn wir nicht manchmal stundenlang auf Beton, Baumaterial oder Transport warten müssten, wir haben viel Leerlauf, alles ist zur Genüge da, nur die Organisation müsste besser sein.“ Dann wendet er sich zu den aufgereihten Natschalniks und donnert los: „Vorhin habt ihr mich beinahe auf Knien um zusätzliche Arbeitskräfte angefleht, hier sind junge qualifizierte und vor allem motivierte Arbeitskräfte aus unserem Bruderland DDR nicht ausgelastet, es gibt demnach Reserven, die ich suche und auch hier gefunden habe!“ Es donnert und kracht im Raum, die Gesichter der Anwesenden fallen immer tiefer. Eine kurzes

Atemholen nutzen wir zum Verabschieden, ich höre ihn sein Dankwort „Spasiba“ (danke) mehrmals sagen.
Die noch fehlenden drei Jugendfreunde stoßen dazu, dabei ist auch der lang ersehnte zweite Dolmetscher Hilmar Krüger, 23 Jahre jung, ein sympathischer Kerl, eine Entlastung für unseren Wolfgang.

Am Stadtrand fallen die alten bunten Blockhäuser der Einheimischen besonders auf, hinter hohen Gewächsen ragen grüne, gelbe, orange oder andersfarbige Fassaden hervor, bewohnt von altansässigen Sibiriern.

Die Bauarbeiten gehen gut voran, Jochen, Erich, Uwe, Detlef, Hans-Joachim, Georg und andere sind sehr wachsam und kennen Tricks, wie man an ungeplanten Beton oder anderes Baumaterial herankommt.
Oftmals muss ich die Augen schließen oder wegschauen, um nicht Zeuge zu sein, unlautere Beschaffungsmethoden wahrgenommen zu haben. Meine Jungs sind Prachtkerle!

Betonierter Sandfänger

Sibirisches Blockhaus

Für Erich und mich beginnt am Sonntag, den 17.07.1977 der nächste Höhepunkt in Ust Ilimsk. Unsere Angehörigen reisen an, Gabi, Helene und Halina, wir sind am Flughafen in Bratsk. Halina fragt: „Vati, das ist Sibirien? Hier ist es doch warm wie bei uns im Hochsommer." Stimmt, Juni bis August sind die schönsten Sommermonate in dieser Gegend. Die Strecke Bratsk – Ust Ilimsk ist sehr langweilig, links und rechts der Straße dasselbe Bild, Bäume, Bäume, Birken, Gräser, Blumen, Plakate mit Aufschriften, unter anderem: „Es lebe die sowjetisch-deutsche Freundschaft" sowie viele Gedenkstätten, die an schwere Verkehrsunfälle erinnern, stechen in die Augen.

Halina, Günter, Helene, Gabi, Erich

Sibirien ist Neuland für unsere Damen, Fragen über Fragen müssen Erich und ich beantworten, für sie ist Sibirien der Eisschrank. Zur Zeit herrschen hier hochsommerliche Temperaturen, lange Nächte, grüne Wiesen, duftende Wälder, strahlende Gesichter, kein Hauch von winterlicher Atmosphäre, von der wir so viel geschrieben haben in unseren Briefen. Meine Feierabende nutzen wir zu ausgedehnten Spaziergängen in Ust Ilimsk, wir sind bei Stefan Staniew, Istvan Hanez zu Gast. Sprachbarrieren gibt es nicht, Halina spricht gutes Russisch, Helene und Gabi boxen sich durch.
Freitag, der 12.08.1977, ein interessantes Wochenende. Ein Ausflug zum Baikalsee steht auf dem Programm. Mit guter Stimmung fahren wir zum Flughafen nach Bratsk und fliegen weiter mit einer Jak-40 nach Irkutsk. Im Hotel „Intourist" wer-

den wir untergebracht, es ist Mittagszeit, danach folgt die Stadtbesichtigung.
Sonnabend, der 13. August 1977, 8:00 Uhr, wir fahren in Richtung Baikalsee, die Angara auf der linken Seite, wir sehen Schienen der Transsibirischen Eisenbahn, wir nähern uns dem Ziel, das Südufer des Baikalsees ist zu sehen. Hinter der Ortschaft halten wir sehr nah am Ufer. Wir sind beeindruckt vom Anblick der zauberhaften Natur, den Bergketten um den See, den Wäldern und des ruhigen kristallklaren Wassers des Baikalsees. Es ist Zeit zum Picknick, Helene breitet unseren Trockenproviant aus, wir essen gemütlich mit ständigem Blick zum Baikalsee. Halina ist motiviert, in den See zu gehen und ein Foto zu schießen. Das Wasser ist saukalt, die Füße frieren wie bei einer Kneippkur, Erich trottelt hinterher, macht Bilder. Nach einer Halbstundenfahrt teils zwischen hohen Bergen nähern wir uns dem Marmorsteinbruch. Wir nutzen die freie Zeit zum Schlendern zwischen den glitzernden Steinbrocken, die Augustsonne gibt dem Gestein eine besonders helle Note, wir machen Fotos. Um 16:00 Uhr ist der Abflug nach Bratsk und weiter geht es mit dem Bus nach Ust Ilimsk zurück.

Helene, Günter und Halina im Baikalsee

Im Marmorsteinbruch

Eine unerfreuliche Nachricht erreicht uns, Jerzy, der Sohn von Adelheid und Paul, ist am 25.8.1977 nach langer Krankheit im Alter von 17 Jahren gestorben, er war so alt wie unsere Halina.

In meiner Dienstpost liegt ein Auftrag für mich, am 05. Sep-

tember vormittags im Zentralrat der FDJ in Berlin zu erscheinen zwecks Teilnahme an einer Dienstberatung. Das passt ausgezeichnet, ich kann Helene, Halina und Gabi nach Hause begleiten. „Mutti, schau mal zum Fenster!“, ruft Halina. „Das sind doch Schneeflocken, es ist nicht zu glauben, am 25. August Schnee zu sehen“, antwortet Helene. „Das ist schön, sibirische Wintervorboten zu erleben“, meint Halina.
Freitag, 02. September 1977, der Abreisetag unserer Frauen und meine Dienstreise nach Berlin, mit einer TU154 fliegen wir nach Moskau, der Weiterflug nach Berlin ist für Sonntagnacht gebucht. Wir sind auf dem Roten Platz, im Lenin-Mausoleum, im Kreml, schließen uns deutschsprachigen Touristengruppen in der Basilius-Kathedrale an, in Borodino sehen wir das spektakuläre Museum mit Exponaten, Dokumenten von Ereignissen des Vaterländischen Krieges im Jahr 1812 zwischen russischen und Napoleons Truppen. Sonntag, 4. September 1977, wir besteigen eine IL-62 der Interflug nach Berlin.

Montag um 9:00 Uhr melde ich mich im Zentralrat der FDJ, ich berichte über den Stand der Bauarbeiten, die ständige Planerfüllung, die letzte Baustellenbegehung mit hohen Vertretern der Baubetriebsleitung und ihr Lob über unsere Aktivitäten … Zu Wort meldet sich ein eifriger Mitarbeiter mit „guter Empfehlung“ an mich: „Einen sehr guten Rat gebe ich dir Genosse: Von der Sowjetunion lernen heißt siegen lernen! Nach Beendigung eures Einsatzes seid ihr verpflichtet, die gewonnenen Erfahrungen in der Sowjetunion in euren volkseigenen Betrieben anzuwenden.“
„Danke, das werden wir tun.“

Der Monat März 1978, das Ende unseres Daseins in Ust Ilimsk, ist in greifbarer Nähe, der strenge Winter ist da, wir tragen wieder warme Klamotten, Temperaturen am Tage zwischen -

35°C und -45°C sind keine Seltenheit, nachts und in den frühen Morgenstunden noch tiefer, wir haben uns daran gewöhnt und müssen daraus das Beste machen.
Kurz vor Mitternacht klingelt das Telefon, ich bin überrascht. Am anderen Ende meine Helene, sie informiert mich, dass Halina zwei Absagen fürs Studium Völkerkunde bekommen hat, drei Tage später bin ich im Zentralrat der FDJ. Die Uni Halle bietet das Studium Erdkunde, Geografie und Russisch, Internat ist garantiert. Mit diesem Angebot fahre ich nach Zeitz, Halina ist einverstanden und wird für das Studium eingeschrieben.
Unsere Jugendfreunde freuen sich auf die Endausreise, aber Wehmut ist auch dabei. Im Klubraum hängt ein DIN-A4-Blatt mit einem Gedicht an der Wand:

Wenn wir den Günter nicht hätten,
lägen wir schon längst in Ketten.
Denn das eine weiß jetzt jeder,
für unsere kleinen Laster
ist Ust Ilimsk ein heißes Pflaster.

Freitag, der 17.03.1978, der letzte symbolische Arbeitstag. Anwesend ist die gesamte Baubetriebsleitung, sie danken für die geleistete Arbeit und bedauern unsere Abreise.
Sonntag, der 19. März 1978. Um 5:00 Uhr verlassen wir unser Wohnheim und schreiten zum Bus, der uns nach Bratsk zum Flughafen bringen wird. Der Einsatz in Ust Ilimsk Sibirien ist beendet

Ich wurde in der UdSSR mit Urkunde und Geldprämie ausgezeichnet, in der DDR mit dem Banner der Arbeit und einer Geldprämie.

Meine Zeit in Ust Ilimsk/Sibirien habe ich ausführlich abgehandelt in meinem Buch: Sibirien 1977-1978; Ein DDR-Auslandskader erzählt; Zwischen Dschungel, Taiga, Savanne, Wüste und Heimat; Engelsdorfer Verlag Leipzig 2013.

Es ist schön, wieder zu Hause zu sein

Im April 1978 bei schlechtem Wetter fahren wir in die alte Heimat, unsere liebe Buffy ist dabei. Am Grab meines Vaters verweilen wir in tiefem Gedenken, ich bedanke mich für all das, was er für mich, für uns getan hat. Vater war immer da, stand zu mir, unterstützte meine Entscheidungen. Wir legen Blumen nieder, zünden Kerzen an. Danke, Papa. Ein weiterer trauriger Anlass. Wir stehen am Grab von Jerzy, Sohn von Adelheid und Paul, der nach sehr langer Krankheit im Alter von 17 Jahren verstorben ist. Meine Mutter, Schwiegermutter, Adelheid, Paul und nicht zuletzt meine Schwester Dorota trauern, die Stimmung ist sehr bedrückend.
Wir besuchen meinen Freund Edmund, seine Folterverletzungen aus der Nazizeit an der Wirbelsäule und am linken Bein machen ihm immer mehr zu schaffen. Er freut sich über unseren Besuch, es gibt viel zu erzählen über Vietnam und Sibirien.

Mein Ust-Ilimsk-Einsatz wird beim Ministerium für Bauwesen der DDR geehrt, nach einem Kadergespräch liegt meine Bereitschaft zu einem weiteren Arbeitauslandseinsatz vor. Im arabischen Raum, wie Syrien, Irak, besteht die Möglichkeit, zum Einsatz zu kommen, die handelspolitische Abteilung der DDR-Botschaft in Kuwait soll erweitert werden. Aus bekannten Kreisen ist zu hören, im Irak werden Leichtbauhallen vom VEB Leichtbaukombinat Leipzig montiert, Fundamente dafür müssen hergestellt werden, vielleicht hat man mich für diese Aufgabe im Auge. Geduld ist angesagt, ich befasse mich intensiv mit der englischen Sprache.
Seit dem 2. Mai 1978 bin ich als Technologe in der VEB BMK Baubetriebsleitung Leuna, wälze Bauzeichnungen, stelle Baumaterial, Arbeitszeit, Baumaschineneinsatz zusammen, erarbeite Bauablaufpläne, bin auf Baustellen zu Arbeitsberatungen.

Wenn ich in einer Oberbauleitung oder Baustelle erscheine, betrachtet man mich als Exoten, Fragen über Fragen zum Bauen unter extremen Wetterbedingungen, ob in Vietnam oder Sibirien. Meine Dia-Vorträge im Baubetrieb, Oberbauleitung, Schulen, Hausgemeinschaften kommen gut an. In einer Jugendweiheklasse werde ich gefragt: „Wie weit ist der Kommunismus in der Sowjetunion fortgeschritten?“ Weiter werde ich gefragt, ob ich in Moskau Leonid Breschnew begegnet bin, ob ich im Lenin-Mausoleum war und ob dort tatsächlich der Leichnam Lenins oder eine Wachspuppe liegt.

Meine Tätigkeit in der technischen Abteilung füllt mich nicht aus, acht Stunden lang im verqualmten Raum den harten Stuhl drücken, Zeichnungen und Akten wälzen bekommt mir nicht, ich mache zwei bis drei Pausen im Freien und pauke englische Vokabeln und Redewendungen. Helene hat uns drei zum Englischlehrgang in der Kreisvolksschule angemeldet, am Wochenende nehmen wir am Unterricht teil, beim nächsten Auslandeinsatz ist Helene von Anfang an dabei. Ich bewundere meine Kollegen, die täglich im Büro sitzen und das Gleiche tun, ohne Perspektive. In den Pausen wird über Gartenarbeit, Trabis, Wartburgs, Ladas gesprochen oder man diskutiert über das beliebte Thema „Ungerechte Vergabe von FDGB-Urlaubsplätzen in der Betriebsgewerkschaftsleitung“.
Helene ist berechtigt unruhig, wir können nichts Langfristiges planen, weder Urlaub noch eine Wohnungsrenovierung, ein Tapetenwechsel ist längst fällig. Halina hat das Abi gut bestanden, hervorgehoben werden ihre Leistungen in Fremdsprachen, eine gute Basis für die Uni, im September beginnt das erste Studienjahr, das Internat ist gesichert, Halina steht vorm nächsten Lebensabschnitt.
Mein Parteisekretär hält mich an: „Günter, von der Kreisparteileitung wurdest du für den kommenden Kreisparteilehrgang

und anschließend für die Bezirksparteischulung in Ballenstedt nominiert. Für deine verantwortungsvolle Auslandstätigkeit brauchst du theoretische Kenntnisse über Marxismus-Leninismus, damit du standfest in Diskussionen mit Andersdenkenden bist." Ich bedanke mich, nehme es zur Kenntnis. In mir wächst die Spannung. Wenn sich der Auslandseinsatz weiter hinauszieht, verfrachtet mich der liebe Parteisekretär zur Parteischulung. Über zwei Wochen bin ich schon in Leuna, es wird immer langweiliger, die Fahrt hin und zurück, an das Kramen in verstaubten Zeichnungen und Akten kann ich mich nicht gewöhnen.
Am Mittwoch, den 17. Mai, werde ich zum Kaderleiter gerufen und der schießt los: „Ab Montag, den 25. Mai 1978 bis zum 14. Juli 1978 nimmst du an einem Intensiv-Englischsprachlehrgang für Reaktiverer im Schulungszentrum des Ministeriums für auswärtige Angelegenheiten in Brandenburg-Plaue teil. Hier deine Delegierung vom Betriebsdirektor unterschrieben, viel Spaß beim Lernen."

Übrigens ist unsere Buffy fester Bestandteil unserer Familie geworden, ist lebhaft, gepflegt, wird gesund ernährt, jeden Morgen werden Zähne geputzt, von selbst springt Buffy zum Klosettdeckel und zeigt die Zähne zum Putzen. Helene sagt ständig: „Ohne Buffy gehe ich nirgends hin, kümmere dich um eine Mitnahmegenehmigung."

Das Institut für Sprachintensivausbildung in Brandenburg-Plaue/Berlin ist für Sprachintensivlehrgänge Russisch, Englisch, Französisch, Spanisch, bei Bedarf auch andere Sprachen konzipiert. Bis zu fünf Personen bilden eine Gruppe, Heimfahrt alle 14 Tage. Gesprochen wird nur englisch, kritisch ausgewertet werden Laborgespräche, eine harte Zeit, ein harter, aber guter Lehrgang, ich bin sehr zufrieden.

Seit dem 17.6.1978 bin ich wieder im Baubetrieb, studiere Bauzeichnungen, erstelle Bauablaufpläne, besuche Baustellen, Oberbauleitungen und nutze jede Gelegenheit, im Freien mir englische Vokabeln oder Redewendungen mir einzuprägen. Mein Betriebsdirektor ruft mich, schaut mich lächelnd an und sagt: „Hier ein Dienstreiseauftrag, morgen musst du dich beim Ministerium für Bauwesen, Kaderabteilung, melden." Mein Blutdruck und Kreislauf pulsieren immer höher, ein Gedanke löst den anderen ab, ein Einsatz steht bevor. Syrien? Irak? Kuwait? Auch Helene ist sehr gespannt auf das Ergebnis meiner Dienstreise.

Helga, die Mitarbeiterin, führt mich zum Chef der Kaderabteilung, nach pflichtgemäßer Begrüßung kommt er zur Sache: „Genosse, wir brauchen dich dringend in Mosambik, bist du dazu bereit?"
„Für einen weiteren Auslandeinsatz halte ich mich seit März bereit, aber Mosambik war eine portugiesische Kolonie, dort wird Portugiesisch gesprochen."
„Das ist zutreffend", sagt mein Gesprächspartner, „für diesen Einsatz wirst du zum Portugiesisch-Sprachlehrgang delegiert, die Schwarze Pumpe ist der Generalauftragnehmer für das Vorhaben in Mosambik, dort fährst du mit Helga morgen hin, die Genossen werden dich einweisen."
Helga ist schon da, in der Kaderabteilung der Schwarzen Pumpe werden wir freundlich begrüßt, Helga stellt mich als erfahrenen Auslandskader für den Einsatz in Mosambik vor. Mein Gesprächspartner ist sehr freundlich, stellt mir Fragen zu meiner Berufsentwicklung, Partei- und Organisationszugehörigkeit, Familie, schaut von Zeit zu Zeit in einen Aktenhefter, hört dabei meine Antworten. Anschließend frage ich so beiläufig, ohne meine Neugier zu demonstrieren: „Was baut der VEB Gaskombinat ‚Schwarze Pumpe' in Mosambik und welche

Aufgaben habe ich dort zu erfüllen?" Darauf mein Gesprächspartner: „Wir helfen unseren mosambikanischen Freunden bei der Entwicklung des Steinkohlebergbaus, es fehlen Bergbauspezialisten vor Ort, du bist als Leiter für den Wohnungs- und Sozialbau vorgesehen. Ein Portugiese ist dort als Bauabteilungsleiter beschäftigt, nach deiner Ankunft reist er nach Portugal zurück. Für diese Aufgabe musst du einen Portugiesischlehrgang absolvieren, dieser findet in der Zeit vom 27.11.1978 bis zum 19.1.1979 in Oppach im Bezirk Dresden, nahe der tschechoslowakischen Grenze, statt.

Am späten Nachmittag sind alle Kursanten angereist, der Unterricht beginnt am Montagnachmittag und endet am Freitag zur Mittagszeit, unterrichtet wird auch am Nachmittag, es folgt Selbststudium, das Lernregime ist locker, jeder von uns muss Mosambikaner anleiten können, dazu brauchen wir portugiesische Sprachkenntnisse.
Am Wochenende, beim Gassigang mit Buffy, pauke ich laut Vokabeln und Redewendungen, meine gute Buffy erschreckt, kläfft, wenn ich laut portugiesische Sätze ausspreche, das arme Luder versteht doch kein Portugiesisch.

Heute, 15. Februar 1979, ist aus Medienberichten zu erfahren, dass eine Partei- und Staatsdelegation der DDR unter Leitung von Erich Honecker vom 15. bis 24. Februar 1979 mehrere afrikanische Staaten, darunter die VR Mosambik, besucht.
In der „Aktuellen Kamera" flattern Bilder von Maputo über den Schirm, ich verfolge aufmerksam den Besuchsverlauf, aber in offiziellen Dokumenten kommt der Begriff Steinkohle, Moatize oder Tete nicht zum Ausdruck, vielleicht habe ich auch was übersehen oder überhört.

Erich Honecker und Samora Moises Machel

Weitere dunkle Wintertage vergehen, Frost, Schnee, Regen, Matsch begleiten mich zum und vom Busbahnhof. Ich studiere Zeichnungen, Leistungsbeschreibungen, Bewehrungszeichnungen und -listen, prüfe Maßketten, stelle Materiallisten zusammen.
Mein Telefon am Schreibtisch klingelt, am anderen Ende der Leitung die Stimme Helgas vom Ministerium für Bauwesen, ich spüre meine Herzschläge, die Beine kommen ins Wanken, nein, nicht wegen der zarten Stimme Helgas, aber wegen dem, was sie mir sagen wird.
Eine förmliche Begrüßung folgt und anschließend: „Genosse, wir haben einen dringenden Auftrag für dich, eine mehrwöchige Dienstreise nach Angola, melde dich unverzüglich beim Ministerium für Handel und Versorgung der DDR, Abteilung

Gaststätten und Hotelwesen, dort bekommst du weitere Informationen."

Dienstreise in die VR Angola und zur Schwarzen Pumpe

Das eintönige Geräusch der Motoren der IL-62, die gedimmte Beleuchtung versetzen Passagiere in den Schlaf. Nie zuvor habe ich geglaubt, dass mich eine Dienstreise nach Angola führen wird, meine Gedanken sind seit einem halben Jahr in Mosambik. Unsere Delegation, auch Arbeitsgruppe genannt, besteht aus acht Mitgliedern, unter anderen mit: Harri Peters, Delegationsleiter, Renate Petrahn, Dolmetscherin. Von der angolanischen Seite, dem Ministerium für Binnenhandel, wurde an die DDR das Ersuchen herangetragen, sie bei der Organisierung und Realisierung der Inbetriebnahme einschließlich Renovierung einer Reihe von Hotels in Luanda zu unterstützen. Unter vorgehaltener Hand wird gesagt, während des Partei- und Staatsbesuches in Angola wurde diese Bitte an Dr. Günter Mittag, Politbüromitglied, zuständig für Wirtschaft, herangetragen. Mittag gab den Auftrag weiter, den Umfang der Leistungen zu untersuchen. Meine Aufgabe: dem Delegationsleiter bauseitig beratend zur Seite zu stehen und den Umfang der erforderlichen Bauleistungen finanziell und Material zu ermitteln.

Die Stille wird von der Ansage der bevorstehenden Landung in Luanda unterbrochen, Minuten später landen wir auf dem Rollfeld des Flughafens Luanda. Es ist schwülwarm, Erinnerungen an Vietnam werden wach, das Schwitzen und Stöhnen nimmt seinen Lauf. Wir werden vom Genossen Fernando Continho vom Ministerium für Bienenhandel der VR Angola begrüßt, hier bietet sich die Gelegenheit, meine portugiesischen Sprach-

kenntnisse auf den Prüfstand zu stellen. Ich spitze meine Ohren und vergleiche mein Verstehen mit der Übersetzung unserer Dolmetscherin Renate.
Peinlich, peinlich, ich verstehe kaum was, unser Gastgeber spricht stark nasal und sehr schnell.
Im neuesten Hotel „Presidente" an der Palmenallee am Atlantischen Ozean werden wir untergebracht, das von Portugiesen im Jahr 1975 kurz vor der Unabhängigkeit fertiggestellt wurde.

Strandpromenade

Menschenhandel-Museum in Luanda

An den folgenden Tagen suchen wir den Kontakt zum angolanischen Partner, der uns Objekte zur Besichtigung benennen soll, die Genossen sind nicht aufzufinden oder nicht kompetent für Aussagen.
Tage vergehen, wir sind in der Stadt, die Geschäfte sind leer, ein Verkäufer sitzt am Ladentisch, Straßen asphaltiert, wenig Verkehr, Bauten sind renovierungsbedürftig. Wir begegnen schwarzen und weißen Angolanern, wir halten an einer gepflegten katholischen Kirche, am Uferstrand verkaufen Fischhändler Schwertfische, lange silberfarbige Seeaale, der Fischgeruch ist unerträglich.
Die Unterkünfte im Hotel „Presidente" sind gut ausgestattet, aber sehr teuer, wir entscheiden uns zum Hotelwechsel in das Hotel „Panorama", auch mit Blick zum Atlantischen Ozean. Wir wollen sorgsam mit den Dollars umzugehen, am Ende der Dienstreise soll vom Taschengeld was übrig bleiben.

Endlich, am Mittwoch, den 4. April 1979 kommt es zum ersten Gespräch, die angolanische Seite benennt Hotels, Restaurants, Kaufhallen, Produktionsbetriebe für das Gaststättenwesen zur Besichtigung. Wir besichtigen die Objekte, alle Einrichtungen sind bauseitig stark instandsetzungsbedürftig, meine Aufstellung des finanziellen und materialen Bedarfs erscheint im Reisebericht des Delegationsleiters.
Fernando Continho lädt uns ein zur Besichtigung des Sklavenhandel-Museums ein, an den Wänden erschreckende Zeichnungen und Bilder, wie gefesselte schwarze Männer, Frauen mit Kindern auf dem Weg zum Verschiffen getrieben, geprügelt, von hochnäsigen schwarzen und weißen Bewachern exekutiert werden. Im Jahr 1807 wurde zunächst der Sklavenhandel in den englischen Kolonien verboten, im Jahr 1833 verkündete England, 1848 Frankreich die völlige Aufhebung der Sklaverei.

Unser Rückflug kann erst am 16. April 1979 mit der Balkan Airline über Sofia nach Berlin-Schönefeld erfolgen. Unsere Bemühungen, einen Rückflug vor dem 16. April zu bekommen, scheitern. Das hat auch Vorteile, wir bekommen 15 Dollar/Tag für Verpflegung, ein Einkauf mit der Familie im Intershop ist sicher.

Sonntag, der 15. April 1979, der letzte Tag in Luanda. Wir sitzen im Hotelrestaurant, speisen und trinken Bier, schräg gegenüber erkennt Harri Peters einen jugoslawischen Staatsbürger aus einer beruflichen Begegnung in der DDR. Im Laufe des Abends kommt es zwischen beiden zum Gespräch, dabei zeigt sich, auch dieser jugoslawische Staatsbürger leitet in Luanda eine Arbeitsgruppe mit der gleichen Arbeit wie wir, auch in den gleichen Einrichtungen. Unsere Aufgabe haben wir erfüllt und sind auch mit unserem Dollar-Taschengeld sehr zufrieden. Unsere Dienstreise in einem Satz: Außer Spesen nichts gewesen.
Diese Dienstreise habe ich ausführlich abgehandelt im ersten Abschnitt in meinem Buch: Mosambik 1979-1982; Ein DDR-Auslandskader erzählt; Zwischen Dschungel, Taiga, Savanne, Wüste und Heimat; Engelsdorfer Verlag Leipzig 2013.

Von der Dienstreise nach Angola kann ich 120 Dollar auf den Tisch legen, meine Damen machen große Augen, der Dollar-Kurs beträgt 1:4, so viel D-Mark in Forumschecks hatten wir noch nie in der Hand. Auch meine Nachricht über die Buffy-Mitnahme kommt gut an, in der Interflugmaschine kann Buffy mitgeführt werden, so die Chefstewardesse und der Flugkapitän.
Meine freie Zeit nutze ich zum Pauken von portugiesischen Vokabeln und Redewendungen. Helene schließt sich dem an, in Angola konnte ich feststellen, wie mangelhaft meine portu-

giesischen Sprachkenntnisse sind. Wir sind im Besitz eines neuen roten PKW „Wartburg“, den Helene vor zehn Jahren bestellt hat, wir machen Ausflüge am Wochenende, Buffy, unser Schmuckstück, ist immer dabei.

Unser neuer Wartburg

Ende Mai, ein Dienstreiseauftrag zur Schwarzen Pumpe liegt vor zum Vorstellungsgespräch beim Delegationsleiter von Moatize, Dr. Thomas Klemm. Mein Gesprächspartner ist informiert, dass ich im oberschlesischen Bergbaurevier als Bauleiter im Wohnungs-, Sozial- und Industriebau tätig war.
Dr. Klemm bereitet mich auf meine zukünftige Aufgabe vor, Schwerpunkt ist eine Dieselelektroanlage vor Ort zu bauen, mein Gesprächspartner nennt die Steinkohlegruben Chipangas. Weitere Aufgaben sind Übertagebauten für neue Gruben, die Instandhaltung von Wohnungs-, Sozial- und Industriebauobjek-

ten, geplant sind auch weitere Bauinvestitionen. Ich nehme Einblick in die Projektunterlagen der Dieselelektroanlage, jetzt ist es amtlich, unsere Ausreise nach Mosambik steht kurz bevor.
Ab heute, 2. Juli 1979, gehöre ich der Abteilung „M“ des VEB Steinkohlenkokereien August Bebel Zwickau an, bekomme einen Arbeitsvertrag für Mosambik. Meine jetzige Tätigkeit besteht darin, engen Kontakt zu beiden Abteilungen zu pflegen, die Strecke Zeitz – Zwickau – Schwarze Pumpe gehört jetzt zum Alltag, ich halte auch Kontakt zum Stammbetrieb in Leuna.

Heute ist ein schöner Julitag, meine Dienstreise zur „Schwarzen Pumpe“ verbinde ich mit einem Familienausflug hinter die Grenze nach Polen. Halina hat Ferien und Helene einen freien Arbeitstag, um 10:00 Uhr nehme ich einen Termin in der Abteilung „M“ wahr. Um 12:00 Uhr sind wir wieder zusammen, meine Aktentasche mit Zeichnungen der Dieselelektroanlage bewahre ich im Gepäckraum auf. Wir fahren zum Grenzübergang in Wilhelm-Pieck-Stadt Guben, es bietet sich die Gelegenheit, diese Stadt und den Kasernenkomplex in Walowice von außen meiner Halina und Helene zu zeigen, wo ich als braver Soldat von 1954 bis 1956 gedient habe. Die Pass- und Zollkontrolle verläuft zügig, die Stadt ist nicht zu wiederzuerkennen, das war damals eine Geisterstadt. In einer Gaststätte werden wir freundlich bedient, es ist Mittagszeit, nach kurzer Pause fahren wir nach Walowice, ich erkenne den Kasernenkomplex. Den Rückweg wählen wir über den Grenzübergang Bad Muskau, der DDR-Zöllner fordert mich auf, den Gepäckraum zu öffnen, fragt nach der Aktentasche: „Haben Sie eine Genehmigung zum Mitführen technischer Dokumente ins Ausland?“
„Nein“, antworte ich mit großen Augen. Ein zweiter Zöllner

kommt hinzu und die Befragung beginnt: „Wozu führen sie in die VR Polen technische Dokumente mit?“ Ich antworte: „Meine Dienstreise zur Schwarzen Pumpe haben wir mit einem Familienausflug verbunden.“ Beide Zöllner beraten, ich bekomme freie Fahrt.

Seit einem Jahr ist Halina an der Martin-Luther-Universität in Halle, hat eine gute Unterkunft im dortigen Internat, wir haben das Zimmer mit Zustimmung der Internatsleitung zusätzlich möbliert und mit Radio und Fernseher ausgestattet. Die Internatsleitung ist von unserem dreijährigen Auslandeinsatz informiert und wird unsere Tochter betreuen.

Im ersten Studienjahr hat sich Halina gut entwickelt, sich mehrmals in der Woche telefonisch gemeldet, über unseren Arbeitseinsatz in Mosambik haben wir diskutiert. In drei Jahren ist sie mit dem Studium fertig und wir haben unseren Einsatz beendet, Halina hat versprochen, alles zu geben, um erfolgreich zu sein, wir sind zuversichtlich, vertrauen unserer Tochter. Auch unsere Wohnung steht ihr zur Verfügung, sie kann zu jeder Zeit nach Hause kommen, zum Sparkassenbuch und Giro-Konto hat unsere Halina Zugang. Mosambik ist weit, die Luft dort bleihaltig, wenn sich FRELIMO und RENAMO bekämpfen. Sie kann sich zu jeder Zeit um Rat und Hilfe an die Abteilung „M“ in Zwickau wenden, der Baubetrieb in Leuna steht ihr auch bei Bedarf zur Seite.

Der Ausreisetermin steht fest, am Sonnabend, den 11. August 1979 fliegen wir mit der Interflug nach Maputo, übernachten ein Mal in Unterkünften der Botschaft und am nächsten Morgen fliegen wir von Maputo nach Tete.

Mein Auslandsarbeitseinsatz in Moatize/Mosambik

Wir sind in Moatize angekommen, mithilfe der Nachbarn richten wir unseren Bungalow ein, Buffy fühlt sich wohl, wir werden belehrt, kein rohes Wasser zu trinken, mit Wasser und Elektroenergie sparsam umzugehen, beides ist Mangelware, Klimaanlagen möglichst wenig laufen zu lassen.

Mit Dr. Thomas Klemm gehen wir zum vorgesehenen Standort der Dieselelektroanlage 2x 1100 KVA, äußerlich gibt es keine Bedenken, auch nicht in der Bodenfestigkeit. Ich bitte Einblick zu nehmen in die Baugenehmigung der Bergbaubehörde für den Standort der Dieselelektroanlage, die liegt nicht vor. Ich bekomme Weisung zum Schachten, ich bitte um schriftliche Eintragung ins Bautagebuch, die bekomme ich auch nicht, das Bauvorhaben ruht. Der Standort wird untersucht, das Ergebnis: Etwa 60 Meter unter der Oberfläche sind offene (nicht verfüllte) Hohlräume infolge des Altbergbaus. Fünf Baufachkräfte aus der DDR sind da, ein neuer Standort wird bestimmt, wir betonieren Fundamente der Dieselelektroanlage, später Hallenstützen, drei Betonmischer 500, 250 und 150 Liter, angetrieben von Dieselelektroaggregaten, produzieren Beton, nach 24 Stunden ist der Beton von Hand in der Schalung.

Dieselelektroanlage

Hallenstützen

Unser Garten vor dem Bungalow grünt, Hibiskusstauden, Amaryllis, Paprika, Piri Piri, Bananen, Papayas, es macht Spaß,

Gartenarbeit zu verrichten, nach Feierabend spazieren wir mit unserer Buffy. Meine Helene bekommt einen Arbeitsvertrag als Verkaufskraft in unserer Verkaufstelle.

Heute, 13. Oktober 1979, ich fahre im Auftrag von Dr. Klemm und Franz Enzmann und drei Mosambikanern in einer Draisine nach Caldas Xavier, Schäden an einer Brücke begutachten, die von Rhodesiern gesprengt wurde. Vor Ort Militärs, die Brücke ist völlig zerstört, auch eine zweite 16 Kilometer weiter im gleichen Zustand, wir treten den Rückweg an. Unser Lkw, voll beladen mit Soldaten, fährt auf eine Mine, das Resultat sind acht Tote und mehrere verletzte Soldaten. Ein Soldat zieht mich aus dem Wrack, unter Schock und Angst erreiche ich zu Fuß Caldas Xavier, auf einer Bank sitzt Franz Enzmann mit schmerzhaften Verletzungen.

Wochen später bin ich wieder mit unserem Sprengmeister an Brücken, dort sind Soldaten zum Arbeiten, zerstörte Teile werden gesprengt und neue betoniert, Voraussetzungen schaffen für den Brückenbau, so der Auftrag vom Dr. Klemm.

Zerstörte Brücken

Militärs

Briefe sind da, auch von Halina, ihre Post klingt freudig und voller Optimismus, was uns nur teilweise beruhigt. Auf unsere Fragen geht Halina nicht ein, Kontoauszüge kommen nach Mosambik und zeigen Unregelmäßigkeiten.

Chipanga XI, die neue Grube, ein Prestigeobjekt, ist zum Fördern bereit, Egon Krenz ist zur Einweihung da, trägt sich ins Gästebuch ein, ein Rundgang folgt, zu besichtigen sind: Schachteingang mit Gefälle, schräge Stützwände, Förderband, Trichter, Übertagebauten im Bau.

Neue Grube im Bau

Egon Krenz und Dr. Thomas Klemm

Montag, 9. Juli, 1980, wir sind im Urlaub. Halina beichtet: „Mutti und Vati, ich studiere nicht mehr, mir gefällt Pädagogik nicht!“
„Kind, nichts hast du darüber geschrieben! Was machst du jetzt und was hast du vor?“, frage ich besorgt. Darauf Halina: „Ich arbeite in der Uni im administrativen Bereich und werde mich im nächsten Studienjahr mithilfe der Uni um einen Studienplatz für Völkerkunde bemühen, bitte glaubt mir, macht euch keine Sorgen.“ Gemeinsam verbringen wir schöne Zeiten,

shoppen in Intershops, wir sind bei Verwandten und Freunden in der alten Heimat, machen Ausflüge mit unserem Wartburg.

Halina 1980

Buffy

Am Dienstag, 3.9.1980 sind wir wieder in Moatize, wir sind abgekämpft und müssen sofort an die Arbeit. Helene fühlt sich unwohl, hat Husten, Schüttelfrost. Dr. Plasch diagnostiziert eine doppelseitige Lungenentzündung, verabreicht Antibiotika, verordnet Bettruhe, verspricht, am späten Nachmittag noch mal zu kommen.
Beim neuen Delegationsleiter Klaus Hille werden Schwerpunkte für meinen Bereich festgelegt: ein Kulturzentrum bauen, Dieselelektroanlage beenden … Unterstützt werde ich vom neuen Meister Günther Tuchtenhagen. Wir stecken das Vorhaben Kulturzentrum ab, Eckpfähle sind geschlagen, mein Meister Cebola organisiert Arbeitskräfte zum Schachten der Streifenfundamente.

Heute, der 13. Oktober 1980, Jahrestag des Anschlags auf mein Leben bei Caldas Xavier, den Tag wollen wir gebührend feiern, aber es kommt anders. Irgendwie fühle ich mich unwohl,

leichter Schnupfen, Kopfschmerzen begleiten mich, Schmerzen in Gliedmaßen und Nacken werden immer stärker, mag sein, die Hitze, ich bin oft ohne Kopfbedeckung im Freien in der Carpenteria (Zimmerei) der Zugluft. „Na ja, davon stirbt man nicht", denke ich. Es ist Mittagszeit, ich eile nach Hause, Helene erkennt sofort, was in mir steckt: „Günter, du hast Malaria, der Arzt muss her, marsch, ins Bett!"
Ich liege im Bett, verspüre das Ansteigen des Fiebers, der ganze Körper schmerzt, die Mundhöhle ist trocken, die Augenlider sind schwer. Bei geschlossenen Augen sehe ich Lichter vor mir flimmern und wieder Schüttelfrost. Der Arzt ist da, bestätigt sofort Helenes Diagnose, eindeutig Malaria tropica, Dr. Plasch verabreicht Anti-Malariamedikamente und besucht mich mehrmals am Tag.

Helene kommt mit einem Stapel von Briefen, darunter auch Halinas lange ersehnter. Halina schreibt, es geht ihr gut, die Arbeit in der Uni macht ihr Spaß, berichtet vom Besuch Samora Machel, Präsident der VR Mosambik am 19. September 1980 in der DDR, sie habe viel an uns gedacht. Sie hat einen Freund, er heißt Thomas, so unsere Tochter, von Bemühungen um einen Studienplatz oder eine Lehre kein Wort. Mir fällt auf, dass ihre Briefe in Merseburg abgestempelt werden, nicht in Halle oder Zeitz, auch darauf geht Halina nicht ein, das macht uns traurig.
Als Eltern haben wir versagt, wir haben nicht entschieden, dass Helene zu Hause bleibt, unserer Tochter zur Seite steht, Signale gab es genügend. Unsere besorgten Fragen in Briefen wurden nicht beantwortet, keine Aktivitäten zum Studienplatz oder Beruf, der strahlende Optimismus, mir geht es gut, die Unregelmäßigkeiten auf Kontoauszügen, die wir regelmäßig von der Sparkasse bekommen. Hohes Vertrauen haben wir unserer Tochter geschenkt, gaben ihr eine zweite Chance, leider wird

auch die missbraucht.
Helene wird von der Malaria nicht verschont, seit drei Tagen muss sie das Bett hüten, Fieberschübe und Schüttelfrost kommen und gehen, Buffy bewacht das Krankenbett.

Die Dieselelektroanlage 2x 1100 KVA steht zur Inbetriebnahme bereit, in der geschmückten Halle auf der Tribüne steht Gerhard Schürer, Kandidat des Politbüros der SED, mit hohen mosambikanischen Repräsentanten, sie schwingen große Reden, das Volk steht vor der Tribüne, lauscht großen Worten.

Präsidium

Der Rundgang in der Halle

Plötzlich kommt in mir der schreckliche Gedanke auf: „Günter, stellt dir mal vor, der lustige, gut gekleidete Haufen oben auf der Tribüne verschwindet plötzlich 20 Meter tief unter die Erde, weil du auf einem Gelände, das bergbaugefährdet ist, gebaut hast.

Heute, Sonnabend, 18.07.1981, wir treten unseren zweiten Urlaub an. Nach der Landung in Berlin-Schönefeld begrüßen uns Halina und ihr Freund Thomas, die Freude ist groß. Unsere Begeisterung von der Bekanntschaft mit ihrem Freund, Mitte zwanzig, schlank, mit Bart und unpassend gekleidet zu diesem Anlass, hält sich in Grenzen. Ein Sprichwort sagt: Der erste Eindruck bleibt lange, lange haften. Direkte familiäre Themen sprechen wir mit Halina erst am nächsten Tag an. Es sind unzählige Fragen, die uns quälen. Halina bekennt: „Seit vergangenem Jahr wohne ich in Merseburg mit Thomas, seinen Eltern und Bruder zusammen in einem Einfamilienhaus, wir haben ein Zimmer unter dem Dach. Hin und wieder mal komme ich nach Zeitz nach dem Rechten zu schauen. Ich bin immer noch auf der Suche nach einem geeigneten Studienplatz.“ Halina beteuert, studieren zu wollen, noch in diesem Studienjahr, oder einen Beruf zu erlernen. Wir fragen unsere Tochter: „Warum hast du auf unsere Briefe nicht geantwortet? Warum hast du nicht geschrieben, dass du nicht mehr im Internat wohnst? Wo sind die Möbel und der Fernseher? Haben die Eltern vom Thomas nicht gewusst, wo wir sind? Warum haben sie keinen Kontakt zu uns aufgenommen? Wofür hast du von unserem Girokonto so viel Geld ausgegeben?“ Und, und, und … Unsere Tochter gibt keine stichhaltigen Antworten, schweigt vorwiegend oder weint ratlos. Wir sind fassungslos, enttäuscht, aber auch verärgert über Thomas` Eltern, die keinen Kontakt zu uns gesucht haben. Halina ist doch nicht obdachlos, hat eine Wohnung in Zeitz und ein Zimmer im Internat, ihre Eltern sind vorübergehend im Ausland, man holt doch Erkundungen ein, so sehen wir das, oder … Sind unsere Ansichten zu konservativ? Wir machen uns große Sorgen um unsere Tochter, tragen uns ernsthaft mit dem Gedanken, dass Helene nicht mit nach Mosambik reist, zu Hause bei unserer Tochter bleibt.

Ich fühle mich gesundheitlich sehr angeschlagen, habe Fieber, Kopfschmerzen, auch Gleichgewichtstörungen treten auf, die Malaria lässt ein weiteres mal grüßen. Wir haben einen Termin zur Tropennachuntersuchung im Krankenhaus in Halle-Dölau schon für den 23.08.1981 bekommen. Im Warteraum sitzen mehrere Frauen und Männer bestimmt zur Tropenvor- oder Tropennachuntersuchung, wir kennen niemanden. Ich bin an der Reihe, der Arzt, ein schlanker, älterer Herr, befragt mich über meinen Gesundheitszustand, über den Verlauf meiner Malariaerkrankung, verordnete Medikamente. In meiner Krankenakte ist auch mein Unfall vom 13.10.1979 vermerkt, der Arzt stellt mir dazu Fragen. Anschließend werde ich aufgefordert aufzustehen, ich fühle mich sehr unwohl, der Arzt setzt sein Stethoskop an meinen Brustkorb. Plötzlich wird mir schwindelig, ich verliere mein Bewusstsein und gleite in den Händen des Arztes zu Boden. Sofort werde ich auf die Krankenstation gebracht und mir wird Tropenuntauglichkeit bescheinigt. In den folgenden Tagen werden meine Vitalwerte untersucht und völlige Bettruhe angeordnet, am vierten Tag werde ich dem Neurologen, Urologen, Radiologen, HNO- und Augenarzt vorgeführt, drei Tage später werde ich aus dem Krankenhaus entlassen und zur weiteren Behandlung meinem Betriebsarzt übergeben.

Wir sitzen im Wohnzimmer, auch Thomas, Halina wirkt glücklich, zufrieden, macht freudige Bemerkungen, neckt ihren Freund. Wir unterhalten uns über meinen Gesundheitszustand und auch über unser Leben und Arbeiten in Mosambik, über Afrika. Thomas wird nachdenklich, Halina schaut zu ihm und … plötzlich kommt das, was nicht zu erwarten ist: „Herr Mosler, Frau Mosler, ich möchte um die Hand Ihrer Tochter bitten, wir wollen im September heiraten …“ Seine Stimme zittert, aber klingt bestimmt und entschlossen, Halina schaut auf uns wie versteinert. Ich bin verwirrt, suche eine Antwort, ich schaue zu Helene, sie zu mir. Zahlreiche Gedanken flimmern durch unsere Köpfe, Halina hat ein reifes Alter …, im September im nächsten Jahr sind wir aus Mosambik zurück … Vielleicht ändert sich was in der Zeit, in ihren Beziehungen, sie müssen sich doch näher kennenlernen, eine Lehre oder Studium kann unsere Tochter auf andere Gedanken bringen … Ich raffe mich zusammen und antworte: „Grundsätzlich haben wir nichts dagegen, im nächsten Jahr um diese Zeit sind wir zurück und dann …“ Halina fällt mir ins Wort und sagt: „Vati, wir wollen jetzt im September heiraten“, und Thomas ergänzt jetzt selbstsicher: „Meine Mutti ist zu Hause, wartet auf meinen Anruf, sie möchte Bescheid wissen. Sie beginnt sofort mit der Hochzeitsvorbereitung. Meine Eltern wollen euch damit entlas-

ten, sie haben Erfahrungen, vor ein paar Wochen hat meine Schwester geheiratet.“ Meine und Helenes Gedanken decken sich: Wir sind überrollt worden, hinter unserem Rücken wurde längst das Drehbuch geschrieben und die Regie zum Handeln steht bereit … Wir, die Eltern der Braut, dürfen als zahlende Zuschauer dabei sein. Ich frage: „Halina, wie stellst du dir das vor? Du bist die einzige Enkelin, deine Omas, Tanten, Onkels wohnen außerhalb der DDR, so schnell bekommt keiner ein Aus- und Einreisevisum. Warum habt ihr es so eilig? Nehmt euch doch mehr Zeit zum besseren Kennenlernen …“ Halina fällt mir wieder ins Wort und sagt: „Wir wollen jetzt, wenn ihr da seid, heiraten. Wir haben alles vorbereitet, am 26. September 1981 findet die Hochzeit im Standesamt Merseburg statt.“ Auch diesmal decken sich meine und Helenes Gedanken: Wir können es nicht mehr verhindern, die Regie steht fest. Die Klappe ist längst gefallen, sie heiraten auch in unserer Abwesenheit. Uns quälen viele Fragen: Warum beeilen sie sich so mit der Hochzeit? Warum hat unsere Tochter ihr Verhältnis zu Thomas und seiner Familie uns verschwiegen? Verspricht sich Thomas, sechs Jahre älter als Halina, hat bereits kurz in einer Beziehung gelebt, eine gute Partie zu machen? Ich Auslandskader, DM-Mark oder Forumschecks sind vorhanden, Einkäufe im Intershop sind garantiert … Wir haben den Eindruck, er drängt zu dieser Hochzeit. Unsere Einkünfte und den Sparkontostand hat ihm Halina bestimmt mitgeteilt, er ist raffiniert. So nett kommt mir mein Schwiegersohn nicht vor, wir beobachten bei ihm eine starke Aufdringlichkeit, Überheblichkeit, manchmal sogar Arroganz, er ist der Bestimmer.
Helene ist Hobbyschneiderin und möchte unserer Halina persönlich ein tolles Hochzeitkleid nähen. Wir rennen durch Zeitz, Gera, suchen geeigneten Stoff und finden guten sektfarbigen Samt in Leipzig. Der Betriebsarzt hält mich weiter für tropenuntauglich, obwohl ich mich gut fühle, ich bin ausgeruht und

wieder bei Kräften.

Die Hochzeit unserer Tochter findet im Haus ihrer Schwiegereltern in Merseburg statt, wir schenken unserem Schwiegersohn eine gute Armbanduhr aus dem Intershop, vielleicht ist das sogar die erste in seinem Leben. Ein Gefühl des Unwohlseins begleitet uns, so haben wir uns die Hochzeit unserer einzigen Tochter nicht vorgestellt. Fremde Menschen, keine Familienangehörigen sind da, nur unsere guten Nachbarn, die Familie Lothar und Christel Krug mit Tochter Ines, 18 Jahre, und Sohn Jens, 8 Jahre, eine Arbeitskollegin von Helene, Frau Karin Seidel, ist auch da. Auch Krugs und Karin Seidel sind traurig, sie kennen Halina seit dem sechsten Lebensjahr, kennen auch unsere Familienangehörigen, die bei uns in Zeitz schon mehrmals weilten.

Viel Zeit haben wir nicht, dem Glück des jungen Ehepaares zu zuzuschauen, ich bin wieder tropentauglich, der Ausreisetag ist für Sonnabend, den 10.10.1981 festgelegt worden.
Wir sind in Mosambik angekommen, unsere Buffy ist glücklich, im Bungalow auf der Couch zu liegen. Die lange Reise war für uns alle sehr anstrengend. Meine Rückreise hat sich um Wochen verschoben, die Vorhaben Kulturzentrum, Triajem, Brunnenbau, Bungalowbau und vieles andere müssen angeschoben werden. Helene wird dringend in der Verkaufsstelle gebraucht, vom Urlaub ist nichts übrig geblieben, wir sind voll im Moatizer Alltag integriert. Unser Garten ist durstig, Bananenstauden, Piri-Piri-Sträucher, Blumen, alles ist trocken oder verwachsen, Papayabäume tragen nicht, Wasserrinnen müssen neu verlegt werden, viel Arbeit wartet auf mich in nächster Zeit.

Die Regenzeit erleben wir zum dritten Mal, morgens ist es kühl, meine Bauarbeiter frieren, es gibt viele Kranke, die Sterberate ist hoch in dieser Zeit. Im dritten Jahr Moatize gibt es keine Überraschungen mehr, alles gehört zur Normalität, die Menschen mit ihren Sitten und Gebräuchen, Malaria, andere Erkrankungen, die hohe Sterblichkeitsrate, das heiße Klima, die niedrige Arbeitsproduktivität und vieles andere.
Das Kulturzentrum steht im Mittelpunkt, Berlin und Maputo schauen mit Argusaugen auf das Vorhaben, es spricht sich herum, dass zur Eröffnung der Präsident Samora Marchel persönlich kommt, ich muss ständig über den Fortschritt der Bauarbeiten berichten.

Ich stehe vor der Belegschaft

Küchen- und Speisetrakt

Heute, 1. Februar, Post ist da. Helene strahlt, reicht mir einen Brief von Halina und Thomas, ich lese: „Liebe Mutti, lieber Vati, im September werdet ihr Großeltern …“ Ein freudiges Ereignis erwartet uns noch in diesem Jahr.

Wir fahren nach Zobue zur Leprastation, halten bei einer Krankenstation bei Caldas Xavier, Kranke liegen flach, schauen mit großen Augen apathisch zur Decke, der Krankenraum ist weder klimatisiert noch mit Ventilatoren ausgestattet, dafür fehlt Elektroenergie.
Die Tuberkulosekranken husten durchgehend, lang gezogene Auswürfe sind ununterbrochen zu hören, für die hier liegenden Kranken gibt es keine Heilungschance, sagt der Pfleger. Wir überreichen dem Pfleger Decken, Bekleidung, Seife und andere Hygieneartikel und verlassen mit gesenktem Haupt die Krankenstation.
In der Leprastation in Zobue werden wir von katholischen Ordensschwestern in Zivil begrüßt, wir überreichen unsere Mit-

bringsel: Seife, Waschpulver, Cremen, Handtücher, Unterwäsche, Bekleidung, Decken, Verbandmaterial u. v. a., die Oberin bedankt sich. Während des Rundganges auf dem Areal der Leprastation sehen wir Hütten, vor denen verstümmelte Leprakranke ohne Finger, Zehen (mit nekrotischen Finger oder Zehen), Blinde, Menschen mit Geschwülsten im Gesicht sitzen und apathisch vor sich hin schauen. Wir bedanken uns für die Führung und verabschieden uns von allen Ordensschwestern.

Die Sicherheitslage in unserer Provinz Tete, aber auch im Lande hat sich dramatisch zugespitzt. Berichte über Gräueltaten sind im Umlauf. Gemeinschaftsdörfer sind Angriffsziele der Banditen. Wohnhütten, Maismühlen werden in Brand gesteckt, Dorfbewohner bestialisch ermordet, FRELIMO-Angehörige vor Dorfbewohnern hingerichtet.

Tage und Wochen vergehen und wir sind schon wieder reif für einen Urlaub, aber diesmal wird das die Endausreise sein.
Halina schreibt jedes Mal in Superlativen über ihr Leben als frisch vermählte Ehefrau, arbeitet weiter in der Uni, die Arbeit macht ihr Spaß und sie lässt sich zur Handelskauffrau ausbilden.

„Wir bekommen Besuch", sagt Helene. Klaus Hille, unser Delegationsleiter, ist da. Nach kurzem Kuscheln mit Buffy kommt Klaus zur Sache: „Günter und Helene, euer dreijähriger Vertrag endet am 26. Juli, aber die Delegationsleitung würde es sehr begrüßen, wenn ihr euch entscheiden würdet, für ein weiteres Jahr ….“ Helene schüttelt leicht mit dem Kopf, ich weiß, sie möchte am liebsten schon morgen zu Halina nach Hause fliegen.

Heute, 21. Juni 1982, das Kulturzentrum, ein Solidaritäts- Millionengeschenk der DDR an die CARBOMOC wird feierlich übergeben. Samora Machel ist nicht da, seine Ehefrau Graca, Bildungs- und Erziehungsministerin, und Marcelino dos Santos, der Vizepräsident, sind gekommen. DDR-Gäste: Genosse Kurt Seibt, Präsident des DDR- Solidaritätskomitees, Genosse Vogel, DDR-Botschafter und andere. Das Volk steht vor der Tribüne, lauscht den großen Worten. In Abständen kommt Beifall auf, auch mein Cebola schlägt in die Hände und ruft mit geschwächter Stimme: „A luta continua (der Kampf geht weiter), Venceremos (Wir werden siegen), abaixo com banditos“ (nieder mit den Banditen).“ Ich bin glücklich, das Kulturzentrum ist übergeben.

Seibt und dos Santos

Seibt mit Leibarzt

Meine nächsten mosambikanischen Mitarbeiter und Ulli Heintke, mein Nachfolger, folgen meiner Einladung zum Abschiedsessen.

Meine nächsten Mitarbeiter

Cebola und Helene

Montag, der 26. Juli, wir verabschieden uns von Mosambik-Moatize. Ich wurde ausgezeichnet mit einer Urkunde, einem Orden und einer Geldprämie.

URKUNDE

FÜR VORBILDLICHE
SOZIALISTISCHE ARBEIT
VERBUNDEN MIT

WIRD

Günter Mosler

DER EHRENTITEL

AKTIVIST
DER SOZIALISTISCHEN ARBEIT

VERLIEHEN

Meine Zeit in Mosambik habe ich ausführlich abgehandelt in meinem Buch: Mosambik 1979-1982; Ein DDR-Auslandskader erzählt; Zwischen Dschungel, Taiga, Savanne,

Wüste und Heimat; Engelsdorfer Verlag Leipzig 2013.

Wir sind glücklich, wieder zu Hause zu sein

Halina ist im achten Monat schwanger, ihr gesamter Rumpf ist völlig, auch ihr rundliches Gesicht ist voller geworden. Helene wird Oma, ich werde Opa, kaum zu glauben, unaufhaltsam ist der Lauf der Natur.

Helene, Halina, Thomas und Buffy

Halina und Thomas sind glücklich, sie haben eine Dreizimmerwohnung im Neubaugebiet Halle-Neustadt bezogen und freuen sich uns diese vorzuführen.
Der dreijährige Einsatz in Mosambik hat unser Devisenkonto gut gefüllt, ein neuer Wartburg, schon der dritte, über Genex steht in der Garage.

Unser neuer Wartburg

Mit Neid wird auf uns geschaut und so manchen Kommentar müssen wir uns anhören und mit Vorsicht erwidern. Ein Auslandskader wird ständig vom Staatssicherheitsdienst der DDR überwacht. Wir schaffen uns einen japanischen Farbfernseher der Marke „Sony“ und einen Videorekorder der gleichen Marke im Intershop in Leipzig an, möglichst weit von Zeitz, um Neidern aus dem Weg zu gehen. Solche Einkäufe machen riesigen Spaß, Halina und Thomas begleiten uns dabei und so mancher Wunsch wird ihnen erfüllt.

Zur Einweihung der Wohnung beabsichtigen wir, den Kindern 1000 DM zu schenken, aber ihre Blicke richten sich stets zum japanischen Farbfernseher im Wert von 1200 DM. Am Tag der Einweihung sind auch Halinas Schwiegereltern Rolf, auch Bauingenieur in gehobener Stellung, und Gretel da, wir überreichen dem jungen Paar unser Geschenk, die originale Verpackung mit japanischem Farbfernseher der Marke „Sony“ und diverse Mitbringsel aus dem Intershop. Halina ist glücklich, bedankt sich, drückt uns. Thomas bedankt sich auch und macht sich sofort an die Inbetriebnahme des Gerätes, Minuten später sehen wir ein gestochenes Bild auf allen Kanälen von Ost und West. Das Staunen der Gäste ist erst mal groß, aber es erlischt bald, der freundliche Blick erblasst bei Rolf und Thomas, Kommentare dazu sind nicht zu überhören. Thomas bringt es fertig, den leeren Karton mit einem gewaltigen Tritt beiseitezuschieben. Halina ist glücklich und sehr verliebt, bemerkt diesen Vorfall nicht. Helene schaut zu mir, ich zu ihr und unsere Blicke fragen: Ist das Leid oder Neid? Wir sind traurig.

Sonntag, 05. September 1982, wir fahren nach Merseburg, Thomas rief an, Halina wurde mit Wehen ins Krollwitzer Krankenhaus nach Halle gefahren. Im Garten vor dem Einfamilienhaus von Rolf und Gretel, bei herrlichem sonnigem Herbstwetter, warten wir mit Spannung auf die hoffentlich frohe Botschaft aus dem Krankenhaus. Und sie ist da. Eine freundliche Stimme verkündet: „Halina hat einen Sohn zur Welt gebracht, Mutter und Kind sind wohlauf.“ Hurra, wir freuen uns, Gretel und Rolf sind zum zweiten, wir zum ersten Mal Großeltern geworden. Unser Enkel Stefan entwickelt sich prächtig. Die junge Familie wohnt in Halle-Neustadt, steht auf eigenen Füßen.

Thomas verdient sein Geld als Sanitär- und Heizungsinstallateur in einem volkseigenen Betrieb, nach Feierabend und am Wochenende verdient er zusätzlich bei Reparaturarbeiten oder baut total beschädigte Trabis oder andere Autos wieder auf. Halina wiederum bezieht eine monatliche Mütterunterstützung von der Sozialversicherung, sie befindet sich noch im Babyjahr. Beim Kauf einer Couch haben wir nachgeholfen, Halina persönlich eine Nähmaschine sowie eine Schreibmaschine im Intershop gekauft.

Thomas wirkt auf uns extrem abweisend, er lässt deutlich erkennen, seine Schwiegereltern sind ihm nicht willkommen.

Bald müssen wir einsehen, dass Thomas keinen Freundeskreis hat, er mag keine Bekanntschaften. Wir haben den Eindruck, unsere Tochter steht blind hinter ihren Ehemann oder hat Angst vor seinen Wutausbrüchen.

Helene und ich fahren in unsere alte Heimat, auch klarstellen, warum keine Einladung zu Halinas Hochzeit folgte, die Verärgerung ist sehr groß, besonders bei Oma Luzie. Meine Mutter ist 70 Jahre alt geworden, hat eine gute Rente durch unseren Vater, sie ist stabil, dirigiert hart, produziert weiter ihre Kissen und verklopft diese am schwarzen Markt. Ich frage: „Mama, hast du keine Angst, von der Polizei oder vom Ordnungsamt erwischt zu werden?“
„Nein, habe keine Angst, ich bin alt, arm und krank, da brauchen sie mich nicht im Gefängnis“, antwortet Mutter. Wir nehmen Mutter ins Auto und fahren mit ihr in der Gegend herum, besuchen Angehörige und Freunde, zu denen ich weiter engen Kontakt pflege.

Seit dem 7.3.1983 bin ich im Auftrag des Ministeriums für Bauwesen bei LIMEX Berlin zur Einarbeitung als LIMEX (Leistungen im Export)-Vertreter im arabischen Raum. In der Kaderabteilung werde ich registriert, anschließend dem Abteilungsleiter und Parteisekretär vorgestellt, doch beiden ist nicht bekannt, mich für eine Aufgabe in Kuwait vorzubereiten und das war`s. Der Mitarbeiter, dem ich zur Seite stehen soll, ist krank und müsste bald kommen, so der Kadermitarbeiter. Nach etwa drei Tagen nehme ich in eigener Initiative Kontakt zu einem Mitarbeiter auf, der tief in Akten versunken ist und bitte um Beschäftigung. Bald bekomme ich Dienstreisen zum VEB Leichtbaukombinat Leipzig, dem ausführenden Betrieb der Hallen im Irak. Die Arbeitsatmosphäre in diesem Großraumbüro ist kühl, formell, wenig kameradschaftlich. Das passt mir

nicht, meine ersten Überlegungen werden wach, die Kurve von hier zu kratzen.
Im Mai verstoße ich „grob“ fahrlässig gegen das Parteistatut der SED, am 16. Mai 1983 etwa 10:30 Uhr am Leipziger Bahnhof schaue ich zur Informationstafel, meine schwere Aktentasche, in der sich auch mein Parteidokument befindet, stelle ich etwa zwei bis drei Meter von der Tafel entfernt auf einem massiven Abfallbehälter ab, eine Bahnpolizeistreife geht an mir vorbei. Meine Aktentasche ist verschwunden, ich glaube meinen Augen nicht, drehe mich im Kreis, bin sprachlos, Panik erfasst mich. In der Fundstelle händigt mir der Mitarbeiter das Fundstück aus und bemerkt so nebenbei: „Die Bahnpolizei hat die Aktentasche vor ein paar Minuten hierher gebracht, das Parteidokument haben sie behalten.“ Bei der Bahnpolizei werde ich abwertend behandelt: „Das Parteidokument geht auf dem Dienstweg zu ihrer Betriebsparteiorganisation“, sagt der Bahnpolizist. In der Juni-Parteiversammlung steht mein Vergehen auf der Tagesordnung: Verlust des Parteidokuments des Genossen … und sofort wird scharf in meine Richtung geschossen. Ich muss wirklich die Kurve von diesem Haufen kratzen, aber wie, um nicht meinen Status als Auslandskader zu verlieren?

Mitte Juli plagen mich Kopfschmerzen und erhöhte Temperatur. Mein Hausarzt schöpft den Verdacht einer erneuten Malaria und schreibt mich bis zum Monatsende krank.
Meine Helene fährt hin und wieder mal nach Halle-Neustadt zu Halina und zum Enkel, sie haben sich viel zu erzählen, machen gemeinsame Spaziergänge mit dem Kinderwagen. Im Gespräch kommt auch zum Ausdruck, dass Thomas spät nach Hause kommt, er steckt seine Nase überall hinein, macht unnötige Einkäufe, meckert, Halina mache alles schlecht, er möchte alles bestimmen, dreht sich in der Küche und das nervt. Helene

sagt: „Meinungsverschiedenheiten kommen in der besten Ehe vor, wichtig ist, ihr sprecht miteinander und diskutiert eure Probleme sachlich so lange aus, bis ihr unter einen gemeinsamen Nenner kommt, lasse dir keine Meinung aufzwingen oder dich vor vollendete Tatsachen stellen.“ Bei Thomas kommt Überheblichkeit, sogar Arroganz zum Vorschein, ehrlich gesagt, Helene und ich fühlen uns unwohl in seiner Gesellschaft, aber das ist der Ehemann unserer Tochter. Wir brauchen die Nähe unserer Tochter und Enkel, daher verkneifen wir uns manch Kommentar und gehen mit Bedacht jeder Konfrontation mit Thomas aus dem Wege, so fern einer von uns nicht angegriffen wird.

Halina arbeitet jetzt im Centrum-Warenhaus Halle als Verkäuferin, Stefan ist in der Kinderkrippe gut untergebracht. Beide verdienen ihren Unterhalt, sind sozial versichert, haben keine Zukunftsängste, sie haben eine Wohnung im neuen Wohnungsbau und sind erstaunlich gut eingerichtet, sie fahren einen PKW, es scheint, sie sind höchst zufrieden.

Seit dem 1.9.1983 bin ich in der Kombinatsleitung des VEB BMK „Chemie“ in der Abteilung Außenwirtschaft, die sich unter der Leitung von Claus Friedrich im Aufbau befindet. Hinter die Kulissen darf nicht jedermann schauen, alles ist streng vertraulich, wertvolle D-Mark oder Dollar sind nur für eine kleine Gruppe Dienstreisende ins nichtsozialistische Ausland bestimmt, dieser schmackhafte Kuchen ist längst aufgeteilt. Die Genossen von der Firma Guck und Horch sind ja Dauergäste in der Außenwirtschaft und da ist Vorsicht geboten, auch im privaten Leben.

Montag, der 2. Juli 1984, mein Kaderleiter überreicht mir einen dringenden Dienstreiseauftrag zum Ministerium nach Berlin, Helga begleitet mich zum Abteilungsleiter und der kommt sofort zur Sache: „Du wirst dringend in Aden in der VDR Jemen

für kurze Zeit gebraucht, die Ausreise soll in den nächsten Tagen erfolgen. Beim VEB Bauingenieurkombinat (VEB BIK) Dessau erfährst du Details über deine Aufgaben." Auf dem Weg zu Helgas Büro bleiben wir stehen, Helga schaut nach links und rechts und sagt: „Günter, dein Vorgänger beging Republikflucht mit Frau und Kind und der jemenitische Vertragspartner verlangt dringend, die Planstelle besetzt zu haben, in Dessau erfährst du Näheres."
Donnerstag, 5. Juli, beim VEB BIK Dessau kommt mein Gesprächspartner sofort zur Sache: „Unser L.H. hat Republikflucht begangen, du musst diese Planstelle neu besetzen, das Bauvorhaben befindet sich in der Endphase, deine Aufgabe ist die Überwachung und Koordinierung aller Bauleistungen."

Der 31.7.1984, die IL-62 nimmt Südostkurs, nach ca. sechs Stunden Flug landen wir in Damaskus, Vertretern vom BIK Dessau übergebe ich Dienstpost, wir machen Stadtrundfahrten, besichtigen Sehenswürdigkeiten, ich übernachte im Hotel „International".
Donnerstag, 2.8.1984, nach ca. fünf Stunden Flug mit der jemenitischen Fluggesellschaft „Al-Yemda" landet die Maschine in Aden, meine Kollegen Lothar Sell und Horst Müller warten auf mich. Horst sagt: „Mein Thermometer zeigte um 21:00 Uhr 35°C und 60 % Luftfeuchtigkeit, am Tag sind die Temperaturen noch höher." Meine Bekleidung haftet an der Haut.

Omaijaden-Moschee

Damaskus, Zentrum

Mit einem Kleinbus „Suzuki“ fahren wir zur Unterkunft, es ist 22:00 Uhr Ortszeit, ich beziehe das freie Schlafzimmer, mache mich frisch nach den Strapazen der Reise. Anschließend beim kühlen Bier beklagt Lothar, Chefmonteur, den Stand der Bauarbeiten, ich werde hellhörig. In Dessau hat man gesagt, zwei Monate dauert mein Arbeitseinsatz in Aden, ich habe am 18. Oktober Silberhochzeit, da möchte ich bei meiner Frau sein. „Ich sehe das anders“, sagt Lothar.
Sonnabend, 4.8.1984, mein erster Arbeitstag, wir fahren erst zur Botschaft, es ist Pflicht, beim Handelsrat vorstellig zu werden. „Genosse Mosler, dein Vorgänger beging Republikflucht …“, anschließend folgt die Belehrung zur Verhaltensweise in der VDR Jemen, „… auch du wirst zum Botschaftsdienst alle 14 Tage eingetaktet“ , predigt der Handelsrat. „Genosse Handelsrat, mir wurden in Dessau falsche Tatsachen vorgegaukelt,

mein Arbeitseinsatz würde zwei Monate dauern, damit war ich einverstanden. Am 18.10 1984 habe ich Silberhochzeit, da möchte ich bei meiner Frau sein."
„Das ist kaum möglich", sagt mein Gesprächspartner.
Wir fahren zur Baustelle, die Neugier zum Bautenstand ist groß, es fehlen Wände, einzelne Maschinenfundamente, Kabelkanäle, der Fußbodenaufbau fehlt, vom Innenputz noch keine Spur, Fenster und Türen fehlen, die Außenanlage ein Schutthaufen. Ich bin sauer, am 18.10.1984 zur Silberhochzeit bin ich nicht bei meiner Helene, so ein Jammer, Weihnachten könnte es klappen. Verarscht, vielleicht aus Unkenntnis, hat man mich in Berlin, Dessau und Leipzig.

Mit aller Kraft versuche ich den bulgarischen bauausführenden Betrieb zu bewegen, die Bauarbeiten voranzutreiben. Täglich fahren wir mit Lothar zur Baustelle und zur Unterkunft zurück an ungepflegten Häusern mit Kleinhändlerläden vorbei, vor jedem Laden im Schatten eine ausgediente Ottomane oder Bettgestelle, auf dem der Verkäufer ruht und auf seine Kundschaft wartet, eine interessante Welt. Die Fahrbahn ist belebt, verschleierte und nicht verschleierte Frauen mit Kindern gehen langsam, Fahrzeuge im Gegenverkehr, wir überholen Dromedargespanne, es ist sehr warm, wir haben keine Klimaanlage im Auto, die Scheiben sind heruntergelassen. Mehrmals am Tage hören wir die laute lang gezogene Stimme des Muezzin vom Minarett rufen „Allahu Akbar (Gott sei der Größte)", Gläubige eilen zur Moschee oder suchen einen Betplatz auf der Baustelle.

Außenputzarbeiten

Der Markt

Ich lese einen Brief von meiner Helene und platze vor Wut. Mein Schwiegersohn hat es geschafft, mit Überheblichkeit und Arroganz in meiner Abwesenheit meine Helene breitzuschlagen, 10.000 DDR-Mark, unser Erspartes, herauszulocken, leihweise, wie er sagte. So eine Frechheit! Im Hinterkopf bestimmt sein Gedanke: Die Schwiegermutter kriege ich weich, beim Schwiegervater könnte es Probleme geben. Nein, so nicht, Thomas muss das Geld zurückgeben.

Nun hat es auch mich erwischt, ich habe Botschaftsdienst, zwölf lange Stunden, meine Aufgabe ist, die Ab- und Rückmeldungen unserer NSW-Kader mit genauer Namen- und Zeitangabe sowie Zielort im Dienstbuch festzuhalten und wachsam zu bleiben, ich verteidige das Territorium der DDR, meine Waffe sind Spraygas und das Telefon für den Ernstfall. In mein Dienstbuch schreibe ich „keine Vorkommnisse“ und schon eilen die ersten Bürokraten in das schön klimatisierte Botschaftsgebäude. Die höhere Schicht beachtet mich gar nicht, die anderen sagen freundlich oder mürrisch „Guten Morgen, Genosse“ und schlagen die Tür hinter sich zu. Auch Genosse Zinn nebst Gattin geht an mir vorbei und ich sage „Guten Morgen, Genosse Handelsrat“.
Jetzt fange ich an zu rechnen, es waren doch zwölf harte Arbeitsstunden, die lasse ich mir als Überstunden, natürlich mit Nachtzuschlag, bezahlen vom VEB BIK Dessau, sie können das Geld beim Genossen Handelsrat eintreiben. Ich habe doch verantwortungsvollen Nachtdienst in der Botschaft geschoben.

Unsere freie Zeit verbringen wir am Strand, beim Einkauf, bei den berühmten Wassertanks mit interessanten Gesprächen mit Einheimischen … Die Bauarbeiten in der Halle schreiten voran, Zwischenwände stehen, Maurer putzen innen und außen, Fenster und Türen werden in den nächsten Tagen geliefert,

auch bei allen Installationsarbeiten sind Fortschritte zu erkennen. Die Bauarbeiten im Rohbau sind abgeschlossen, der Ausbau ist weit fortgeschritten, meine Aufgabe erfüllt.
Am 15.12.1984 verabschiede ich mich von der Familie Sell, von Horst, Otto, Karsten, von bulgarischen und jemenitischen Freunden, von sowjetischen Genossen.

Ich bin wieder bei in der Außenwirtschaftsabteilung beim VEB BMK Halle, übersetze Kostenangebote, nehme teil an Beratungen. Ausgelastet bin ich nicht, was mich nicht befriedigt, und so vergehen die Wochen.

Am 28.4.1985 feiert unsere Halina ihren 25. Geburtstag, wir sind in Halle-Neustadt, anwesend sind auch ihre Schwiegereltern Gretel und Rolf, aus Spaß zünden Rolf und ich eine Zigarre an und verpesten die Luft in der Wohnung. Nach zwei bis drei Zügen lösche ich das stinkige Zeug und putze mir die Zähne und Mundhöhle.

Eines Tages werden wir plötzlich hellhörig, westliche Medien verlauten: In Tschernobyl/UdSSR ereignete sich eine Katastrophe in der Kernenergie-Nutzung. Im dortigen Atomkraftwerk kam es am 26. April 1986 zur Kernschmelze. Der Reaktor Block 4 explodierte und radioaktiver Staub verbreitete sich in ganz Europa, unsere Medien schweigen.

Im Juni fahren wir mit unserem Wartburg in den Urlaub nach Ungarn und verbringen 14 Tage am Balaton-See, wohnen privat.

Ungarischer Abend

Buffy mit mir

Mein Auslandsarbeitseinsatz in der VDR Jemen

Von Intercoop Berlin werde ich informiert, dass mein nächster Auslandeinsatz in einem staatlichen Baubetrieb in Zinjibar, der Hauptstadt der Provinz Abyan, erfolgt. Ausreise am 24.11.1985 mit Frau und Buffy.
Kurz vor der Ausreise ruft Halina an, weint, die gynäkologische Vorsorgeuntersuchung ergab einen unerfreulichen Befund, Halina muss dringend ins Krankenhaus, plötzlich wird alles anders. Ich reise ohne Helene, sie reist nach, sobald sie es wünscht.

Um 5:00 Uhr landet unsere TU-154 auf dem Flughafen von Aden, ein schwülwarmer Morgen begrüßt uns auf der Gangway. Jürgen Rose von Intercoop holt mich ab, entscheidet, zur Unterkunft nach Zinjibar/Abyan zu fahren, eine ca. 60 Kilometer lange Strecke. Zwei Bungalows stehen auf der rechten Straßenseite, in einem wohnt die Familie Hans und Renate Raschke, der andere ist für uns. Am Bauhof begegnen wir dem Generaldirektor Kadar, Rose stellt mich als Bauberater vor, Kadar antwortet schroff: „Ich brauche keinen Bauberater mehr, ich brauche einen Baumaschinenmechaniker für die Werkstatt, sonst nichts.“ Also beschäftige ich mich mit Baumaschinen und Transport. Ein junger Jemenit steht auf dem Hof, lacht freundlich und stellt sich mit Ali Babath vor, sagt, er habe in Weimar Bauwesen studiert, ist hier im Baubetrieb beschäftigt und dolmetsche auch. „Der Generaldirektor sagte, du bist neu eingereist.“
Mit Hans Raschke und Ali Babath stehen wir vor der Werkstatt, um 7:30 Uhr sind die ersten Mitarbeiter der Werkstatt eingetroffen, sie haben es nicht eilig, sie sitzen auf den Werkbänken, rauchen, erzählen, lachen, sie kennen Hans Raschke und Ali Babath, alle glotzen auf mich, ein Neuer. Ali Babath

stellt mich als zuständig für Instandsetzung von Baumaschinen und Transport vor, anschließend versuche ich mit dem Werkstattmeister Abdullah die Arbeit in der Werkstatt zu organisieren, mache Bestandsaufnahmen aller reparaturbedürftigen Baumaschinen, versuche fehlende Ersatzteile zu ermitteln, Ali übersetzt. Werkmeister Abdullah zeigt kein oder wenig Interesse zum Arbeiten, das Gleiche trifft auf einige Mechaniker zu. Mit Saleh Mansur, ehemaliger Mitarbeiter der VDR Jemen-Botschaft in der DDR, jetzt technischer Leiter, spreche ich über die Belegschaft der Werkstatt, seine Reaktion: Der Haufen muss ausgewechselt werden.

Im kleinen privaten Tante-Emma-Laden kaufe ich meine Lebensmittel, der Verkäufer begrüßt mich mit „Salam aleikum (Der Friede sei mit euch)“, ich antworte „Wa aleikum sa-salam (Und euer sei der Friede)“, lasse mir Brot, Käse, Butter, Hähnchen, Beutelsuppen … geben, bezahle und verabschiede mich mit „Ma’a-salama (Auf Wiedersehen)“.

Auf dem Bauhof erscheint der Generaldirektor mit Saleh Mansur, beide kommen auf mich zu, Kadar fragt freundlich, wie es mir geht. Ich antworte: „Ich versuche Kontakt aufzubauen zum Abdullah und zur Belegschaft der Werkstatt.“ Saleh Mansur übersetzt, und wie es aussieht, gibt er seinen „Senf“ dazu, er spricht länger als ich. Der Generaldirektor findet die Bestandsaufnahme für richtig, wünscht mir Erfolg und alles Gute.

Sonntag, der 1.12.1985, mein Arbeitszimmer ist ein Durchgangszimmer, die Tür zum Arbeitszimmer der Jemenitinnen geht auf und zu, Parfum-Düfte strömen aus diesem Raum, auffallend sind die Henna-Motive auf Händen und Füßen der Frauen, ein Überbleibsel der Kosmetik zum Freitag, dem arabischen Sonntag. Tage vergehen, die Arbeitsproduktivität in der

Werkstatt ist schwach, genügend Fachkräfte sind da, aber einige, darunter Abdullah, sind nicht gewillt, ihren Arbeitsstil zu ändern.

Heute, Donnerstag, Kat-Nachmittag, Saleh Mansur, Achmed und Freunde wollen bei mir katen, ich habe nichts dagegen. Einige Gäste mit schon gerundeten Mundbacken sitzen mit dem Rücken zur Wand, gerupfte Blätter werden gekaut und in den Backen zu Bällchen gepresst, Stängel fallen zu Boden. Vor jedem Katkauer steht ein Zigarettenaschenbecher, eine Thermoskanne oder eine Flasche, aus der in Abständen mit kleinen Schlucken das Kat-Bällchen neu befeuchtet wird. Der im Kat-Blättchen und der Kat-Zweigspitze enthaltene Wirkstoff Cathin gelangt schubweise in die Mundschleimhaut und stimuliert den Redeschwall. Es wird viel geraucht und laut arabisch gesprochen, es macht Spaß, den Kat-Kauern zuzusehen, wie sich Gespräche überschlagen, jeder möchte was sagen wollen.

Vorort Zinjibar

Die Kat-Gesellschaft

Um 22:00 Uhr bin ich wieder alleine, mein Wohnzimmer sieht aus wie ein Saustall, Kat-Stängel, Zigarettenkippen und Asche liegen zerstreut auf dem nassen Fußboden, in der Toilette sieht es durch zerkauten und erbrochenen Kat ekelig aus.

In der Werkstatt läuft es ein bisschen straffer, mit Abdullah und seinem Team wurden mehrere Aussprachen geführt, man nimmt auch das Gesagte von mir an.
Sonntag, der 12. Januar 1986, ich bin in der Werkstatt, Ali Babath kommt auf mich zu und sagt: „Günter, auf dich wartet ein Telefonanruf im Sekretariat.“ Ich eile, am Telefon Jürgen Rose: „Morgen um 5:00 Uhr reist deine Frau ein.“

Es ist schwül warm schon am Morgen, mein Hemd klebt am Körper, am Flughafen herrscht friedliche Ruhe, keine Menschen vor dem Terminal, Soldaten, die wahrscheinlich den Flughafen bewachen sollen, sitzen auf dem Boden mit dem Rücken zur Wand, die Kalaschnikow daneben und schlafen. Das Flugzeug ist gelandet, unter den Passagieren erkenne ich meine Helene in einem Pelzmantel gekleidet und Buffy, immerhin ist in Nordeuropa Winterzeit. Zur Botschaft fahren wir nicht, es ist 6:00 Uhr, Jürgen Rose entscheidet, zur Unterkunft nach Zinjibar zu fahren. Rechts und links der Fernverkehrstraße nur Sand, hin und wieder mal ein hoher, vom Wind aufgeschütteter Hügel aus Treibsand, weit rechts der Indische Ozean, Buffy schläft auf meinem Schoß, bei Helene setzt Müdigkeit ein.

Wir sitzen auf der überdachten Terrasse, Helene schildert Halinas Krankheitsverlauf, erzählt über unseren Enkel, Freunde und Bekannte. Nach etwa einer Stunde verabschiede ich mich und eile in mein Büro im Direktionsgebäude. Auf dem Weg dorthin fällt mir auf, dass unsere Kraftfahrer und andere Arbeitskräfte nicht in Arbeitsbekleidung, sondern in der Futah herumlaufen, die meisten bewaffnet mit einer Kalaschnikow, Maschinenpistole oder Pistole. Ich arbeite an meinem Monatsbericht für den Generaldirektor, im Nebenzimmer klingelt das Telefon, eine der Frauen spricht schnell, Sekunden später stürzen alle Frauen aus ihrem Zimmer, Nabija reicht mir den Büroschlüssel und sagt: „Sir, please take the key and close the door.“ Hans und ich gehen zur Straße und sehen Kadar. Der Betriebsdirektor kommt friedlich auf uns zu, wir fragen: „What has happened?“

„I don’t know it, I don’t know it…“, antwortet Kadar. Wir erfahren, ein Staatsstreich wurde heute, am 13.1.1985, in Aden verübt, es gibt Tote und Verletzte.

Auf der Terrasse vor der Flucht

An Deck der M/S Müggelsee

Am 23. Januar am Morgen werden wir evakuiert, jeder mit einem Gepäckstück zum Strand eskortiert, später mit dem Schlauchboot auf hoher See zur „MS Müggelsee“, die uns nach Djibuti bringt, und weiter geht es mit der Interflug nach Berlin-Schönefeld.
Etwa zwei Stunden nach unserer Ankunft in Halle-Neustadt

klingelt es an der Wohnungstür, zwei Genossen der Staatssicherheit bitten mich höflich, aber bestimmt mitzukommen. In einer Wohnung irgendwo in Halle-Neustadt werde ich eine Stunde lang über die Ereignisse in der VDR Jemen sowie über den Ablauf der Evakuierung aus meiner Sicht befragt.

Am 1.8.1985 in späten den Abendstunden in Zeitz erreicht uns die Nachricht, dass Adelheid, die Schwester von Helene, heute an Halskrebs verstorben ist, die Jahre nach dem Tod ihres Sohnes waren quälend für sie. Bei der Beisetzung sind Halina und Thomas dabei.

Oma Luzie in der Mitte

In der Kirche

Noch vor den Januarereignissen wurde mir ein neuer Arbeitsvertrag ausgehändigt, ab 1.1.1986 bin ich tätig als Berater im Direktionsbereich Planung und Bauwirtschaft. Der Arbeitsalltag in der Außenwirtschaftabteilung hat mich erfasst, ich übersetze Leistungsbeschreibungen aus dem Englischen ins Deutsche, helfe Dieter, Gerhard, Kurt und anderen bei der Ausarbeitung von Kostenangeboten. Wir nehmen teil an Ausschreibungen und verschicken Angebote. Wir sind weiterhin aktiv in der Bundesrepublik Deutschland im Raum München und in Westberlin. Unser Chef Claus Friedrich streckt seine Hände in Richtung Jordanien, Syrien, Irak, ja sogar zu den Emiraten aus, aber dort Fuß zu fassen ist schwierig. Gerne würde ich in München oder Westberlin arbeiten, die Zeit mit aktiver Arbeit überbrücken bis zur Ausreise in die VDR Jemen, aber fragen danach würde Folgen haben. Man würde zynisch sagen: „Genossen, habt ihr richtig gehört, unser Genosse Mosler möchte gerne zum Klassenfeind fahren, das sind Wünsche, was?“ Mein Auslandskaderstatus könnte entzogen werden und womöglich würde ich abkommandiert zur Bezirksparteischulung nach

Ballenstedt.
Die erneute Ausreise in die VDR Jemen ist für den 22. Juni gebucht, Renate und Hans Raschke sind schon vor Ort in Zinjibar-Abyan.
Um 7:00 Uhr landet unsere TU-154 in Aden, Jürgen Rose nimmt uns in Empfang, pflichtgemäß fahren wir zur Botschaft, um die Reisepässe abzugeben und Ersatzdokumente in Empfang zu nehmen. Der Genosse Handelsrat wünscht mich zu sprechen, so Jürgen Rose.
Mit einem freundlichen Lächeln begrüßt der Handelsrat meine Helene, mich mit einem finsteren Gesichtsausdruck, dem folgen zynische Bemerkungen zu meiner Überstundenabrechnung für den Botschaftsdienst im 2. Halbjahr 1984. Meine Erinnerungen an die mühsamen Dienstnächte werden wach, eine innere Stimme sagt mir leise, der Schwejk hat ein gutes Gedächtnis, ihn quält der Neid und Neid ist Missgunst, was sonst? Ich gebe zu, eine Abrechnung beim Entsendebetrieb, dem VEB „BIK“ Dessau, gemacht zu haben für geleistete Überstunden in der Botschaft in Aden. Diese Aussage befriedigt mein Gegenüber nicht, ich werde ausschweifend belehrt über die Aufgaben eines DDR-Bürgers, aber vor allem eines Genossen im NSW-Ausland: „Der Botschaftsdienst ist eine ehrenvolle gesellschaftliche Aufgabe und dafür verlangt man keine Vergütung.“ Ich ducke mich zusammen wie ein Igel und sage: „Jawohl, Genosse Handelsrat.“
Nach etwa 90 Minuten sind wir am Ziel, es ist schwülheiß in der Mittagszeit, unser Bungalow sieht aus wie ein Dornröschenhaus. Ali Babath, Saleh Mansur, Mohamed Dabia und andere begrüßen uns.

Unser Bungalow nach der Ankunft

Am nächsten Morgen melde ich mich im Beisein von Hans Raschke beim Generaldirektor, es ist nicht Kadar, sondern Saleh Said, der mich sehr freundlich begrüßt und mir meinen Arbeitsplatz in der technischen Abteilung zuordnet. In weiteren Gesprächen mit dem Generaldirektor Saleh Said und seinem Stellvertreter Saleh Mansur werden mir die negativen Bilanzen der letzten beiden Jahre vorgetragen, ich werde gebeten, Voraussetzungen zu schaffen, ein besseres Betriebsergebnis zu erzielen. Für mich eine neue Herausforderung, der ich mich gerne stelle. Auffallend ist der hohe Materialverbrauch, Bauprojekte sind technologisch mangelhaft bearbeitet. Durch Gespräche lerne ich meinen jemenitischen Partner noch besser kennen und versuche, ihnen das Kostendenken schmackhaft zu machen. Es ist schwierig, alte Strukturen zu brechen, wenn bis dahin Baumaterial aus dem Lager oder Bauhof ohne Kontrolle zum tatsächlichen Bedarf entnommen wurde.

Unser Leben in einer fremden Kultur und strengen klimatischen Bedingungen nimmt seinen Lauf. Helene sorgt für den Haushalt und Buffy, die auch in Zinjibar-Abyan eine Attraktion ist. Die Temperaturen sind höllisch und der staubige Sand haftet an allen Körperteilen, sogar zwischen den Zähnen. Viele Abende verbringen wir auf der Terrasse mit Gesprächen, auch mit Renate und Hans Raschke, solange uns die Moskitos nicht belästigen, anschließend werden Nachrichten der Deutschen Welle verfolgt oder Musik Djibuti gehört.

Im Allgemeinen finden meine Vorschläge, Ausarbeitungen und Initiativen zur Verbesserung der Rentabilität in der Betriebsleitung Gehör, aber es gibt Zurückhaltung von Bauleitern und Meistern, was die Einführung dieser in der Praxis betrifft.

Wohnzimmer

Weißer Pudel, komme näher

Saleh Said, der Generaldirektor, nimmt mich als Berater und Ali Babath als Dolmetscher oft mit zu nahe gelegenen Baustellen in Zinjibar, mit Bauleitern und Meistern diskutieren wir Vorschläge zur Verbesserung der Rentabilität, Bauarbeiter sind vom Schweiß überströmt, es ist saunaartig schwül. In der tech-

nischen Abteilung ist Ali Babath meine wichtigste Stütze, er übersetzt Schriftstücke und ist auch bei Gesprächen oder Beratungen dabei. Nicht selten erscheint er am Morgen mürrisch, sagt „Zabaach al cheer“, kritzelt ein paar Wörter und weg ist er für den Rest des Tages. Andre Länder, andere Sitten.
Frank und Elke Fichtner sind eingereist, beide machen einen guten Eindruck, Frank hat jetzt ein breites Betätigungsfeld mit Baumaschinen, in der Werkstatt herrscht immer noch Abdullahs chaotische Ordnung und Disziplin. Die Feierabendstunden verbringen wir mit Elke und Frank Fichtner beim Kartenspielen oder ausgedehnten Spaziergängen oder am nahe liegenden Strand.
Im Baubetrieb liegen keine Maßstäbe zum Materialverbrauch vor, in Abstimmung mit der Direktion befasse ich mich mit der Ausarbeitung von innerbetrieblichen Materialverbrauchsnormen.
Mit unseren Gedanken sind wir stets bei unserer Tochter und beim Enkelsohn, wir freuen uns, beide wiederzusehen.

Der Geschäftsbericht für das Jahr 1986 weist schwarze Zahlen aus, diese positive Entwicklung zeichnet sich auch für das erste Halbjahr 1987 ab. Durch Anwendung neuer Arbeitsgrundlagen, wenn auch nicht im vollen Umfang, nimmt das Kostendenken unter Bauleitern, Meistern im Baubetrieb insgesamt spürbar zu. Der Direktor für Planung erkennt die Notwendigkeit, Fenster und Türen im gesamten Bauwesen der VDR Jemen zu standardisieren. Der Generaldirektor Saleh Said erteilt mir Dienstreiseaufträge zu Baustellen, um die Bauleitung vor Ort im Realisierungsprozess zu unterstützen. So ein Aufenthalt dauert mehrere Tage, Bauleiter sprechen Deutsch, sind Lehrausbilder, in der DDR ausgebildet. Bauleiter, die Baustellen in Bergregionen leiten, sind meist mit Pistolen vom Typ TT-33 bewaffnet, das Gelände ist unsicher. Wenn eine neue Maurerbrigade zur

Baustelle kommt, wird zuerst nach einem geeigneten Betplatz gesucht, der ist wichtiger als die Unterkunft.
Machtlos bin ich in der Mittagszeit, wenn die Sonne den Zenit überschritten und der Schatten eines Menschen die Länge seiner Körpergröße erreicht hat, oder am Nachmittag, wenn der Schatten eines Gegenstandes doppelt so lang wie der Gegenstand selbst ist, dann verlassen die meisten Bauarbeiter ohne ein Wort den Arbeitsplatz, wechseln die Arbeitshosen mit der Futah, gehen mit einem Eimer Wasser zum Betplatz und verrichten ihre Pflichtgebete. Nach einer Stunde Unterbrechung laufen die Bauarbeiten wieder an. Die Kerle arbeiten zügig, wenn ich da bin, daher bin ich auch dort länger, wo die Bauarbeiten den höchsten Rückstand haben, und fasse mit an.

Ich speise im Freien vor einer Gaststätte, es gibt Mischreis, Hähnchen, Salat, Tee, Mineralwasser. Untergebracht bin ich im Gästehaus, meist der einzige Gast, ohne Schrank, mit Metallbett, meine Tasche steht auf dem Fensterbrett, daneben Rasier- und Waschutensilien, zur Hygiene im Waschraum und Toilette kein Kommentar, ich muss da durch, andere Länder, andere Sitten und Gebräuche.
Meist bin ich um 18:30 Uhr in Zinjibar zurück. Mein Gesicht ist angeschwollen, schmerzt, ich verspüre ansteigendes Fieber, eine Infektion, die nach ca. einer Woche von selbst heilt.

Seit ein paar Tagen habe ich eine Klimaanlage im Büro, der Generaldirektor gab dazu den Auftrag, es ist angenehm, bei gekühlter Luft zu arbeiten, auf die Tischplatte strömt nicht mehr der Körperschweiß. Ali Babath, der neben mir sitzt, ist erfreut darüber und hält sich länger im Büro auf.

Renate, Hans und ich werden unerwartet vom Generaldirektor Saleh Said angenehm überrascht. In der Zeit vom 27.04. bis zum 02.05.1987 fahren wir zu einem Erfahrungsaustausch in die Provinz Hadramaut, wo die ältesten Wolkenkratzer der Welt stehen, in Lehmbauweise errichtet.
Montag, 27. April 1987, um 8:00 Uhr beginnt unsere Fahrt mit einem neuen Landrover, anwesend sind außer uns noch: Direktionsangehöriger Nasser Achmed, Ali Al Russ, Ali Babath als Dolmetscher und Mohamed der Kraftfahrer. Unsere Aufgabe: Erfahrung in der Lehmbauweise für den geplanten Wohnungsbau in der Provinz Abyan zu sammeln. Der gewählte Zeitpunkt zum Erfahrungsaustausch in den staatlichen Baubetrieben ist ungünstig, wir finden keine Gesprächspartner, man bereitet sich doch auf den Ramadan vor, der heute oder morgen beginnt, wird uns mitgeteilt.
Wir sind in Hadramaut, besuchen die Städte Qatim, Seyun Shibam. Mit Erstaunen schauen wir zu den gewaltigen Lehmburgen, keiner von uns schließt die Augen, so imposant sind die Bauwerke. Einige Hochhäuser sind in höheren Stockwerken mit Übergängen miteinander verbunden, damit den Einwohnern, besonders Frauen, bei gegenseitigen Besuchen der Gang über die Straße erspart bleibt. Im Sommer, wenn es draußen sehr heiß ist, sind die Räume in einem Lehmhaus angenehm kühl, wiederum im Winter reguliert und schützt Lehm vor zu trockener Raumluft, so die Meinung der Bewohner.

Lehm-Hochhäuser Mauerwerk aus Lehmplatten

Der kompakte Sultanpalast wurde vor über 400 Jahren in Lehmbauweise errichtet mit seinen vier Ecktürmen, über 300 Räumlichkeiten, bewundernswerten Fenstern und der Palasteingangstür und auffallend weißem Anstrich. Es glänzt von allen Seiten wie ein Märchenpalast aus Tausendundeiner Nacht. Der bewundernde Gedanke, dieses gut aussehende, gewaltige, uralte Bauwerk ist ein Lehmbatzen und noch heute funktionsfähig, reißt nicht ab.

Sultanpalast in Sayun, davor bin ich

Donnerstag, 30.04.1987, wir starten den letzten Versuch, einen Ansprechpartner im staatlichen Baubetrieb von Seyun zu finden, vergebens. Ramadan, Ramadan, Ramadan ist die häufigste Antwort. Am Sonnabend, 02.05.1987 um 17:00 Uhr noch vor Sonnenuntergang, nach insgesamt 2451 Kilometern Fahrt mit dem Landrover, treffen wir wieder in Zinjibar ein.

Buffy begrüßt mich jaulend, springt mich an, möchte getragen werden, die Freude ist groß. Es gibt viel zu erzählen, ich berichte über meine Erlebnisse und Sehenswürdigkeiten im Wadi Hadramaut. Frank schildert das Geschehen in unserem Baubetrieb so: „Morgens tut sich gar nichts, vormittags trödeln dann einige Bauarbeiter ein und suchen ein schattiges Plätzchen auf. Am (Ramadan-)Tag tut sich nichts, dafür ab Sonnenuntergang.“ Nach Sonnenuntergang, die Stadt ist voller Lichter, arabische Musik kreischt an allen Ecken in absurder Lautstärke, Geschäfte und Gaststätte sind geöffnet, in Flachbauten mit jemenitischen Familien wird gefeiert, überall wird gegessen und getrunken, aber ohne Alkohol. Helene sagt: „Wir waren zur Parteiversammlung in der Botschaft, die lieben Genossen haben wieder mal einen Scheiß erzählt, das Schönste an dem Tag war der Besuch beim Gifter. Ich habe mir Ohrringe, eine Kette und einen Reifen alles aus 900er Gold gekauft. … Und, liebe Freunde, mein lieber Ehemann ist schon fünf Stunden da und hat immer noch meine tollen Ohrringe nicht bemerkt … So ist das nach fast 30 Ehejahren, aber ich liebe dich trotzdem“, sagt meine Helene und küsst mich.

Im Nachbarzimmer kein Geräusch, weder Nabija Mohammed, Sabah Saleh noch Shefa Mustafa sind durch mein Zimmer gegangen, mag sein, sie schlafen oder beten dort. Weitere Tage und Wochen vergehen, auch die Ramadanzeit, die das Leben der Muslime anders verlaufen lässt, die Nacht wird zum Tag, der Tag zur Nacht.
Saleh Said, Dr. Tabet bin Shalam (Stellvertreter des Ministers für Bauwesen), Saleh Mansur, Nasser Achmed bedauern mein Vertragsende, sie würden sich wünschen, dass ich noch länger in Zinjibar bleibe.

Bananenernte

Dattelbund

Heute verbringen wir zum letzten Mal unsere Freizeit am weiten, menschenleeren Strand, das Wetter ist nicht zu beklagen, wir müssen Schuhwerk tragen, Ölklumpen sind nicht ausgeschlossen. Der blaue Ozean schweigt, die Wasseroberfläche gleicht einem riesigen Tisch, das Wasser glitzert, einzelne Fischerboote stehen weit am Wasser. Am Horizont vereint sich das Himmelblau mit dem Wasserblau. Bald werden wir diesen traumhaften Anblick nicht mehr haben, aber so ist das Leben. Die Ebbe öffnet den Strand, Krabben laufen davon, unzählige Korallenteile in verschiedenen Formen, Seesterne, Muscheln liegen vor uns, aber wohin damit, die schönsten, die interessantesten finden noch Platz.

Freitag, der 28.08.1987, der Generaldirektor Saleh Said lädt zum Abschiedsessen ein. Auf einem langen, weiß gedeckten Tisch wird geschmackvoll und reichlich Hammelfleisch, Hähnchen, Fisch, Reis, Kartoffeln, Saucen, Suppen, Gemüse, Obst serviert. Saleh Said dankt für meine Beratertätigkeit in der technischen, ökonomischen und Planungsabteilung, hebt meine Einsätze auf Schwerpunktbaustellen hervor. Saleh Said bedauert mein Ausscheiden, verspricht, sich dafür einzusetzen, damit ich nach Zinjibar zurückkomme. Ich bedanke mich für seine Dankesworte: „Es war für mich eine Herausforderung, in einem völlig unbekannten Umfeld zu arbeiten. Ich bedanke mich für die gute Zusammenarbeit und das Vertrauen, das mir entgegengebracht wurde.“

Mit Saleh Said

Helene, Saleh Said, Günter

Am Montag, dem 31.08.1987 um 17:00 verlassen wir unseren Bungalow, wir verabschieden uns, bei Helene und mir kommt das Gefühl der Traurigkeit auf, wir trennen uns von Mitarbeitern, vom Leben in Jemen, von der Umgebung, von einheimischen Freunden, von Elke und Frank Fichtner. Wie schnell die Zeit vergeht. Und das war unser Leben in einem arabischen Land in Südjemen …

Ich wurde mit der Friedensmedaille der VDR Jemen ausgezeichnet.

Meine Zeit in der VDR Jemen habe ich ausführlich abgehandelt in meinem Buch: VDR Jemen 1984-1987; Als DDR-Auslandskader in der VDR; Zwischen Dschungel, Taiga, Savanne, Wüste und Heimat; Engelsdorfer Verlag Leipzig 2014.

Mein Auslandsarbeitseinsatz in Süd- und Nordvietnam

Unser Enkel, fünf Jahre jung, ist gewachsen, geht fleißig in den Kindergarten, unsere Halina ist fraulicher geworden, arbeitet weiter im Centrum-Warenhaus in Halle. Das Familienleben bekommt ihr gut, sie sind gut eingerichtet, im Kinderzimmer steht ein großes Aquarium mit bunten Fischen, darauf ist Stefan sehr stolz. Wir sind überrascht, Tochter und Schwiegersohn sind der SED beigetreten, also beide sind jetzt Genossen, den plötzlichen Wandel bei Schwiegersohn und Tochter können wir uns nicht erklären, vielleicht sind wir Väter ihr Vorbild. Uns fällt auf, dass Halina immer tiefer in die Abhängigkeit zu Thomas fällt. „Mutti, ich weine nicht mehr, Thomas macht nur das, was er für richtig hält, er nimmt mich nicht ernst, wir streiten sehr viel." Helene beruhigt unsere Tochter und wiederholt in Gesprächen: „Eine Ehe ist eine Achterbahn, du musst um dein Recht kämpfen, aber merke dir eins: Du kannst alles verlieren, nur nicht dein Ich."

Das zweite Halbjahr 1987 ist von innerdeutschen und weltpolitischen Ereignissen stark geprägt. Am 07.09.1987 trifft Erich Honecker zu einem fünftägigen offiziellen Besuch in der Bundesrepublik ein. Erich Honecker spricht in Bonn u. a. mit Bundeskanzler Helmut Kohl (CDU) und Bundespräsident Richard von Weizsäcker. Am 11.10 1987 wird im Genfer Hotel „Beau Rivage" der ehemalige schleswig-holsteinische Ministerpräsident Uwe Barschel von einem Reporter des „Stern" tot in der Badewanne aufgefunden.

Halina fühlt sich wohl als Mutter, Ehefrau und Verkäuferin. Wir haben freundlichen Kontakt zueinander, wir sind in Halle-Neustadt oder Halina, Thomas und Stefan in Zeitz.
Helene und ich reisen nach Polen, meine Mutter ist am 10.

September 75 Jahre alt geworden, sie hat keine Probleme mit ihrem Schwarzhandel, sie meint: „Ich bin zu alt, krank und arm, dass sie mich einsperren.“ Schwiegermutter, unsere Oma Luzie, ist schon 83 Jahre alt, kränkelt, der Tod von Adelheid macht ihr zu schaffen. Paul hat wieder geheiratet, versorgt Oma Luzie mit seiner neuen Frau. Oma war 1974 das letzte Mal bei uns in Zeitz.

Das Ministerium für Bauwesen überträgt mir für die Zeit von April bis Juni 1988, August bis Oktober 1988 und Mai bis August 1989 eine Tätigkeit im Arbeitskräftestab in Ho-Chi-Minh-Stadt/Saigon und Hanoi in der Sozialistischen Republik Vietnam. Für diese Zeit bin ich dem Staatssekretariat für Arbeit und Löhne der DDR unterstellt.
Anfang der 80er Jahre vereinbarte Vietnam mit der UdSSR, DDR, Bulgarien und ČSSR eine verstärkte Arbeitskräftekooperation, auf deren Grundlage vietnamesische Arbeitskräfte in diese Länder entsandt werden. Die vietnamesischen Arbeitskräfte werden in fast allen DDR-Wirtschaftszweigen der 13 Ministerien bzw. Fachbereiche eingesetzt.
In der DDR-Botschaft in Hanoi, im Arbeitskräftestab, arbeitet man mich ein, ich reise nach Ho-Chi-Minh-Stadt/Saigon, mein Arbeitsplatz befindet sich im Generalkonsulat der DDR und ich wohne im Hotel „Nuu Nghi“ im Zentrum der Stadt. Im Generalkonsulat der DDR wird mir mein Dolmetscher Luong van Hong, ein Diplom-Germanistiker, zur Seite gestellt, wir nehmen Kontakt zum Vorbereitungslager in Go Vap auf, wo vietnamesische Arbeitskräfte vorbereitet werden für den Einsatz in der UdSSR, DDR, Bulgarien und der ČSSR.
Es ist sehr warm, mein Hemd klebt am Körper wie eine Briefmarke, Luong, mein Dolmetscher, sagt: „Du bist auch im wärmsten Monat eingereist, April ist der wärmste Monat, wir haben Tagestemperaturen bis 38°C, der kälteste Monat in der

Gegend um Ho-Chi-Minh-Stadt ist der Januar bei 25°C, da ist es sehr angenehm, aber nicht jetzt."

Ich darf kein Auto fahren, die Polizei akzeptiert keine ausländische Fahrerlaubnis, ich muss eine Prüfung ablegen bei der Saigoner Polizei. Luong erledigt meine Formalitäten zur Fahrprüfung mit wenig Erfolg, ich muss zwei bis drei Wochen warten, die Polizei hat viel zu tun. Am nächsten Morgen gehen wir beide zur Polizei, eine Flasche Lua Moi (Reisschnaps) macht den Weg frei zur theoretischen Prüfung, am Nachmittag, eine Reisetasche mit Bier und Lua Moi später die praktische Prüfung, die vietnamesische Fahrerlaubnis habe ich und fahre einen Toyota vom Konsulat.

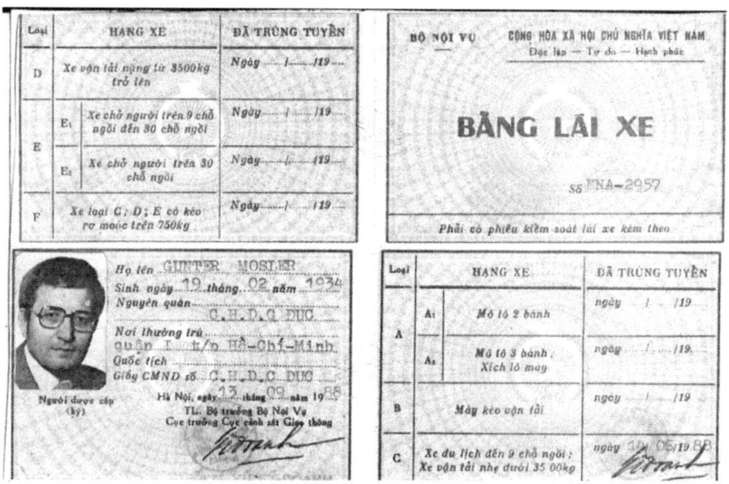
BỘ NỘI VỤ
CỘNG HÒA XÃ HỘI CHỦ NGHĨA VIỆT NAM
Độc lập — Tự do — Hạnh phúc
BẰNG LÁI XE
Số FNA-2957
Phải có phiếu kiểm soát lái xe kèm theo

Họ tên GUNTER MOSLER
Sinh ngày 19 tháng 02 năm 1934
Nguyên quán C.H.D.C DUC
Nơi thường trú quận I t/p Hồ-Chí-Minh
Quốc tịch
Giấy CMND số C.H.D.C DUC
Hà Nội, ngày 13 tháng 09 năm 1988
TL. Bộ trưởng Bộ Nội Vụ
Cục trưởng Cục cảnh sát Giao thông
Người được cấp (ký)

Loại		HANG XE	ĐÃ TRÚNG TUYỂN
A	A1	Mô tô 2 bánh	ngày / /19
	A2	Mô tô 3 bánh, Xích lô máy	ngày / /19
B		Máy kéo vận tải	ngày / /19
C		Xe du lịch đến 9 chỗ ngồi; Xe vận tải nhẹ dưới 3500kg	ngày 10/05/1988
D		Xe vận tải nặng từ 3500kg trở lên	Ngày / /19
E	E1	Xe chở người trên 9 chỗ ngồi đến 30 chỗ ngồi	Ngày / /19
	E2	Xe chở người trên 30 chỗ ngồi	Ngày / /19
F		Xe loại C; D; E có kéo rơ moóc trên 750kg	Ngày / /19

Vietnamesische Fahrerlaubnis

Fast jeden Tag halte ich Vorträge und Gespräche im Vorbereitungslager Go Vap vor Arbeitskräften über die DDR und bereite sie auf den Einsatz in DDR-Betrieben vor. Es sind vorwiegend arme junge Menschen, Frauen und Männer, die im Ausland arbeiten möchten. Bei jeder Abfertigung der Arbeitskräfte am Flughafen bin ich dabei, die Zollkontrolle ist streng, Handgepäck, Koffer, Kisten müssen geöffnet werden, auch unter die Wäsche wird geschaut. Im Einsatz sind Flugzeuge der „Interflug“ und „Tarom“, der Rumänischen Fluggesellschaft, die im Auftrag der Interflug die Strecken bedienen, beim Abflug und Ankunft der Flugzeuge bin ich dabei. Einmal, bei einer pünktlichen und glücklichen Landung der „Tarom“, dauert es sehr lange, bis die Ausstiegtür geöffnet wird. Plötzlich erscheint ein Pilot im Rückwärtsgang, ein zweiter folgt im Vorwärtsgang, dazwischen eine Trage, auf der ein Crew-Mitglied ruhig liegt, die netten Stewardessen weinen. „Oh Gott, ein Kranker“, sage ich laut, aber bald stellt sich heraus, das Männlein auf der Trage hat seinen Kummer während des Fluges mit Alkohol gelöscht.

Mein Dolmetscher führt mich zur ehemaligen US-Botschaft, ein furchterregender Anblick, das Bauwerk hat keine Fenster, die Fassaden von diesem Betonklotz ähneln einer getarnten Festung, sie besteht aus einer dicken Betonschicht, die Granat- und Raketeneinschlägen widerstehen sollte.

Ehemalige USA-Botschaft in Saigon

Wir fahren quer durch Ho-Chi-Minh-Stadt an alten gotischen und neuen Bauwerken vorbei. Das Rathaus, die römisch-katholische Notre-Dame-Kathedrale, das Postamt, das sind alles Bauten aus alter französischer Kolonialzeit.

Kathedrale Notre Dame

Vor einer Pagode mit Dolmetscher

Die Kathedrale Notre Dame (Nha Tho Duc Ba) wurde zwischen 1877 und 1883 erbaut, das gesamte Baumaterial für dieses gewaltige Bauwerk wurde aus Frankreich importiert. Hier

finden Gottesdienste in der Woche und an Sonn- und Feiertagen mehrmals für die Gläubigen statt, an einem nehme ich teil und ich bin erstaunt über die vielen jungen Menschen in der Kathedrale. Die Reihenbänke sind voll besetzt, vorwiegend von älteren Gläubigen, viele Menschen stehen, ich auch. Die heilige Messe zelebriert ein Bischof mit zwei Geistlichen und mehreren Ministranten, die Gläubigen antworten, beten und singen gemeinsam. Der angenehme Weihrauchgeruch füllt den Raum. Ich bin beeindruckt von der Atmosphäre, der Orgelmusik, dem Gesang und der frommen Disziplin der Anwesenden. Das erinnert mich an meine Kindheit und Jugend, an Sonn- und Feiertagen nahm ich am Gottesdienst teil, darauf achteten meine Eltern.
In Ho-Chi-Minh-Stadt kann man sich gut englisch verständigen, mit Russisch weniger. Interessant sind die vielen Pagoden in und um Saigon. Mit meinem Dolmetscher Luong besuche ich die Xa Loi, Vinh Nghien, Giac Lam und viele andere Pagoden. An Straßenrändern oder Märkten werden lebende Schlachthunde, aber auch frisches oder geräuchertes Hundefleisch angeboten.

Niedlicher Vierbeiner im Korb

… und zerlegt im Angebot

Mit meinem Dolmetscher Luong van Hong und einem Major a. D. der Befreiungsstreitkräfte Nguyen van Binh und jetzt Angestellter am Flughafen fahren wir in Richtung Cu Chi, unterwegs fallen riesige Waldflächen und Felder auf, die von Napalm und Entlaubungsmittel zerstört wurden. Cu Chi ist eine Tunnelstadt unter der Erdoberfläche, das Tunnelsystem hat eine Länge von über 200 Kilometern, etwa 25 Jahre lang wurde das Tunnelsystem unter schwierigen Bedingungen gebaut.

Während der Tete-Offensive wurden in Cu Chi militärische Aktivitäten geplant und durchgeführt. Im Tunnelsystem war ein Feldlazarett für Verwundete, Wohnräume, Räume in verschiedenen Größen, Küchen, mehrere Fluchtgänge hatte ein Abschnitt. Die Tunnelgänge haben einen durchschnittlichen Querschnitt von 60 cm auf 80 cm, nicht gerade bequem für die dort Hausenden. Wir gehen in einen Tunnelabschnitt hinein, dunkle, kahle Felsen, etwa 0,80 bis 1,00 Meter hoch, ich mit meinen 1,78 Metern Größe und 80 Kilo Gewicht habe Probleme, eine weite Strecke zu gehen, laufe gebückt, fast waagerecht, die Oberschenkel schmerzen, der Rücken protestiert, der Schweiß trieft vom Körper, das Hemd ist durchnässt. Ich kann es mir nicht vorstellen, in diesem Loch eine längere Zeit leben zu können, die armen Menschen.
Oft begleitet mich Trang Minh vom vietnamesischen Arbeitsstab in Betriebe und Sammelstellen, wo sich die vietnamesischen Arbeitskräfte für ihren Einsatz in der DDR vorbereiten. Er spricht ein wenig Deutsch, aber gut Englisch. Er lädt mich in seine Wohnung ein, seine junge Ehefrau begrüßt mich sehr freundlich im offenen Raum, den wir von der Straße aus betreten. Trang Minhs Frau deckt den Tisch, serviert mit Fleisch gefüllte Saigoner Röllchen, eine Schüssel Muscheln, Reis, Brot und Tee. Ich frage: „Warum sitzt deine Mutter so regungslos auf dem Stuhl?“ Trang Minh zögert mit der Antwort: „Sie bewacht unser Geld!“
„Das verstehe ich nicht“, sage ich. Darauf Trang Minh: „Der Stuhl steht auf einer Abdeckung über einem Loch im Fußboden und dort haben wir unsere Dongs (vietnamesische Währung) gelagert, das ist ein sicheres Versteck, hier gibt es Diebe und Kriminelle.“
Wir fahren zum Regierungspalast des letzten südvietnamesischen Präsidenten Nguyen van Thieu, sagt Luong, mein Begleiter.

Ehem. Präsidentenpalast

Ausgestopfter Tiger im Palast

Handel am Straßenrand

Die große Regenzeit im Saigoner Gebiet von Mai bis Oktober bekomme ich zu spüren. An manchen Tagen regnet es so heftig, das ich meinen Toyota anhalten muss, ich sehe einen Wasserfall vor meiner Windschutzscheibe, ansonsten nichts.
Von Dezember bis April ist die Trockenzeit. Auf den Straßen von Ho-Chi-Minh-Stadt, auf der gesamten Straßenbreite bewegen sich Fahrräder, Mopeds, Autos, Fußgänger, es wird geklingelt und gehupt. Das Hupen in der Stadt macht mir jetzt Spaß, wenn plötzlich nach einem lauten Hup ein Spalier von Fahrrädern und Rikschas sich bildet und ich feierlich vorbeifahren kann. Trotz Straßenchaos sind bettelnde und verstümmelte junge und alte Vietnamesen nicht zu übersehen, es scheinen ehemalige südvietnamesische Soldaten zu sein, die einer verlogenen Sache dienten und ihr kostbares Leben dem Verderb aussetzen mussten. Auf einem Brett mit winzigen Rädern bewegt sich der Rumpf eines Vietnamesen, ein anderer mit Stöcken, mit Verbrennungsnarben, ein Blinder. Das sind Relikte eines sinnlosen Krieges.

Ich wohne einem Vortrag von Professor Dr. Duc an der Universität von Ho-Chi-Minh-Stadt über Schlangenkunde bei. Wir sind im Flachbau in einem kleinen Raum mit Blick zum Gelände mit vielen Einzäumungen, in denen sich verschiedenartige Schlangen befinden. Am Tisch sitzen Engländer, SU- und ČSSR-Bürger mit Dolmetschern, vor jedem Platz ein Blatt Papier A5, darauf ein leeres Glas. Mich begleitet eine Dolmetscherin vom Generalkonsulat. Professor Dr. Duc, ein älterer Herr, vom Leben gezeichnet, ist Arzt, spezialisiert auf Schlangenbisse. Während seiner Ausführung kommen zwei Assistenten in den Raum, einer mit Schlange, der andere reicht dem Professor ein Skalpell. Mit einer geschickten Handbewegung macht der Professor einen Schnitt am Hals, das Schlangenblut fließt in die Gläser, der zweite Assistent schenkt Lua-Moi, den vietnamesischen 40-prozentigen Reisschnaps, in jedes der Gläser hinein. Das Staunen mit getrübtem Gesichtsausdruck aller Anwesenden ist groß, die Gastgeber lachen. Professor Dr. Duc erhebt als Erster das Glas mit der hellroten Flüssigkeit und sagt: „Das ist eine sehr gute Medizin, die keinem schadet, bitte erheben Sie das Glas und tschuk-tschuk wer (zum Wohl)." Alle trinken.

Unser Tisch

Von links: Professor Dr.Duc, ich mit der Schlange,
Assistent, Dolmetscherin

Suppenterrinen sowie Schüsseln mit Porzellanlöffel stehen auf dem Tisch vor unseren Plätzen. Wir werden aufgefordert, uns zu bedienen, es ist eine Nudelsuppe mit mehreren ca. 5 cm langen Schlangenfleischstücken, deren Blut wir getrunken haben. Die Gesichter werden immer länger und zögernd bewegen die Gäste ihren Porzellanlöffel. Das Schlangenfleisch in Kombination mit der Nudelsuppe schmeckt jedoch ausgezeichnet.

Wir sind in Provinzen im Mekong-Delta in gleicher Mission, einmalige Landschaften rauschen an mir vorbei, Reisfelder, Bananen- und Kokosnusshaine, aber auch große Wald- und Bodenflächen, auf den Mekongarmen bewegen sich lang gestreckte Boote, beladen mit Obst, Gemüse und anderen Produkten sowie vom Wind angetriebene Dschunken.

Auf den Mekongarmen bewegen sich lang gestreckte Boote

Meine Aufgabe in Süd-Vietnam ist beendet. Nach meiner Ankunft in Berlin-Schönefeld werde ich von meiner Helene und Buffy herzlich begrüßt, Buffy jault wie jedes Mal vor Freude und möchte getragen werden. Während der Fahrt nach Zeitz schildert Helene, dass ihre Mutti sehr schwer krank ist, sie war mit Halina, Thomas, Stefan und Buffy in Mikulczyce, Paul und seine Frau betreuen sie, es sieht nicht gut aus, wir sind mit Paul in ständigem Kontakt. Wir entscheiden, zu Oma Luzie zu fahren, um Entscheidungen zu treffen.

April 1988 bei Oma Luzie

Oktober 1988 bei Oma Luzie

Mehrere Tage halten wir uns bei Oma Luzie auf, der Gesundheitszustand meiner Schwiegermutter ist besorgniserregend, das bestätigt auch die behandelnde Hausärztin. Die politische Lage in Polen ist nicht stabil, überall gibt es Engpasse auch in der medizinischen Versorgung. Wir entscheiden, Oma Luzie mit nach Zeitz zu nehmen, eine Einreisegenehmigung haben wir unbürokratisch in Zeitz erhalten, die Fahrt im Wartburg verläuft ohne Komplikationen. Zu Hause wird die Kranke im schnell eingerichteten Kinderzimmer platziert, ab dem nächsten Tag wird sie ärztlich liebvoll versorgt.
Anfang Dezember 1988 treten starke Schmerzen im rechten Bein auf und sie kommt ins Krankenhaus. Diagnose Arterienverkalkung (Atherosklerose), Ärzte versuchen die Ablagerungen in den verengten Gefäßen freizumachen, mit wenig Erfolg, das Bein verfärbt sich und muss amputiert werden. Drei Wochen später, am 15.1.1989, stirbt Oma Luzie in unserem Beisein, Tage später wird sie in Zeitz auf dem Michaelis-Friedhof beigesetzt.

Unerwartet stehe ich erneut vor einer Ausreise nach Nord-Vietnam, Frau E. Krüger erkrankte, die Vertretung soll ich in der DDR-Botschaft in Hanoi übernehmen. Untergebracht bin ich im Diplomatenviertel Van Phuc. Am 21. Mai 1989 nehme ich meine Aufgabe im Arbeitskräftestab in Hanoi auf.
Am 23. Mai 1989 findet das Einführungsgespräch beim Botschafter mit einer nicht freundlichen Begrüßung statt. „Du solltest schon früher einreisen, deine Reisedirektive ist unzureichend, ab sofort bist du mir unterstellt", so der Genosse Botschafter erbost. Zufrieden mit diesem Gespräch bin ich nicht, sympathisch ist mir mein neuer Chef auch nicht, auf seine Launen muss ich mich einstellen, hoffentlich raste ich nicht beim nächsten Gespräch aus. Ich gehe meinen Aufgaben nach, studiere Dokumente meiner Vorgängerin und eile zu Sammelstellen, wo Arbeitskräfte für den nächsten Einsatz in der DDR vorbereitet werden.
Am 24.5.1989 informiert mich die Sekretärin, der Genosse Botschafter beabsichtige, mich morgen früh im Ministerium für Arbeit, Kriegsversehrte und Sozialwesen der SR Vietnam vorzustellen, ich soll mich bereithalten.
Wir sitzen im Konferenzraum des Ministeriums, am langen Tisch der Stellvertreter des Ministers, Genosse Nguyen Khach Hieu, mehrere vietnamesische Mitarbeiter des Ministeriums gegenüber dem DDR-Botschafter, der Botschaftsdolmetscher und meine Wenigkeit. Der Botschafter flüstert mir zu: „Unsere Gespräche schreibst du auf, ich möchte morgen früh deine Aufzeichnungen auf dem Tisch haben." Unauffällig nehme ich mein schlankes Diktiergerät in Form eines Brillenetuis, schalte es ein und lege es auf den Tisch, darauf meine Sonnenbrille, das Mikrofon ist nicht sichtbar. Aus der Beratung entnehme ich, dass der Stellvertreter des Ministers in den nächsten Tagen nach Berlin fliegt und der Botschafter auch, beide stimmen ihre Reisedirektive ab. Ein DIN-A4-Blatt Papier liegt vor mir, ich

schreibe hin und wieder mal was zum Schein auf, aber nicht viel. Der Botschafter sieht das Blatt und ermahnt mich mit einem bösen Blick: „Schreib!“ Ich antworte leise, aber sehr freundlich: „Jawohl, Genosse Botschafter, wird gemacht.“ Der Botschafter spricht, der stellvertretende Minister spricht, die anwesenden vietnamesischen Genossen sprechen, an mich werden Fragen gestellt, ich schreibe nicht, der Genosse Botschafter notiert etwas. Nach etwa zwei Stunden geht die Beratung zu Ende.

Der Genosse Botschafter geht wütend vor mir, im Auto pfeift er mich gnadenlos zusammen, dass ich den Ablauf der Beratung nicht aufgeschrieben habe. Ich starre ihn gelassen an und warte, bis ihm die Puste ausgeht. Jetzt bin ich am Zuge und frage den erschöpften Genossen Botschafter, ob ich eine kurze Antwort geben kann. Darauf der Genosse Botschafter: „Was willst duuuuuu mir sagen?“ Darauf ich: „Genosse Botschafter, den gesamten Ablauf der Beratung habe ich Wort für Wort festgehalten“, und zeige ihm das Diktiergerät. Darauf der erboste Botschafter: „Was ist das für ein Zeug?“

„Das ist ein Diktiergerät!“ Ich reiche ihm das Gerät und gleich kommt die Frage: „Wo hast du das her?“ Ich antworte prompt: „In Damaskus habe ich das Diktiergerät gekauft, um meine Aufgaben effektiver zu gestalten.“ Ich habe gelogen, richtig ist, ich habe es im Intershop gekauft, aber Genossen bekennen sich nicht zum Einkauf im Intershop, daher auch meine Lüge. Der Genosse Botschafter ist ruhig geworden, bestaunt das Diktiergerät von hinten und vorne, fragt nicht, wie man es einschaltet, gibt es mir zurück. Ich lasse das Band kurz laufen, er hört seine Stimme, die der anderen auch. Der Botschafter wird nachdenklich und sagt im ruhigen Ton: „Spätestens morgen möchte ich die Notiz von dieser Beratung haben.“

Mein Chef schweigt. In mein Büro stürmt plötzlich der Sicherheitsbeauftragte der Botschaft herein und sagt: „Der Alte spielt verrückt, er tobt, du hast ein Spionagegerät bei der heutigen Beratung verwendet. Wenn das aufliegt, kann das zur diplomatischen Verwickelung führen", er tobt und tobt. „Du sollst mir zeigen, wie das Gerät funktioniert, und ich soll es ihm vorführen."

„Eigentlich habe ich ihm das Diktiergerät vorgeführt, das Band lief und er hörte seine kreischende Stimme, die der anderen auch, er gab keinen Kommentar ab, aber wenn er es möchte, bitte zeig es ihm noch mal." Nach etwa einer Stunde bekomme ich das Diktiergerät zurück mit der Auflage, nach der Notiz den Inhalt zu löschen und das Gerät nie wieder für Dienstzwecke zu verwenden. „Wird gemacht", antworte ich.

Ich bin täglich unterwegs. Nguyen van Hai, mein Dolmetscher, den ich nur Hai nenne, ist ein prima Kerl, begleitet mich in Betriebe und Sammelzentren, wo sich vietnamesische Arbeitskräfte für den Einsatz im Ausland vorbereiten, er übersetzt fast simultan. Hin und wieder werde ich zum Botschafter gerufen und ich muss seine Launen gelassen ertragen. Vor seiner Ernennung zum Botschafter in der SRV war er hoher Offizier bei der NVA, daher auch sein schroffer, befehligender Umgang mit seinen Mitarbeitern, so erfahre ich es.

Auch heute liegt im nahen Hanoi noch dieser unnatürliche Stickstoff-Kali-Dünger-Geruch in der Nase, das zeugt davon, dass die Kanalisation immer noch überlastet ist, veraltet, die übel riechende Flüssigkeit findet ihren Abfluss am Fahrbahnrand. Das Straßenbild hat sich nicht geändert, Chaos und Lärm auf den Straßen, wie in Ho-Chi-Minh-Stadt. Ständiges Klingeln der Fahrräder und Rikschas, lautes Hupen der stark ramponierten Autos, der Mopedlärm. Verkehrspolizisten in weißen Handschuhen und mit Trillerpfeife regulieren gelassen auf Straßenkreuzungen den Straßenverkehr. Straßenbahnen und Omnibusse ohne Verglasung und mit starken Verschleißerscheinungen fahren an uns vorbei.

Hanoi 1989

Wir schreiten auf dem asphaltierten Weg im Schatten der

Bäume und Pflanzentöpfe dem Mausoleum zu, rechts und links des Weges gepflegte Grünanlagen, weiß gekleidete Soldaten gehen oder stehen am Wegesrand, achten auf einen störungsfreien Fußverkehr. Viele Menschen, alte und junge, auffallend gut gekleidet gehen schweigend auf diesem gepflegten Weg zum und vom Mausoleum.
Wir betreten den dämmrigen Innenraum und gehen ein paar Stufen hinauf, die Luft wird spürbar kühler, Soldaten weisen den Weg nach links und dann nach rechts, wir gehen einzeln auf einem schmalen Gang. Völlige Ruhe herrscht in diesem Raum. Links liegt Ho Chi Minh mit wachsartigem Gesicht und wie zu Lebzeiten mit spitzem Bart, klein und schmächtig einbalsamiert, bekleidet und aufgebahrt im gläsernen Sarg, rötlich beleuchtet. Rechts in kurzen Abständen stehen Soldaten in weißer Gala-Uniform, bewachen den Leichnam und sorgen dafür, dass Besucher im Gleichschritt schreiten und nicht zu lange vor dem Sarkophag stehen bleiben. Nach wenigen Minuten stehen wir wieder in brütender Sonne.

Ho-Chi-Minh-Mausoleum

Wachablösung

Seit drei Tagen regnet es in Strömen, Straßen verwandeln sich in Flüsse und seit zwei Tagen ist mein Hai nicht da, ich kann nirgendwo hin. Ohne Dolmetscher bin ich ein halber Mensch in Vietnam, am dritten Tag kommt mein Hai. „Wo warst du die zwei Tage?“, frage ich. Darauf Hai mit einem Lächeln: „Das Bett meiner kranken Mutter stand unter Wasser, sie wäre uns ertrunken, wenn ich später gekommen wäre. Mit meinen Brüdern mussten wir die Mama aus dem Wasser hieven und auf eine trockene Fläche legen, sie vom Straßendreck waschen und trocknen, Mama hat geweint. Danach sammelten wir große Steine, transportierten diese von Weitem zum Haus und stapelten die schweren Brocken einen Meter hoch, einen Meter breit und zwei Meter lang. Auf dieser Fläche richteten wir das Schlaflager für unsere Mutter, jetzt liegt sie trocken.“

Meine Tage in Vietnam sind gezählt, ich fertigte elf Maschinen mit vietnamesischen Arbeitskräften ab und hielt Vorträge in Vorbereitungslagern und pflegte Kontakt zu Betrieben und Ämtern für Arbeit. In Realisierung meiner Aufgaben als Beauftragter des Staatssekretariates für Arbeit und Löhne der DDR hatte ich keine nennenswerten Probleme.

Am Flughafen Berlin-Schönefeld werde ich von meiner Helene und Buffy, unserem Zwergpudel, begrüßt. Buffy springt mich an, jault vor Freude, ich nehme sie in meine Arme. Das Schmusen ist so stark, dass ich Buffys warmen Urin auf der Hand verspüre. Wir freuen uns, wieder zusammen zu sein, aber besonders groß ist die Freude über meine Mitbringsel wie Lederjacken, orientalische Kleider, Blusen, diverse Keramik, Reisstrohmatten, Elfenbein- und anderer Schmuck, Kosmetika, Südfrüchte wie frische Ananas, Bananen, grüner Tee u. v. a., echte Dollar sind auch dabei.

Abschied von Vietnam

Ich bin wieder in meinem Stammbetrieb, dem VEB BMK „Chemie“ Halle, und eine neue Aufgabe als Bauleiter für Städtebau in Botswana/Südafrika steht in Aussicht.
Halina führt ihr gewohntes Familienleben, hin und wieder beklagt Halina die schroffe und bestimmende Art von Thomas, seine Wutausbrüche, die Kritik an ihrem Freundes- und Bekanntenkreis. Er kauft kopflos ein, ohne sich mit ihr abgestimmt zu haben, er wirtschaftet in der Küche, stößt sie vor den Kopf mit seinen spontanen Entscheidungen. Sie sagt: „Manchmal habe ich den Eindruck, Thomas nimmt mich nicht für voll.“
Eine nicht zu übersehende Unruhe unter DDR-Bürgern ist zu verspüren. Hinter vorgehaltener Hand wird von Demonstrationen unter anderem vor evangelischen Kirchen in verschiedenen Städten erzählt, Leipzig, Erfurt, Halle, Berlin werden erwähnt. Auch westliche Medien berichten von Demonstrationen in der DDR

Unser Enkel kränkelt ständig, sein Husten mit erschwertem Atmen, die ziehenden Geräusche beim Ausatmen, die Tränen in den Augen, die unruhigen Nächte machen den Eltern und uns als Großeltern große Sorge. Alles deutet auf ein Kindesasthma hin. Halina ist laufend mit Stefan in der Poliklinik, dort sitzen Mütter mit Kindern mit gleichem Krankheitsbild, Ärzte sind ratlos, es kommen immer mehr kranke Kinder, die verschmutzte Luft im Raum Halle-Buna-Leuna belastet die Menschen. Thomas und Halina tragen sich mit dem Gedanken, an die Ostsee oder in den Harz umzuziehen, von Ärzten wird dringend eine Luftveränderung für kleine Sprösslinge empfohlen. Aber bald lässt Thomas den Gedanken fallen, in der DDR zu bleiben, und stellt einen Ausreiseantrag, um in die BRD umzusiedeln. Halina ist nicht begeistert, die gewohnte Umgebung zu verlassen, es gibt Streit zwischen Halina und Thomas. „Wenn du nicht willst, fahre ich alleine“ sagt Thomas zu seiner Frau.

In den folgenden Tagen überschlagen sich die Medien mit Nachrichten aus der DDR. Im ersten Halbjahr 1989 sind weit über 50 000 DDR-Bürger in die Bundesrepublik Deutschland gekommen, darunter über 45 000 mit Ausreisegenehmigungen. Zu den Feierlichkeiten zum 40. Jahrestag der DDR-Gründung drängt Michail Gorbatschow zu Reformen in der DDR im Sinne der Perestroika und stößt auf ablehnende Haltung bei Erich Honecker.

Mittwoch, 18.10.1989, das Zentralkomitee der SED tagt. Erich Honecker wird als Generalsekretär abgewählt, er tritt auch als Vorsitzender des Staatsrates und des Nationalen Verteidigungsrates zurück.

Unser Kurantrag für die Zeit vom 05.11. bis 25.11.1989 in Heringsdorf auf Usedom wurde genehmigt und auch die Ausreise in die BRD wurde unserem Schwiegersohn, Tochter und Enkel stattgegeben. Mit unserem Wartburg fahren wir nach Heringsdorf, im Gepäckraum unser Fernseher „Sharp“, die laufenden politischen Ereignisse wollen wir ungestört verfolgen.

Donnerstag, 09.11.1989, auf einer internationalen Pressekonferenz erklärt Günter Schabowski um 18:57 Uhr: „Privatreisen nach dem Ausland können ohne Vorliegen von Voraussetzungen beantragt werden, Genehmigungen werden kurzfristig erteilt.“ Ihm wird die Frage gestellt: „Gilt das auch für Westberlin?“ Er zuckt mit den Schultern und antwortet: „Also, doch, doch“, und liest dann weiter vor. „Die ständige Ausreise kann über alle Grenzkontrollen der DDR zur BRD bzw. zu Westberlin erfolgen.“ Schabowski wird dann gefragt: "Wann tritt das in Kraft?“ Er antwortet: „Das tritt nach meiner Kenntnis … ist das sofort, unverzüglich …“
Das Fernsehen zeigt einen Massenansturm an den Grenzübergängen in Berlin, die Grenzoffiziere sind ratlos. Menschen strömen immer weiter und gehen, fahren mit Trabis, Wartburg, Ladas und anderen Kraftfahrzeugen mit lautem Hupen und Lärm nach West-Berlin.
Mittwoch, 15. November 1989, wir sitzen vor unserem Fernseher und verfolgen die Debatte in der Volkskammer. Plötzlich meldet sich Erich Mielke, langjähriger Minister für Staatssicherheit der DDR, zu Wort und spricht wenig Zusammenhängendes mit leicht angehobenem Haupt. Zwischenrufe sind zu hören, Mielke versucht sich zu wehren, er wirkt nervös und dann kommen seine deutlichen Worte, die uns aufschreien lassen: „Aber ich liebe euch doch alle.“

Am Telefon überrascht uns Halina mit der Nachricht, dass sie in Wuppertal bei Familie Presia waren, bei ständiger Einreise finden sie dort vorübergehend Unterkunft. Wir sind traurig, Halina, Enkel und Thomas verlassen uns, die politische Lage in

der DDR ist undurchschaubar. Trennen wir uns für eine unbestimmte Zeit von unseren Kindern? So ist das Leben, wir haben auch unseren Eltern vor 23 Jahren den Rücken gekehrt, der Ball kam zurück. Am Grenzübergang Herleshausen erfasst uns alle ein mulmiges Gefühl, aber die DDR-Grenzer haben kein Interesse uns anzuhalten oder Fragen zu stellen. An der nächsten Raststelle übergebe ich, wie bereits abgesprochen, unserem Schwiegersohn 2400 DM, um diese für uns im Westen bei einer Bank anzulegen.
Helene und ich beabsichtigen, einer moralischen Pflicht nachzugehen, das Grab von Tante Gertrud, im Jahr 1973 verstorben, in Weilbach im Bundesland Hessen aufzusuchen. Sie hat viel Gutes über die Jahre für uns getan, noch mal ein Dankeschön wollen wir sagen. Mitte Dezember 1990 fahren wir mit unserem „Wartburg“ dort hin, werden vom Sohn und seiner Frau freundlich aufgenommen, übernachten dort und am nächsten Morgen besuchen wir gemeinsam das Grab. Anschließend fahren wir zu einem Überraschungsbesuch nach Wuppertal zu unserer Tochter Halina, Enkel und Schwiegersohn, wir haben Sehnsucht nach unserer Tochter und dem Enkel.
Ich bin weiter in meinem Stammbetrieb in Halle beschäftigt, die Stimmung unter uns ist nicht die beste, niemand weiß, was morgen wird. Demonstrationen in Halle, Leipzig, Berlin und anderen DDR-Städten deuten nicht von einer stabilen Lage im Lande.

Unser Auslandsarbeitseinsatz in Kungur/Ural

Die Umwälzung der Wirtschaft und Politik in der DDR nimmt ihren Lauf. Die Informationen überschlagen sich täglich. Das Ende der DDR ist in greifbarer Nähe.

Im Treppenhaus der Kombinatsleitung begegnet mir der Generaldirektor und fragt: „Wie steht es mit deinem Auslandseinsatz in Botswana?“ Ich antworte, dass daraus nichts zu werden scheint. Daraufhin unterbreitet mir mein Gesprächspartner den Vorschlag, als Oberbauleiter einer Großbaustelle eines Betonplattenwerkes in Kungur im Ural/UdSSR anzutreten. Ich stimme dem sofort zu, vorausgesetzt, meine Frau kommt mit und bekommt einen Arbeitsvertrag. Seit dem 01. April 1990 bin ich Mitarbeiter im VEB BMK „Chemie“ BT Erdgasleitungsbau in der Funktion als Oberbauleiter und Helene als Fachverkäuferin im VEB Versorgung Erdgastrasse.

Überall Schneeberge und Schneedecken die sich im Abtauen befinden, es ist nasskalt, ein wahrhaftiges Grippewetter. Den Weg zum Speisesaal am ersten Tag müssen wir im Matsch bis an die Knöchel beschreiten, die Schuhe sind völlig durchnässt, Gummistiefel werden gebraucht. Unsere Unterkunft in der Mannschaftsbaracke im Wohnlagerkomplex Goldirewski bietet keinen Platz, weder nach Feierabend in der Woche, aber erst recht nicht am Wochenende zum Entspannen, die Zwischenwände sind Millimeter dünn, jede Unterhaltung kann mitgehört werden.

Karl-Heinz Post, mein Kraftfahrer, bringt mich zum neuen verschneiten Arbeitsplatz, etwa 20 Kilometer entfernt, nach Kungur. In einer lang gestreckten Baracke auf der Großbaustelle ist das Büro der Oberbauleitung. Ich stelle mich der Sekretärin Romy Tauber als neuer Oberbauleiter vor, lasse den Haupttechnologen zum Informationsgespräch rufen. In meinem Bereich sind es über 200 Arbeitskräfte, Anfang April!
Am ersten Arbeitstag, es ist Freitag, wird mir eine lange Liste zur Unterschrift vorgelegt mit Namen von Arbeitskräften, die zum Arbeitseinsatz am Sonnabend und Sonntag kommen sollen. Mir kommen Zweifel auf, ich lasse den Einsatzleiter und Bauleiter zu mir kommen, stelle die Frage, ob es hier so üblich ist, am Wochenende mit so großer Belegschaft zu arbeiten. „Natürlich, wir haben viel zu tun", kommt fast im Chor die Antwort.

Sonnabend, mein zweiter Arbeitstag, Karl-Heinz fährt mich zur Großbaustelle. Weit und breit auf dem Baufeld keine Seele zu sehen, da und dort eine Baumaschine verschneit. In einem Raum treffe ich eine lustige und schön alkoholisierte Gesellschaft an, ich bin fassungslos, aber das habe ich geahnt. Am Montag entscheide ich, Wochenendeinsätze auf Havarien und Instandsetzungen zu beschränken, meine Entscheidung kommt nicht gut an, ich bekomme Gegenwind zu spüren, Überstunden fallen weg.
Helene ist auch vom Arbeitskollektiv in der Verkaufseinrichtung nicht begeistert, Ordnung und Sauberkeit lassen zu wünschen übrig, es herrscht Disziplinlosigkeit und kein Interesse etwas zu verändern.

Zwei Tage später werde ich um 3:00 Uhr morgens von meinem Kraftfahrer Karl-Heinz Post geweckt, um sofort zum großen Chef vom Generalauftraggeber nach Berjosowka zu kommen. Bei hellem Mondschein und vollem Sternenhimmel rasen wir dort hin, es ist leichter Nachtfrost, der Frühling ist im Kommen, am Tag taut der Schnee am Baufeld, Bauarbeiter haben mit Wasser und Schlamm zu kämpfen. Unterwegs sagt Karl-Heinz: „Chef, es lässt nichts Gutes ahnen, wenn Clausnitzer in der Nacht zum Rapport ruft." Ich habe mir nichts vorzuwerfen, angemahnt wurde ich nicht, Termine verschwitzt habe ich auch nicht, den hiesigen Laden habe ich noch nicht richtig durchschaut, ich lasse mich überraschen, antworte ich meinem Karl-Heinz.
Der große Chef, den ich zum ersten Mal sehe, schaut mich an, ist geladen wie eine Haubitze und fängt sofort an zu toben: „Die Entladerampe ist nicht zu gebrauchen, Waggons mit Betonfertigteilen können nicht entladen werden, die vom VEB BMK verlegten Baustraßenplatten entlang der Gleise wackeln wie falsche Pianotasten, der sowjetische Vertragspartner zieht

Konsequenzen!“ In seiner Tobsucht fällt auch mein Name, worauf ich sofort Einspruch erhebe und sage: „Bitte zu dieser Problematik nicht meinen Namen, nur das VEB BMK nennen.“ Clausnitzer schaut mich verblüfft an, ich setze schnell fort: „Die Baustraßenplatten für die Entladerampe wurden im Februar/März im frostigen Boden verlegt, die Waggons waren für diesen Zeitraum avisiert, eingetroffen sind sie jetzt bei Tauwetter. Im Anschluss an diesen Rapport möchte ich um ein persönliches Gespräch bitten.“ Anwesende sind überrascht von meinem dreisten Auftritt, es herrscht Stille, Clausnitzer befürwortet das persönliche Gespräch im Anschluss.
Wir sitzen uns gegenüber, ich überlege kurz, ob ich mein Gegenüber mit Genosse oder Herr Clausnitzer ansprechen soll. Ich vermeide beides, zu Beginn wiederhole ich stark betont, dass ich mich um die Entladerampe persönlich kümmern werde. Dann spreche ich über meine Probleme: die unproduktiven Wochenendeinsätze und Bauleistungen im Winter, die Reaktion meiner Mitarbeiter auf meine Festlegungen zum Wochenendeinsatz und ich beschwere mich über meine Unterkunft im Wohnlager. Der oberste Chef antwortet sofort: „Noch heute bekommst du eine neue ruhige Wohnunterkunft in der Baracke, wo der Wohnlagerleiter Norbert Hinkelmann mit seiner Frau Renate wohnt. Wer nicht spurt, den schickst du sofort nach Hause, den Segen bekommst du von mir zu jeder Tageszeit. Was die unproduktiven Bauleistungen und der Überschuss an Bauarbeitern betrifft, das ist eure innerbetriebliche Angelegenheit, damit müsst ihr klarkommen.“ Mit dem Gespräch, wir duzen uns, bin ich zufrieden.
Die Verpflegung der Trassenbauer ist übertrieben großzügig, ob zum Frühstück, Mittag oder Abendessen, das Angebot ist hervorragend und sehr abwechslungsreich. Jeder kann den Teller mehrmals voll laden, ohne einen Essberechtigungsnachweis vorzulegen. Das Fazit dieser Großzügigkeit ist, dass die Kübel

für Speisereste immer gut gefüllt sind, zu jeder Tageszeit.
Bei einem Rundgang fällt mir beiläufig auf, dass ein Kraftfahrer in der Werkstatt neben einem Lkw W-50 steht. Beim Tagesrapport zum Feierabend frage ich den Einsatzleiter, warum der Kollege nicht im Einsatz ist. „Er wartet, bis sein W-50 repariert wird, es fehlen Ersatzteile und mit einem Lkw sowjetischer Bauart will er nicht fahren", kommt die Antwort. „Und was sagst du als Einsatzleiter dazu?", frage ich. Achselzucken ist die Antwort. „Ist das alles, was du zu sagen hast?" Toll!", sage ich dazu, das Problem werde ich auf meine Weise lösen.
Am nächsten Morgen streife ich erneut durch die Werkstatt und frage den Kraftfahrer, mit was er sich beschäftigt. „Zurzeit mit nichts, ich warte, bis mein W-50 repariert wird", kommt die Antwort. „Du besteigst sofort einen ‚Kras' und meldest dich beim Einsatzleiter", weise ich an. „Nein, das mache ich nicht, ich fahre schon immer den W-50 und werde so lange warten, bis er fertig ist", kommt die Antwort. Am nächsten Tag ist der Kraftfahrer auf dem Weg in die Heimat. Es spricht sich schnell herum, dass der neue Oberbauleiter durchgreift. Als weitere sechs Bauarbeiter die Heimreise antreten müssen, wird mir mehr Achtung entgegengebracht, es zeichnet sich eine verständnisvolle Zusammenarbeit ab, Angst breitet sich aus, den sehr gut bezahlten Arbeitsplatz an der Trasse zu verlieren.

Gerüchte zur Währungsunion am 01.07.1990 sind im Umlauf. Alle Oberbauleiter werden angewiesen, Urlaubspläne der Belegschaften für Juni, Juli und August aufzustellen, um dem Geldumtausch in der Heimat persönlich beiwohnen zu können. Es hat auch einen anderen Hintergrund, viele Arbeitskräfte werden nicht mehr einreisen.
In der letzten Woche im Juni sind wir in der Heimat, Buffy zum letzten Mal, vieles hat sich geändert in der kurzen Zeit unserer Abwesenheit. Ab 01.07.1990 erfolgt der langersehnte

Geldumtausch. In den folgenden Tagen sind Sparkassen und Banken in Städten und Gemeinden von Menschen belagert. Versicherungsagenten, Bausparkassenagenten, Zeitschriftenanbieter und andere wittern das große Geschäft, sprechen Passanten auf der Straße oder vor der Wohnungstür zum Kauf an. Helenes Betrieb nennt sich jetzt Gasanlagenbau-Engineering GmbH und hat ein Grundgehalt von 1903 DM plus Auslandauslösung, dazu ein Auslandszuschlag, damit sind wir beide sehr zufrieden.

Ende Juli sind wir wieder an unseren Arbeitsplätzen in der UdSSR. Eine schriftliche Weisung liegt vor, Arbeitskräfte freizustellen, nach Hause zu schicken, den Auftrag gebe ich weiter an den Einsatzleiter und Bauleiter, mir eine Liste mit Vorschlägen vorzulegen.

Es herrscht ein herrlicher Hochsommer, wolkenloser Himmel mit praller Sonne, am Abend kreisen Scharen von Mücken über unseren Häuptern, Erinnerungen an den sibirischen Sommer werden wach. Endlose Wälder grenzen an Goldirewski. Buffy ist nicht mehr so flink, geht langsam, bleibt öfter stehen, die Hinterläufe sind steifer geworden.
Das Verhältnis zur Belegschaft hat sich nach dem Urlaub weitgehend gebessert, ca. 80 Baufacharbeiter sind jetzt in meiner Oberbauleitung, 15 Baustellen befinden sich in Realisierung, weitere werden folgen. Ein tolles Team, ich bin sehr zufrieden, es macht Spaß, die Oberbauleitung Betonfertigteilwerk zu leiten. Bei Freitagsberatungen mit anschließendem Baustellenrundgang mit dem großen Chef vom Generalauftraggeber Herrn Clausnitzer werde ich von Kritiken weitgehend verschont, es sieht so aus, als mache ich meine Aufgaben zur Zufriedenheit.
Helene hat die schwierige Anfangszeit mit Fleiß, persönlicher

Disziplin und Durchsetzungskraft überwunden, sie leitet jetzt die Verkaufseinrichtung, hat mehrere Mitarbeiterinnen unter sich und unterstützt mit Rat und persönlichem Einsatz die Großküche in Goldirewski.

Mittwoch, 03.10.1990, mit Anbruch des heutigen Tages ist die Teilung Deutschlands beendet, freier Arbeitstag, die Wiedervereinigung Deutschlands wird gefeiert, jemand hat die deutsche Fahne ohne Hammer und Zirkel zwischen zwei Baracken auf einen Mast gehievt. Zwei Betrunkene singen schreiend die erste Strophe des Deutschlandlieds und wiederholen mehrmals, aber immer schwächer Deutschland, Deutschland über alles … Ein dritter kommt hinzu gelaufen und sagt: „Ihr Vögel, das ist doch verboten zu singen. Die westdeutsche Hymne beginnt mit der dritten Strophe vom Deutschlandlied: Einigkeit und Recht und Freiheit, für das deutsche Vaterland! Danach lasst uns alle streben …“
„Nein, das kenne ich nicht,“ sagt ein Singlustiger, „mein Opa singt immer Deutschland, Deutschland über alles, das klingt doch so schön.“

Dienstag, 23. Oktober 1990, es nieselt den ganzen Tag, der Herbst hat längst Einzug gehalten, ich habe Feierabend, Karl-Heinz fährt mich zum Wohnlager. Seltsam, heute liegt unser Hündchen ruhig am Bettrand, sonst springt Buffy auf, begrüßt uns freudig, auch wenn sie kränkelt. Ich nähere mich, sie schaut mich mit großen Augen an, aber gibt keinen Laut von sich, irgendwie merkwürdig erscheint mir ihr Verhalten. Ich streichele sie am Rücken, dann nehme ich Buffy in meine Arme und gehe mehrmals im Zimmer herum. Vor unserer Wohnbaracke setzte ich sie ab, sie lässt Wasser, aber hat Schwierigkeiten, auf den Beinen zu stehen. Im Zimmer liegt Buffy wieder ruhig am Bettrand, ich gehe meinen gewohnten Aufgaben nach, beobachte stets ihr Verhalten. Nach 20 Uhr kommt Helene und sieht mich Buffy tragen. Helene nimmt unseren Pudel in ihre Arme, geht herum und spricht zu ihr. Buffy hebt den Kopf, schaut Helene an und Buffys Kopf senkt sich ab … Buffy ist tot. Wir sind sehr traurig, Buffy hat auf uns gewartet, das treue Hündchen wollte sich verabschieden von uns beiden, mit Bravour hat Buffy auch das gemeistert. Uns beiden rollen die Tränen, in Kungur im Ural/UdSSR und nicht in Zeitz wird Buffy ihre ewige Ruhe haben. Helene hüllt den leblosen Körper in saubere Wäsche ein, legt diesen mit Buffys Spielsachen in die Reisetasche, die sie nach Kungur und in andere Länder gebracht hat. Wir trauern sehr, ein Stück Leben ist von uns gegangen. Am nächsten Morgen, auf der Baustelle in Kungur, zimmern meine Leute eine stabile Kiste, in der die Reisetasche mit Buffy Platz findet. Auf dem Baufeld in einer ca. fünf Meter tiefen Baugrube wird ein ca. zwei Meter tiefes Loch mit einer Schräge gebaggert. Buffy findet hier im frostfreien Boden die ewige Ruhe.

Der ständige Herbstniederschlag in diesen Breiten macht uns zu schaffen, Baugruben stehen unter Wasser, Pumpen arbeiten rund um die Uhr, außerhalb der befestigten Baustraßen bewegen wir uns im tiefen Schlamm. Unter Wasser stehen freie Flächen zwischen Wohnbaracken, ein schmaler befestigter Weg aus Baustrassenplatten führt zu Eingängen, auch Helene kann sich nur in Gummistiefeln bewegen und zum Feierabend ist der Verkaufsraum mit Straßenschlamm bedeckt, ein Mitbringsel der Kundschaft.

Das matschige Baugelände

Wohnbaracken

Weihnachten 1990, wir entscheiden zu bleiben und geben unseren Mitarbeitern Vorrang, das Fest mit Kindern in der Familie zu feiern. Zwischen Weihnachten und Neujahr wird mit verringerter Belegschaft gearbeitet, auch bei Helene in der

Verkaufseinrichtung. Die winterlichen Abend- und Nachttemperaturen bewegen sich zwischen -20°C und -30°C, reichlich Schnee ist auch da. Silvester sind wir bei einer netten russischen Familie im Ort zu Gast, Helene bekam die Einladung. Der Tisch ist reichlich gedeckt, echter Kaviar ist auch dabei, die Atmosphäre ist angenehm, es wird über familiäre Themen gesprochen, ich muss über Vietnam, Sibirien, Mosambik und Jemen erzählen. Unter den Gästen sind drei Offiziere der Sowjetarmee, ehemalige Afghanistan-Kämpfer, bei gutem Essen und Wodka wird diskutiert über die Neuordnung in Europa und der UdSSR, lobende Worte über Michael Gorbatschow kommen nicht gut an, sie werden völlig abgewertet. Meine Gesprächseinlage, Gorbatschow habe Deutschland verändert, wird sofort mit getrübtem Gesichtsausdruck meines Gesprächspartners ergänzt „… und die Ideale der sowjetischen Auslandspolitik vergessen“, so habe ich es verstanden. Mit weiteren Fragen und Einlagen halte ich mich zurück, Alkohol ist im Spiel, die Diskussion wird immer hitziger.

Baustellen sind wetterabhängig, wir beschränken uns auf Instandhaltung der Betonmischanlage, Bohrarbeiten im frostigen Boden für Pfahlgründung, Freihalten der Zufahrtstrassen und Wege, Mauerarbeiten in geschlossenen und beheizten Bauwerken sowie andere anfallende wenig produktive Ausweicharbeiten. Nachdem alle Mitarbeiter aus dem Urlaub wieder da sind, mache ich mich mit Helene auf den Weg in die Heimat, unseren verdienten Urlaub zu genießen, wir haben es beide bitter nötig.
Vorweg haben wir einen Urlaubsplatz auf Gran Canaria gebucht, 14 Tage haben uns gutgetan in einer neuen Welt. Nach unserer Rückkehr aus dem Urlaubsparadies feiern wir im engen Freundeskreis meinen 57. und sieben Tage später Helenes 50. Geburtstag mit Halina, Thomas, Stefan, die aus diesem Anlass

aus Wuppertal kamen, anwesend sind auch Halinas Schwiegereltern. Die Atmosphäre ist ausgezeichnet, es gibt viele interessante Berichte, auch traurige, viele junge Menschen überschätzen ihre Fahrkünste mit schnellen westlichen PKWs im Straßenverkehr und finden bei Unfällen den Tod oder tragen dauerhaften körperlichen Schaden davon.

Unsere schöne Urlaubszeit ist vorbei, wir sind wieder an unserem Arbeitsplatz fern der Heimat. Der Frühling hält Einzug, der Boden trocknet ab, es ist Zeit für Gründungsarbeiten, unsere Tiefbaugeräte sind im Einsatz. Baugruben und Löcher für Stützenfundamente werden in zwei Arbeitsschichten ausgehoben. Zimmerer schalen Fundamente und andere Bauelemente ein, oftmals noch im nassen und durchweichten Boden. Die Betonmischanlage arbeitet auf Hochtouren einzelne Baustellen müssen beliefert werden, Arbeitskräfte werden jetzt verstärkt gebraucht, es ist Bausaison.

Hallenkonstruktion

An einem Sonntag fahren wir in der weiteren Umgebung von Goldirewski herum, wir halten vor einer Ruine eines alten großen Mehrfamilienhauses, ein Relikt aus der Zarenzeit, augenscheinlich ist die Holzkonstruktion immer noch in gutem Zustand. Karl-Heinz und ich sind neugierig, schauen durch die Türöffnung hinein, stellen fest, die Räume mussten als Lager oder Werkstatt genutzt worden sein, Holzregale zeugen davon, ein Raum ist verschlossen. Wir halten vor einem ehemaligen Kloster der russisch-orthodoxen Kirche aus vorrevolutionärer Zeit, das schöne Bauwerk im Stil russischer Sakralbauten des 17./18. Jahrhunderts ist dem Zerfall preigegeben. Die Fassaden auf allen Seiten weisen Witterungsschäden auf, es gibt weder Fenster noch Türen, die Innenräume sind verwüstet, werden auch als Lager genutzt.

Ehemaliges Mehrfamilienhaus

Ehemaliges Kloster der orthodoxen Kirche

Wir machen einen Ausflug mit einem Hubschrauber zur Trennlinie Europa – Asien im Uralgebirge. Und wieder mal eine Ansiedlung im Blickfeld. Der langweilige Flug dauert 90 Minuten und wir landen auf einem PKW-Parkplatz neben einer Fernverkehrsstraße mitten im Wald, wo eine Vielzahl von Kindern, Pilz- und Beerensammlern unsere Landung beobachtet. Die

Schar der Kinder wird immer größer, auch Erwachsene sind dabei. Der Hubschrauber steht auf der asiatischen Seite, etwa 20 Meter von der Markierung der Grenze entfernt, die Rotorenblätter ruhen, wir steigen einzeln aus mit Verpflegungsgepäck und Decken.

Trennlinie Europa – Asien

Einen herrlichen Herbsttag haben wir erwischt, die Luft ist sauber, überall nur Wald zu sehen, obwohl wir hoch im Uralgebirge sind, klagt niemand wegen Kälte. Kurt hat eine Antwort auf das tolle Wetter: „Wenn Englein reisen, lacht der Himmel.“ Der erste Gang führt zum hohen Gedenkobelisk aus rotbraunem und weißem Marmor mit der Aufschrift hoch oben „Europa Asien“. Ein denkwürdiger Moment, auf der Trennlinie zwischen zwei Kontinenten zu stehen, Helene auf der asiatischen, ich auf der europäischen Seite. Wir sind beeindruckt von der Schönheit dieser Gegend.

Ein interessantes Vorhaben nehmen wir jetzt in Angriff, die Bodenstabilisierung für mehrere Bauvorhaben. Tiefere Bodenschichten sind auch hier gefroren, die Taugrenze liegt sehr unterschiedlich tief, daher ist es bautechnisch erforderlich, Bauwerke auf Stahlbetonpfählen zu gründen wie in Sibirien.
Der Betriebsdirektor Schmelz aus Halle mit seinem Stab ist vor Ort, nach einem Baustellenrundgang werden Beobachtungen im Büro der Oberbauleitung ausgewertet. Der Betriebsdirektor gibt bekannt, dass demnächst mehrere Oberbauleitungen in eine fusioniert werden. „Und ich möchte, dass du eine neue Aufgabe in der Ukraine übernimmst, ein tolles Bauvorhaben in der Landwirtschaft“, sagt mein Chef fast befehlend. „Was sagst du zu meinem Vorschlag?“ Ich schaue meinen Boss mit großen Augen an und plötzlich kommt das Gespräch mit meiner Helene in Erinnerung: Tage zuvor legte mir Helene einen Pressebericht vor die Nase, darin stand, dass mit 57 Lebensjahren die Möglichkeit besteht, in den Ruhestand zu gehen. In den folgenden Tagen drängt meine Frau auf eine Entscheidung und sagt bestimmend: „Wir machen endgültig Schluss mit dem Wanderleben, wir haben gelebt in Polen, Vietnam, Sibirien, Mosambik, Jemen, jetzt hier. Wie lange soll das Zigeunerleben noch gehen? Es wird uns guttun, zu Hause ansässig zu bleiben, die Wohnung neu einzurichten.“ Und mein süßes Frauchen lässt nicht locker, mir brummt der Schädel. Der Schreck ist mir anzusehen, ich schaffe es gar nicht durchzuatmen, da donnert

mein Betriebsdirektor gnadenlos auf mich ein: „Komme mir ja nicht mit der Masche, du beabsichtigst die neue Ruhestandsreglung in Anspruch zu nehmen, nimm ja die Finger davon weg, du bist noch zu jung dafür, bis 65 hast du noch viel Zeit, bis dahin bist du in der Ukraine fertig und dann kannst du in Rente gehen, wenn dir nichts Besseres einfällt. Und merke dir, nach der Rente kommt der Tod, überlege es dir sorgfältig, ich brauche dein Einverständnis in der nächsten Woche. Rede mit deiner Frau, überzeuge sie, dass die Ukraine ein schönes Land ist, die Menschen sind sehr liebevoll. Ich kann auch mit ihr sprechen, wenn du es nicht schaffst, deine Frau bekommt eine gut bezahlte Vollbeschäftigung und, und, und.“ Meinem Betriebsdirektor und seinem Gefolge verspreche ich ernsthaft über das tolle Angebot nachzudenken, in die Ukraine auf eine neue Baustelle umzusiedeln und auch mit meiner Frau darüber zu sprechen. In Wirklichkeit denke ich gar nicht daran, mit meiner lieben Helene darüber zu reden. Helene würde meine Koffer packen und vor die Haustür in Zeitz stellen, ich müsste dann alleine in die Ukraine reisen und vielleicht dort auch meinen Lebensabend verbringen. Nein, das kann ich ihr nicht sagen, jeden Abend träumt mein Frauchen vom Einrichten der Wohnung, ich habe mehrere Grundrisse unserer Wohnung aus dem Kopf gezeichnet, sie stellt die Möbel um, überlegt, welche Gardinen und Übergardinen, tüftelt über die Art und Größe der Teppiche, der Tapeten, eine neue Schrankwand, Couchgarnitur, sie will das Bad neu einrichten und vieles mehr. Und immer wieder dieselben Worte spricht meine Frau: „Jetzt gibt es doch alles zu kaufen. In Zeitz ist doch ein ‚Hellweg‘-Baumarkt, wir waren schon dort. Du wolltest nichts kaufen, weil wir wieder ausreisen mussten, hoffentlich existiert der Baumarkt noch.“ Langsam freunde ich mich mit dem Gedanken an, bald Ruheständler zu sein.

Ich gehe meinen Aufgaben nach, sortiere die Akten und bereite die Übergabe meiner Oberbauleitung vor. Unsere Zeit in Kungur ist bemessen, wir übergeben die Geschäfte an unsere Nachfolger, mit Wehmut tun wir das, aber diese Abschiedsgefühle sind uns nicht fremd.

Verabschiedung

Sonntag, der 15.09.1991, der Leiter der zentralen Niederlassung Manfred Bartel lädt zur Abschiedsfeier nach Berjosowka ein, die Atmosphäre ist ausgezeichnet, der Raum voller Mitarbeiter, Dankesreden und gute Wünsche werden uns mit auf den Weg gegeben, Männer trinken Bier, Wodka, Frauen Wein, Likör, Birgit Dölz liest Erinnerungen von unserem Dasein in Kungur, weitgehend in Versform, vor:

Anfangs war es schwer, auch beim Günter.
Er kam im April `90, da war noch Winter.
Er übernahm einen führungslosen Haufen,
er dachte, euch werde ich mir kaufen.
Mogeln, Ausreden haben jetzt ein Ende,
jetzt nehme ich die Zügel in die Hände.

Günter hat die halbe Welt gesehen,
das Ural-Wetter kann er nicht verstehen.
Es regnet tagelang, alles schwimmt weg,
er tobt und fragt, wann hört auf der Dreck.
Er hat miese Stimmung, sagt lange kein Wort,
seine Sekretärin Romy stiehlt sich leise fort.

Bald, traf es den Günter schwer
und Helene noch viel mehr.
Die Lady Buffy, sie schlief ein,
sie wollte nicht mehr bei uns sein.
Buffy war dein Kind, es tut dir weh,
jetzt ruht sie im tiefen Schnee.
Lass sie dort ruhen und sieh es ein,
es konnte nicht für immer sein.

Zu Haus macht es euch schön,
kauft einen Mazda und fahrt bequem.
Ich mache Schluss, sonst nimmt das kein Ende,
Günter und Helene lasst euch schütteln die Hände.
Lasst uns auf euch unser Glas erheben,
bleibt weiter so, hoch sollt ihr leben.

Dienstag, 17.09.1991, die Koffer sind gepackt, unsere Wohnung ausgeräumt, wir verabschieden uns von Kolleginnen und Kollegen im Wohnlager Goldirewski. Mein treuer Kraftfahrer Karl-Heinz Post, der fast zwei Jahre lang meine schlechten Launen mit Geduld ertragen hat, fährt uns mit seinem UAS zum Bahnhof nach Perm. Danke, Karl-Heinz! Um 12:30 Uhr besteigen wir den Schlafwagen und nehmen Platz in einer reservierten Abteilung mit zwei weiteren Endausreisenden, wir stehen am Fenster und unterhalten uns mit Karl-Heinz. Pünktlich um 13:20 Uhr Ortszeit startet der Zug zur fast 28-stündigen Fahrt nach Moskau.

Und wir fahren und fahren mit dem Schnellzug in Richtung Moskau. Es ist genügend Platz, wir liegen mit Blick zum Fenster, wir werden mit Tee versorgt, wir essen, lesen, nicken ein, der Zug saust mit hoher Geschwindigkeit durch die herrliche Landschaft im gleichmäßigen Geräuschetakt. Lange schauen wir nach draußen, dann werden wir müde und legen uns lang.
Mittwoch, 18.09.1991, um 14:00 Uhr Moskauer Zeit haben wir unser Ziel erreicht, wir sind am riesigen Moskauer Bahnhof. Die Weiterfahrt ist gut organisiert, ein Bus wartet auf uns zur Fahrt zum Flughafen Scheremjetewo und mit einer Lufthansa-Maschine landen wir um ca. 16:00 Uhr auf dem Flughafen Berlin-Tegel. Der Arbeitseinsatz in Kungur im Vorural ist beendet.

Der Bruch

Mit unserem neuen Mazda 626 Limousine fahren wir am 09.10.1991 nach Wuppertal, um unseren Enkel und die Tochter in die Arme zu schließen. Nach kurzem Plausch begleite ich meinen Schwiegersohn zum Baumarkt, während der Fahrt sage ich: „Hebe bitte die 2400 DM ab, wir möchten diesen Betrag mitnehmen nach Zeitz.“ Mein Schwiegersohn antwortet ohne Anzeichen von Hemmungen: „Das Geld kannst du nicht bekommen, ich habe es verbraucht.“ Was? Thomas wiederholt seine Antwort mit einem zynischen Lächeln. Meine Reaktion darauf: „Das, was du getan hast, ist eine bodenlose Frechheit, ich betone, Diebstahl. Diesen Betrag verlange ich morgen zum Frühstück zurück und hoffe, du hast mich verstanden.“ Auch Helene ist empört von der Frechheit unseres Schwiegersohnes, der Rest des Tages ist getrübt, Halina zuckt mit ihren Schultern und sagt: „Das hat Thomas gemacht.“ Am nächsten Morgen beim verspäteten Frühstück liegt ein Umschlag mit vollem Betrag auf dem Tisch, murmelnd unter der Nase entschuldigt sich unser Schwiegersohn für sein Vorgehen. Mit meiner Helene bin ich mir einig, was wir machen werden, wenn der Betrag uns ausgehändigt und eine Entschuldigung vorgetragen wird. Ich nehme den Umschlag mit dem Inhalt und sage: „Thomas, Halina, in euren Briefen habt ihr nicht geschrieben, dass ihr dringend Geld für eine Anschaffung benötigt, wir wären die Letzten, die euch eine derartige Bitte abgeschlagen hätten. Wir wissen nicht, war das Arroganz oder Feigheit. In Zukunft darf sich so was nicht wiederholen und …“, ich überreiche den Umschlag unserer Tochter, meine Helene fügt hinzu: „… wir schenken euch das Geld.“

Halina hat ihren Arbeitsplatz gewechselt, ist Bezirksleiterin im Vertrieb einer Kosmetikfirma, verdient gutes Geld, Stefan geht in die dritte Klasse. Wir haben uns viel zu erzählen, die Fahrt mit der Eisenbahn von Perm nach Moskau, ausführlich müssen wir den Hubschrauberflug zur geografischen Grenze Europa-Asien im Ural kommentieren. Wir machen ausgedehnte Ausflüge in Nordrhein-Westfalen, nach Holland und Belgien, speisen in Gaststätten und verbringen zusammen angenehme Tage. Am Montag, den 14.10.1991, nach dem Frühstück verabschieden wir uns von unserer Tochter, Stefan ist in der Schule und Schwiegersohn auf Arbeit, noch am Frühstückstisch überreichen wir unserer Halina 1000 DM. Seit August 1992 ist Halina selbstständige Kosmetikerin, Nagelmodellistin und Fußpflegerin im eigenen Salon, sie hat Freude an ihrer neuen Tätigkeit.

In der Zeit von 1991 bis 2000 machen wir in diesen Ländern Urlaub: 1991 auf Mallorca, 1992 Ungarn, 1992 Griechenland, 1993 Marokko, Gran Canaria, 1994 Fuerteventura, 1994 Algarve/Portugal, 1995 Gran Canaria, 1996 Rundreise USA, 1997 Marmaris/Türkei, 1998 Malta, 2000 Teneriffa. Wir passen uns dem neuen Leben an, Helene schult auf eigene Kosten zur medizinischen Fußpflegetherapeutin und Nageldesignerin um, öffnet 1993 eine Praxis und macht Hausbesuche, die Praxis läuft sehr gut. Ich als Vorruheständler bekomme auf geringer Stundenbasis eine Anstellung als Dozent für Bautechnologie im guten Berufsbildungsinstitut Halle-Zeitz, es macht mir viel Spaß, meine Erfahrungen zu vermitteln. Hier befreunde ich mich mit dem Leiter der Außenstelle Zeitz, Herrn Günter Peter, ein hervorragender und sehr sozial engagierte Kollege, wir verstehen uns sehr gut bis in heutige Tage.
Während eines Telefongespräches schlägt unser Schwiegersohn vor, gemeinsam ein Haus in Wuppertal zu bauen, was uns überrascht, er möchte eine baldige Entscheidung wissen, ein schönes Grundstück ist in Aussicht. Von der Sache her keine schlechte Idee, aber das Zusammenleben mit unserem Schwiegersohn unter einem Dach muss überlegt werden, auch Zweifel kommen auf, ob er das viele Geld aufbringen kann. Sollen wir die Zahlmeister sein? Nein, wir bleiben in unserer frisch renovierten und möblierten Wohnung in Zeitz, wir sagen ab.
In den Schulferien weilt Stefan, unser Enkel, 14 Tage bei uns,

wir holen ihn vom Flughafen Leipzig-Halle ab und machen es uns zu Hause gemütlich. Nach zuvor festgelegtem Termin bringen wir den Jungen zu seinen anderen Großeltern nach Merseburg, Opa Rolf lässt seine Abwesenheit jedes Mal entschuldigen, der Verdacht steht nah, aus Neid dem Dozenten und der selbstständigen Nageldesignerin nicht begegnen zu wollen. Stefan interessiert sich für Flugzeuge, wir fahren zum Flughafen Leipzig-Halle, beobachten Start- und Landevorgänge, besichtigen am Boden ausrangierte Flugzeuge der Interflug, speisen sogar in einem Flugzeugrestaurant.
Weitere Wochen, Monate vergehen, wir besuchen uns gegenseitig in Zeitz oder Wuppertal, Schwiegersohn hält Distanz zu uns, Halina schweigt, nimmt keine Stellung dazu, jeder Besuch stimmt uns nachdenklich. Wir verspüren auch bei Stefan eine Verschlossenheit, Distanz zu uns, zu DDR-Zeiten legten wir dem Kleinen ein Sparbuch an und bedienten es in bestimmten Abständen. Auf dem Weg ins Kino frage ich so beiläufig, wie viel Geld er schon auf seinem Sparbuch hat. Da antwortet der Kleine: „Nein, darauf antworte ich nicht, das musst du meinen Vati fragen.“

1995, wir verbringen 14 Tage Schulferien mit Stefan in Polen bei meiner Schwester, besichtigen Zabrze, Katowice, Krakow, das historische Salzbergwerk in Wieliczka bei Krakow, das weltweit einzige Bergwerk, das seit dem Mittelalter bis heute ununterbrochen in Betrieb ist. Stefan möchte unbedingt die Gedenkstätte Auschwitz sehen, er bekommt die Erlaubnis vom Vater, dorthin zu fahren, wir raten ihm davon ab. Stefan besteht darauf. In langen Gesprächen und Diskussionen versuchen wir den Jungen von seinem Vorhaben abzubringen, Stefan weint, trampelt, er möchte Auschwitz sehen. Wir entscheiden, nach Auschwitz zu fahren und sehen das Schreckliche vom Schrecklichsten der Menschheit, vom Menschen selbst

angetan. Stefan ist beeindruckt von diesem Ausflug und im Allgemeinen zufrieden vom Ferienaufenthalt bei Omi Helene und Opa Günter in Zeitz.
Es ist Sonnabend, der 26.08.1995, ein sonniger Nachmittag, Halina, Stefan und Thomas sind angesagt, diesmal kommen sie von Merseburg nach Zeitz. Die Schwester vom Schwiegersohn weihte mit Eltern und Geschwistern das Eigenheim ein. Wir warten und warten, die angekündigte Zeit der Ankunft ist längst verflossen, wir wandern von einem Fenster zum anderen. Nach 15:00 Uhr hält das Auto vor unserem Block, endlich sind sie da, wir waren besorgt. Ich eile vom zweiten Stockwerk nach unten, pflichtgemäße Begrüßung, ich nehme rasch ein Gepäckstück in die Hand und trage dieses hoch in die Wohnung, um meinen Schwiegersohn vom Schleppen zu entlasten. Zuerst trudelt Stefan mit einem Gepäckstück in den Händen bei uns ein, begrüßt uns so beiläufig, es fällt auf, dass der Junge verstört ist. Wir fragen: „Wie war es bei Tante Karla und Onkel Michael in Merseburg?“ Die Antwort kommt desinteressiert und unentschlossen: „Na ja, na ja.“ Halina trifft ein, auch verstört, unzufrieden, nach kurzer Begrüßung beantwortet Halina die gleiche Frage mit: „Karla und Michael müssen wissen, was sie machen, das ist Geschmacksache“, und zuckt mit den Schultern. Der Schwiegersohn kommt, geht sofort ins Badezimmer, weilt dort eine Zeit, kommt ohne Begrüßung ins Wohnzimmer, setzt sich schweigend nieder, wir sehen, er ist aufgewühlt, gereizt, ihn plagt Unzufriedenheit. Wir versuchen die schlechte Stimmung aufzupolieren, zur Begrüßung öffne ich eine Flasche Rotkäppchen-Sekt, wir plaudern mit Halina, Thomas sagt nichts, zeigen Ferienfotos mit Stefan in Zeitz und Polen. Der Schwiegersohn, immer noch in schlechter Stimmung, nimmt ein Foto mit Abbildung meiner Schwester zur Hand und kritisiert taktlos ihr Äußerliches. Mein Bild mit freiem Oberkörper im Wohnzimmer am Tag von Stefans Ankunft,

es war ein sehr schwülwarmer Augustnachmittag, wird zynisch kommentiert. Wir lassen keinen Streit aufkommen, Schwiegersohn wartet darauf, er schwoll zusehends auf wie eine Haubitze. Stefan schildert seine Eindrücke bei Tante Dorota in Zabrze, in Krakau, in Wieliczka, in Auschwitz, wir ergänzen seine Erzählungen. Thomas nimmt an der Diskussion weiter nicht teil, macht einen müden Eindruck, Halina sagt nichts zu seinem Verhalten. Ich werde animiert, den Film vom Aufenthalt in Polen vorzuführen, verbinde meinen Camcorder mit dem Fernseher und der Film mit Stefan im Vordergrund läuft. Erinnerungen werden wach, Diskussionen folgen, Stefan strahlt vor Freude sich zu sehen, Halina freut sich darüber, was dem Jungen geboten wurde, und hat viel mitzureden, Thomas hält sich weiter heraus.
Jetzt kommt Auschwitz, über dem Eingangstor die Aufschrift „Arbeit macht frei", es folgen einzelne Blöcke, der Todesblock 11 mit der Todeswand, weitere Blöcke, der Judenblock, die Hinrichtungsstätte vom Lagerkommandanten Höß und Ausschnitte von der Filmvorführung über die Lagerbefreiung durch die Rote Armee. Plötzlich legt Stefan seine Hände vor die Augen, schüttelt mit dem Kopf, Thomas sieht das, brüllt uns an, die Vorführung zu beenden, das sei schädlich für den Jungen, wir schädigten Stefans Psyche. Wir sind fassungslos, wie sich Thomas aufspielt, Halina schweigt, nimmt dazu keine Stellung, sie vermittelt uns den Eindruck, sie stimmt mit Thomas überein. Unsere Reaktion darauf: „Thomas, Stefan war in Auschwitz, hat das Vorgeführte vor Ort mit seinen Augen gesehen. Dort hat Stefan die Augen nicht verschlossen, er war ruhig, bedrückt wie jeder andere Zuschauer. Du hast dem Jungen die Erlaubnis erteilt, Auschwitz zu besuchen, wir waren strickt dagegen, dort hinzufahren. Wenn jetzt Stefan mit seiner Reaktion den vor dir Unschuldigen, den Betroffenen theatralisch demonstriert, dann ist sein Verhalten uns gegenüber sehr un-

fair. Oder Stefan hat Angst vor dir, Auschwitz gesehen zu haben. Wir müssen mit ihm reden.“ Die Verärgerung lassen wir uns nicht anmerken, die Unterhaltung wird fortgesetzt mit Erlebnissen in Zabrze, in Katowice bei meinem Freund und vor allem in Krakau und im historischen Salzbergwerk in Wieliczka.

Das deftige Abendessen ist bereits serviert, Helene hat sich wie stets große Mühe gegeben, die Gäste gut zu bewirten. Um die Stimmung zu beleben, stelle ich eine Flasche polnischen Wodka auf den Tisch, alle nehmen die Plätze ein, wir trinken auf unser gemeinsames Wohl und essen gemütlich das warme Abendbrot. Nach dem Abendessen gehen wir zu Fragen des gestrigen Geschehens in Merseburg zur Hauseinweihung über, es kommen kritische Bemerkungen vom Thomas, das sei Geschmacksache, das ist ein altes Haus, viel Arbeit steckt drin, von Begeisterung keine Spur … Auf die Frage: „Wie hat sich dein Bruder nach dem Umzug aus Wuppertal wieder eingelebt, hat er schon Arbeit gefunden?“ schwelt Thomas an und er fängt an, unkontrolliert laut zu toben: „Man erfährt ja nichts, er konnte in Wuppertal bleiben, hat dort gute Arbeit gehabt, ihm hat dort nichts gefehlt!“ Ich schalte mich ein und sage: „Thomas, du irrst dich, dein Bruder hat sich einsam gefühlt, sein Freundeskreis, das Elternhaus fehlten ihm, vielleicht hat er auch wenig Herzlichkeit von dir erfahren.“ Thomas wird wütend und ausfällig, spricht durcheinander. „Mein Bruder wurde verwöhnt, Karla wurde verwöhnt. Ich wurde als Kind streng erzogen, mein Vater hat mich geprügelt, er war bei der SS. Meine Eltern haben an mir Erfahrungen gesammelt. Bei fast jeder Begegnung mit ihnen gibt es Unstimmigkeiten. Ihr habt auch Halina schlecht erzogen, als Nichtvolljährige hatte sie ein Verhältnis mit Zimmermann.“ Helene schaltet sich ein und sagt: „Thomas, das geht dich nichts an, was meine Tochter vor der Hochzeit getan hat. Du hast in einer festen Beziehung sogar in eigner Wohnung gelebt und deine Eltern waren auch nicht glücklich darüber. Bleib nur ruhig und zeige nicht mit dem Finger auf Halina.“ Ich meine dazu: „Thomas, übertreibe nicht, dein taktloses Auftreten und Verhalten verärgert und verunsichert deine Gesprächspartner, auch dein Sohn hat Angst vor dir.“ Helene bestätigt das und fügt hinzu, das ist Tatsache, Stefan hat mehrmals betont, er hat Angst vor dem Vati. Thomas kniet vor Stefan nieder und fragt weinend: „Stefan, ist das wahr, du hast Angst?“ Stefan bejaht die Frage, aber dann schwenkt er um und sagt dem weinenden Vater, er habe keine Angst. Thomas steht auf, geht zum Fenster und zürnt erneut über seinen Bruder, seine Schwester, Schwager, Eltern … Ich sage: „Jetzt höre mal bitte auf. Wenn du dich bei deinem Bruder, bei deiner Schwester, bei deinem Schwager, bei deinen Eltern und anderswo noch so aufspielst wie bei uns, brauchst du dich nicht beschweren. Du bist der Unruhestifter.“ Thomas mit erhobener Stimme: „Wir fahren nach Hause!“ Er geht ins Schlafzimmer, packt den Koffer, die Taschen, weist Stefan an sich anzuziehen, Halina folgt ihnen, Thomas und Stefan verlassen die Wohnung, ohne sich zu verabschieden, Halina umarmt uns ohne Kommentar und folgt den beiden. Helene schreitet ein und sagt im Flur: „Überlegt, was ihr tut, Thomas, du hast Alkohol getrunken und willst mit dem Auto nach Wuppertal fahren. Das ist verantwortungslos“, weder Thomas noch Halina reagieren auf den Hinweis. Wir finden keine Ruhe, haben große Angst um das Leben von Tochter, Enkel und natürlich auch um Thomas, er hat eine beängstigende, ja rasante Fahrweise und jetzt noch der Alkohol im Blut. Zu später Nacht der ersehnte Anruf, Halina informiert: „Wir sind zu Hause angekommen.“ Helene antwortet im besorgten Ton: „Wir haben um euch gebangt, es war wirklich verantwortungslos, in diesem Zustand mit dem Auto nach Wuppertal zu fahren.“ Halina schweigt dazu, das Gespräch ist beendet, Halina steht unter starkem Einfluss von Thomas, sie scheint sehr schwach zu sein, um sich ihm zu widersetzen. Halina ist in Wuppertal alleine, hat niemanden, der ihr zur Seite steht, Freundschaften zu pflegen sind ihr nicht erlaubt.

Tage, Wochen, Monate vergehen, wir rufen öfter in der Praxis an, es kommt zu keinem Gespräch, ich habe keine Zeit, ich habe Kundschaft, ich rufe später an, Halina gibt von sich kein Lebenszeichen. Freitag, 05.07.1996 ca. 20:30 Uhr, das Telefon klingelt, Helene nimmt den Hörer ab, meldet sich, am anderen Ende der Leitung herrscht Schweigen. Helene schaltet den Lautsprecher ein, fragt: „Wen möchten Sie sprechen?“ Plötzlich unverkennbar die laute Stimme von Stefan mit Wut geladen: „Du alte Schlange, brrrrrrr (unverständliche Wörter) … und was hast du angerichtet … “ Helene ruft erschrocken in den Hörer: „Stefan, was hast du gesagt?“ Stefan antwortet nicht, legt auf. Das war eindeutig seine Stimme, wir haben es auf Band und laut geschaltet. Wir können es nicht glauben, dass Stefan der Anrufer ist. Es ist durchaus möglich, dass Thomas auch beim Enkel seine Hände im Spiel hat … und Halina? Irgendwas stimmt nicht mit unserer Tochter, mit Thomas schon lange nicht und jetzt stellt sich auch noch unser Enkel gegen uns. Dieser Anruf lässt uns keine Ruhe, das muss Halina als Mutter erfahren. Helene ruft unsere Tochter an und schildert den Vorfall. Halina wimmelt ab: „Das kann nicht wahr sein, zu dieser Zeit war Stefan auf dem Flug in die USA auf einer Klassenfahrt.“ Es kommt zu keinem richtigen Gespräch, Halina legt auf. Eindeutig, Halina, Thomas und Stefan distanzieren sich von uns, schade.

Ein Kurzurlaub in der alten Heimat. Wir weilen bei meiner Mutter, sie freut sich, mich wiederzusehen, ein Seitenhieb folgt: „Es ist Zeit, dass du mal wieder da bist, oder warst du

wieder am Ende der Welt?"
„Nein, Mama, wir sind in Zeitz und arbeiten, Helene hat ihr eigenes Studio für Nagelmodellage und medizinische Fußpflege und ich bin in einem Weiterbildungsinstitut als Dozent beschäftigt." Mutter winkt ab, das sei zu hoch für sie.

Mutter, 85 Jahre alt

In Zakopane

Mutter ist sehr schwach, beklagt ihren Gesundheitszustand. Nach dem Kaffee und Kuchen schlage ich vor, in der Umgebung herumzufahren, mit dem Gedanken, dass Mutter an die frische Luft kommt und was anderes sieht. Meiner Mutter passt das nicht, gleich läuft im Fernseher eine Serie, die sie täglich verfolgt, nach langem Zureden zieht sie sich an. Dorota und Helene wollen ihr dabei helfen, Mutter stößt beide weg, sie brauche noch keine Hilfe. Im Treppenhaus lehnt Mutter unsere Hilfe nicht ab, aber hinter der Haustür auf dem Gehweg will sie niemanden um sich haben, die Leute sollen nicht sehen, dass sie ein alter Kripel (behindert) sei und mit erhobenem Haupt drückt Mutter ihre Brüste hervor. Wir erfahren auch, dass mein guter Freund Edmund Wozniak gestorben ist, auch mehrere meiner damaligen Arbeitskollegen sind nicht mehr am Leben.

Auch zum 90. Geburtstag sind wir wieder bei meiner Mutter, meine Schwester versorgt sie, das hohe Alter nagt an ihrem Körper, aber im Kopf ist sie noch klar. Im Laufe der Unterhaltung fragt Mutter: „Junge, was für ein Auto hast du?“ Ich sage: „Einen Mercedes.“ Mutter: „Hm, Hitler, der Teufel, ist in einem Mercedes gefahren, das ist ein gutes Auto.“
„Wenn wir schon bei Hitler sind“, frage ich Mama, „wir wohnen etwa 50 bis 60 Kilometer von Auschwitz entfernt, habt ihr nicht gewusst, was für Gräueltaten dort vollzogen werden?“
„Nein, Junge, dass dort ein Arbeitslager war, das wussten wir, dein Vater hat den verbotenen Sender bum bum (London) gehört, von solchen Extremen hat er nicht gesprochen, erst nach deinem Besuch mit der Schulklasse (wie klar im Kopf, ich staune) in Auschwitz haben wir von dir erfahren, dass das ein Menschenvernichtungslager war.“

Mutter, 90 Jahre alt

Wir halten Ausschau nach einer Eigentumswohnung, in der ersten Etage sollte sie sein, einige Besichtigungen haben wir hinter uns, nichts, was uns anspricht. Bei einem Spaziergang in der Flöricke-Promenade in Zeitz stoßen wir auf einen Neubau, zwei Wohnungen sind noch frei, im Parterre und zweiten Obergeschoss. Aus Neugier lassen wir uns die Wohnung im

Parterre zeigen, der Zuschnitt mit 77,01 m^2 spricht an, Südseite, die Lage gibt es nur einmal, der Blick ins Grüne und Hochparterre fünf Stufen, die Wohnung ist unsere. Hochparterre, vielleicht soll das so sein …

Weitere Jahre vergehen, kein Lebenszeichen von Halina. Helene ruft unter Tränen mehrmals unsere Tochter an, sei es Weihnachten oder Muttertag, von diesen Anrufen ist Halina nicht begeistert, hält sich kurz und legt auf, man verspürt Kälte uns gegenüber. Was können wir noch tun, damit wir unsere Tochter und den Enkel wiederhaben? Ich entscheide, meinen 70. Geburtstag zum Anlass zu nehmen und den Wuppertalern eine Einladung zukommen zu lassen.

Zeitz, 1. Advent 2003

Einladung

Anlässlich meines 70. Geburtstages am 19.02.2004 lade ich Dich, liebe Halina, und unseren Enkel Stefan zum gemütlichen Beisammensein in Zeitz ganz herzlich ein. Thomas, auch Deine Anwesenheit wird mich sehr erfreuen, wenn Du zuvor Dein Bedauern für Dein Auftreten am 26.08.1995 in Zeitz zum Ausdruck bringst. In der festen Überzeugung, dass Ihr meiner Einladung folgen werdet, verbleiben mit den allerliebsten Grüßen und herzlichsten Weihnachtswünschen
Mutti und Vati.

Am Mittwoch, den 22.12.2003, am späten Abend ruft Halina an und … das Gespräch mit Mutti nimmt kein Ende. Wir sind überglücklich und sagen: Endlich Frieden und vereint nach fast neun Jahren!

Gespräch mit Mutti

Glücklich, endlich vereint zu sein

Am Vortag, später Nachmittag, meines Geburtstages, treffen Halina, Stefan und Thomas bei uns ein. Halina ist älter geworden, immerhin schon fast 44 Jahre alt, gut gekleidet, sehr schlank, leichte Gesichtsfalten und natürliche graue Haarsträhnchen. Stefan, unser Enkel, sehr groß, bald 22 Jahre alt, im ersten Studienjahr Psychologie an der Bochumer Universität. Die Begrüßung ist herzlich, wir drücken uns alle fest.

Nach dem Abendessen entscheiden wir in die Gaststätte „Pub Green Island“ in der Weberstraße, früher Puschkinstraße, zu gehen, der Spaziergang dorthin tut uns allen gut, der Februarabend ist sternenklar, der Mond leuchtet hell, es ist leichter Frost. Die Gespräche unterwegs und in der Gaststätte nehmen kein Ende. Im kleinen Gästezimmer werden wir schnell bedient, es macht den Eindruck, als wären wir nie getrennt gewesen.

Von links: Enkelsohn Stefan, Mutter, Vater, Tochter Halina und Schwiegersohn Thomas

Am Abend im Arbeitszimmer staunt Stefan über mein Interesse an der Computertechnik. Im Laufe des Gespräches stelle ich meinem Enkel die Frage, ob er der mysteriöse Anrufer am 5.7.1996 um ca. 20:30 Uhr war, kurze Pause, dann: „Nein, das war ich nicht.“

„Stefan, deine Stimme war deutlich.“

„Nein, Opa, das war ich nicht.“ Ich nehme das nur zur Kenntnis. In unserer alten Wohnung fand dieser Anruf statt, davon existierte eine Bandaufzeichnung am Telefon, das Band haben wir mehrmals auch im Beisein von Freunde und Bekannten laufen lassen, Stefans Stimme war eindeutig. Nach dem Umzug haben wir das Kabel-Telefon entsorgt.

Meinen 70. Geburtstag feiern wir in den Tag hinein, um 0:00 Uhr leuchten Teelichter die Zahl 70, Halina hat das rasch organisiert, es werden Glückwünsche ausgesprochen, Geschenke und Blumen überreicht, wir trinken russischen Sekt und sind in freudiger Stimmung fast bis in das Morgengrauen.
Am Nachmittag treffen wir uns mit Gästen in der Gaststätte, es werden Tischreden gehalten, auch Halina erinnert in ihrer Tischrede an ihre Kindes- und Jugendjahre im Elternhaus und sagt sinngemäß: „Vati, auch ohne Studienabschluss habe ich was erreicht, ich bin glücklich.“

Am nächsten Tag nach dem Frühstück verabschieden sich Halina, Stefan und Thomas von uns mit dem Versprechen, dass wir uns im April zum 44. Geburtstag von Halina in Wuppertal wiedersehen.

19.2.2004 Frühstück

In der Gaststätte,Tischrede von Halina

Enkel bewundert seinen Opa über sein Interesse an der Informatik, Halina bewundert Mutti, wie flexibel, modebewusst, selbstsicher, ordnungslieb, aufmerksam und vielseitig ihre sie ist. Es gibt keine Handlung oder ein Thema, wo Mutti nicht mithalten könnte. Mit Thomas sind wir kaum in Unterhaltung, er ist wenig gesprächig, er gibt nur kurze Antworten, mit wachsamen Augen und Ohren beobachtet er Halina und Stefan, er macht den ruhigen, der die Strippen im Hintergrund zieht.

Im April 2004 sind wir bei Halina, Thomas und Stefan in der Eigentumswohnung in Wuppertal. Die Lage der Wohnung ist bescheiden, der Zuschnitt schön und großräumig, sie sind gut eingerichtet. Aber uns fällt auf, dass in der Wohnung unsere vielen Mitbringsel aus dem Ausland nicht zu sehen sind, die Hartholz-Maske und andere Makonde-Schnitzkunst aus Mosambik, diverse Bonsaipflanzen, die Zierdeflasche mit einem Gecko im Alkohol, diverse Reismatten mit Kunstmalerei aus Vietnam, diverse Mitbringsel aus Jemen, Russland u. a. Wir stellen keine Fragen dazu, aber machen uns eigene Gedanken darüber.

Wir feiern Halinas 44. Geburtstag in der Wohnung, machen Städterundfahrten in Düsseldorf, Wuppertal, Remscheid, fahren mit der Schwebebahn, machen ausgedehnte Spaziergänge, führen lange Unterhaltungen hauptsächlich mit Halina. Beide, Halina und Thomas, demonstrieren Freundlichkeit, aber keine Herzlichkeit uns gegenüber.

Es tut uns sehr weh, aber wir versuchen, keine Spannung aufkommen zu lassen, damit es zu keiner erneuten Trennung kommt. Zu sehr lieben wir Tochter und Enkel. Ist das Feigheit, was wir tun? Wäre es nicht besser, auf eine Aussprache zu drängen, Ordnung in unserem Verhältnis zu schaffen? Nein, der Schuss könnte nach hinten losgehen und wir verlieren Tochter und Enkel auf weitere Jahre, wir nehmen Abstand davon, vielleicht ergibt sich eine passende Gelegenheit dazu. Wir sind überglücklich, die beiden wieder zu haben, Freudentränen begleiten uns.

Halina deckt den Tisch

Während einer Unterhaltung belehrt uns Halina im Beisein von Thomas sehr hochmütig. „Ihr müsst euch fürs Alter (Vater 70, Mutter 63) mit Fonds und Aktien absichern." Später zeigte sich, dass Halina gar nicht weiß, was ein Fonds oder eine Aktie ist. Hier versprüht Thomas wieder Gift, ein taktloser Hinweis, der uns aufhorchen lässt. Vielleicht hat Schwiegersohn Angst, uns später unterstützen zu müssen? Darauf antworte ich kurz: „Tochter, darüber brauchst du dir keine Sorgen machen, uns geht es gut, wir sind gut abgesichert."
Thomas spricht wenig, hört nur zu, beobachtet Halina, bringt kein Gesprächsthema auf, antwortet nur kurz. Weder Halina noch Thomas öffnen sich uns gegenüber. Mutti fragt nach gesundheitlichen Problemen. Halina antwortet lasch: „Wenn ich Kopfscherzen habe, nehme ich Tabletten, wenn ich sonstige Schmerzen habe, hole ich mir dagegen eine Spritze beim Arzt. Ich versuche mich fit zu halten, achte auf mein Gewicht. Zum Frühstück Kaffee, eine Kiwi, mittags eine Banane, oft gehe ich ins Fitnessstudio, manche Abende jogge ich noch, warm esse ich ausgiebig, wenn ich nach Hause komme um ca. 21:00 Uhr mit Thomas und Stefan, vorher trinken wir noch gemeinsam Wein und werten den Tag aus."
Dieser Lebenswandel unserer Tochter missfällt uns, Mutti warnt: „Körpersignale solltest du nicht auf die leichte Schulter nehmen." Halina winkt ab: „Ich fühle mich, so wie ich bin, sehr wohl.", und wechselt das Thema. Zuerst der Hochmut, dann der Fall, sagt ein Sprichwort.

Es vergehen Sommer- und Herbstmonate, wir sind im ständigen Kontakt mit unserer Tochter. Wir führen lange Telefonate, vor allem Mutter – Tochter und auch Großvater mit Enkel, er möchte so manche Details aus meinem Berufsleben im Ausland für sein Psychologiestudium erfahren.
Im Oktober zu unserem Hochzeitstag werden wir von Halina

mit einem Fleuropstrauß und einem Gutschein für ein Abendessen in der chinesischen Gaststätte überrascht. Halina besteht darauf, gemeinsam Weihnachten in Wuppertal zu verbringen, und je näher das Fest heranrückt, desto mehr drängt unsere Tochter auf eine Zusage. Ehrlich gesagt wollen wir uns die Strapazen einer langen Fahrt im Winter nach Wuppertal ersparen, aber Halina drängt, drängt und drängt bei jedem Gespräch. Schließlich entscheiden wir, der Einladung zu folgen. Vielleicht soll das so sein …

Im November 2004 bestellen wir (Auslieferung ca. Februar 2005) einen Neuwagen Mercedes 180 Limousine, er hat eine schöne Silhouette und groß bemessener Kofferraum. Wir haben darauf nicht bestanden, aber er ist da, der Kofferraum. Vielleicht soll das so sein … Wir haben uns entschieden, im Mercedes bequem zu fahren, zwei Mal im Jahr zu Mutter, sie lebt, was mich freut, zwei Mal zu Tochter und Enkel, das sind lange Strecken.

Fröhliche Halina

Halinas 44. Geburtstag

Am 23.12.2004 treffen wir in Wuppertal ein, Halina und Thomas sind voll in der Vorbereitung zum Fest. Jeden Abend über-

rascht uns Halina unter der Zudecke im Bett mit kleinen Aufmerksamkeiten wie Süßigkeiten, Kosmetik, eine sehr schöne Geste, die wir sehr schätzen, wir lieben unsere Tochter über alles, unser einziges Kind. Halina ist sehr hektisch, unkoordiniert beim Einkauf, in der Wohnung übersieht sie Details, das Fazit, sie hinterlässt Ungenauigkeiten, Anzeichen einer Überarbeitung, Überlastung. Halina sieht gesundheitlich sehr angegriffen aus, taktvoll gibt Mutti zu verstehen, man braucht auch eine Auszeit, wo man sich erholen kann und neue Kraft schöpft. Halina antwortet gelassen: „Das werden wir Silvester und Neujahr haben in München, darauf freuen wir uns schon, ein paar Tage zu entspannen."
Wir feiern den Heiligen Abend im Wohnzimmer, der geschmückte Weihnachtsbaum stützt das weihnachtliche Flair. Der Tisch ist feierlich gedeckt, wir sind alle schick gekleidet, das weihnachtliche Menü aus mehreren Gängen wird langsam verspeist. Nach dem Abendessen überreichen wir uns gegenseitig Geschenke. Am späten Abend gehen wir alle zur katholischen Mitternachtsmesse, am 1. Feiertag machen wir einen ausgedehnten Spaziergang in der Umgebung. Unsere Absicht, am 2. Feiertag die Heimreise anzutreten, müssen wir um einen Tag verschieben, Halina überrascht uns mit Eintrittskarten zur Theater-Komödie mit Jochen Busse.
Das glückliche Jahr 2004 geht dem Ende zu, die Nähe zum Schwiegersohn ist weiter reserviert, kühl, auch Halinas Gesamtverhalten ist sehr aufgebläht, die innere Herzlichkeit zu uns Eltern fehlt, alles kommt so husch, husch. Könnte sich der Spruch „Hochmut kommt vor dem Fall" bei Halina bewahrheiten?

Montag, der 27.12.2004, am Frühstückstisch sitzen Tochter, Mutter und Vater, Thomas ist auf Arbeit und Stefan ist zur Uni nach Bochum gefahren. Die Stimmung ist bedrückend, der

Abschied naht und viele Fragen bleiben offen. Halina ist in Eile, um 10:00 Uhr ist Kundschaft angesagt, aber sie möchte uns bis zur Autobahnauffahrt begleiten. Vielleicht soll das so sein … Mutter und Tochter fahren in einem PKW, ich in meinem, nach ca. 20 Minuten, kurz vor der Autobahn, Halt. Wir verabschieden uns von Halina mit Tränen, lange halten sich Mutter und Tochter in den Armen und weinen, schluchzen. Bei so einem Abschied kommen auch dem Vater, dem hart gesottenen, die Tränen, eine innere Panik, Angst ergreift uns alle drei. Warum? Ist das ein Vorzeichen des Abschieds vom aktiven Leben unserer 44-jährigen Tochter? Nein, an ein schlimmes Ereignis denken weder Mutter, Tochter noch Vater, es ist ein normaler Abschied mit dem Versprechen, dass wir uns bald wiedersehen. Vielleicht soll das so sein … Es wird auch so sein, Mutti und Vati haben doch im Februar Geburtstag, so denken wir. Wir fahren los, Halina steht und winkt und winkt uns so lange zu, bis wir außer Sichtweite sind.

Die Ironie des Schicksals

Wir fahren die langweilige A44 und schweigen, meine Helene weint. Plötzlich sagt sie zu mir: „Ich habe ein böses Gefühl … Halina ist krank, sehr krank. Die fahlen Augen, sie ist abgemagert, der hohe Blutdruck, sie nimmt zwei Antibabypillen am Tag, das ist doch schädlich. Die Unruhe, die in ihr steckt, die Hektik, der Stress, den sie entwickelt. Bei irgendwelchen Schmerzen nimmt sie Tabletten oder lässt sich spritzen, das kann nicht gut gehen.“ Sie weint und weint. Die bösen Gedanken werden im Laufe der Fahrt verdrängt, Alltagsprobleme rücken langsam in den Vordergrund, Silvester und Neujahr stehen an.

Sonntag, der 2. Januar, unsere Tochter ruft an, schildert ausführlich die Silvesterfeier in München, begeistert ist sie auch vom Einkauf in der Boutique von Herrn Rudolf Mooshammer, er bediente sie persönlich. „Mutti, es war toll, mit ihm zu plaudern, Herr Mooshammer ist nicht nur ein angesehener Designer, aber auch ein guter Berater und Verkäufer, er überreichte uns Ansichtskarten vom Elternhaus und wir verabschiedeten uns mit Handschlag." Das klare und gesunde Telefongespräch mit Lautsprecher dauerte sehr lange, ich hörte mit. Das war das letzte Gespräch mit unserer Tochter bei Gesundheit.

Dienstag, der 4. Januar, ca. 10:00 Uhr, ich gehe zum Telefon, in der Absicht, meinen Freund in Polen anlässlich seines Geburtstages anzurufen. Beim Griff zum Hörer klingelt es. Ich bin erstaunt, am anderen Ende der Leitung ist der Schwiegersohn, unglaublich, ob vor oder nach der neunjährigen Trennung, Anrufe kamen nie von ihm, auch nicht aus Anlass eines Feiertages oder Geburtstages, wir taten das immer. Aber Thomas weint und sagt schluchzend: „Halina liegt im Koma im Krankenhaus auf der Intensivstation." Ich rufe meine Helene, gebe ihr den Hörer und schalte den Lautsprecher ein. „Hatte sie einen Unfall?", fragen wir. „Nein, Aneurysma, Gehirnblutung, gestern …" Thomas weiter: … gestern Abend rief sie mich aus ihrem Kosmetikstudio an und klagte über wahnsinnige Kopf- und Nackenschmerzen, die am Nachmittag begannen, dann immer stärker wurden. Sie war blass und sichtlich vom Schmerz benommen. Ich fuhr mit ihr nach Hause. Im Fahrstuhl kamen Erbrechen und dann Blut aus der Nase, auf der Schwelle zum Bad fiel Halina zu Boden. Der Notarzt kam, untersuchte tiefgründig und diagnostizierte das Schlimmste. Er wies sie umgehend ins Krankenhaus ein, heute Morgen war ich bei ihr, sie liegt immer noch im Koma. Ich habe schreckliche Angst um Halina." Thomas weint und weint und dann der verzweifelte

Satz: „So viel, wie ich in den letzten Stunden gebetet habe, habe ich in meinem ganzen Leben nicht …“

Im Nachhinein stellte sich heraus: Die Aussagen von Thomas stimmen nicht. Halina, vom wahnsinnigen Schmerz geplagt, rief Thomas zwischen 14:00 und 14:30 Uhr an und nicht am Abend. Er kam erst um ca. 19:30 Uhr, eine grandiose Nachlässigkeit, deren Folgen heute sichtbar sind. Anstatt ins nahe gelegene Krankenhaus fährt Thomas mit Halina nach Hause, eine weitere große Nachlässigkeit.

Das ist ein Schlag ins Gesicht, unsere Tochter im Koma auf der Intensivstation in Wuppertal, wir sind in großer Aufregung. Was können wir tun? Gehirnblutung, das klingt schrecklich, wir telefonieren mit Freunden und Bekannten, tröstende Worte kommen. Mit dem Mülleimer verlasse ich die Wohnung, im Hausflur begegne ich unserem Nachbarn Dr. Bolle, zurzeit ärztlicher Direktor in unserem Krankenhaus, wir wünschen uns gegenseitig alles Gute im neuen Jahr. Ich sage: „Das neue Jahr fängt nicht gut für uns an. Meine Helene kommt mit Tränen in den Augen hinzu, wir schildern die Hiobsbotschaft, die uns soeben unser Schwiegersohn am Telefon überbrachte. Unser netter Nachbar hört ruhig zu, bewegt den Kopf und sagt: „Sie hat gute Chancen, weitgehend geheilt zu werden. Die Neurochirurgie hat auf diesem Gebiet in letzter Zeit enorme Fortschritte gemacht.“ Er kennt Patienten, die nach einem Aneurysma wieder im Berufsleben stehen. Tröstende Worte!

Ich suche Informationen über diese Erkrankung im Lexikon, im Internet und finde: Aneurysmen sind Ausbuchtungen an den Wänden von Arterien. Sie sehen beeren- oder sackförmig aus und entstehen an Stellen, an denen die Gefäßwand geschwächt ist und nicht über eine normale Muskelschicht verfügt… Gefäßwände können belastet werden durch hohen Blutdruck, Arteriosklerose, Verwirbelung im Blutfluss… Bei größeren Aneurysmen, etwa ab 10 Millimetern, besteht die Gefahr, dass die Gefäßwand aufreißt. Das Aufreißen der Gefäßwand wird als Ruptur bezeichnet. Dann kommt es zu einer Subarachnoidalblutung, die sofort operativ behandelt werden muss. Es besteht Lebensgefahr… Viel ausgelaufenes Blut beschädigt auch viel wichtiges Gehirngewebe … das Gewebe stirbt ab. Im Gehirn ist dies besonders gefährlich, da zum einen wichtige Funktionen, wie z. B. Bewegungsvorgänge oder Gedächtnisleistungen ausfallen und zum anderen die Nervenzellen nicht nachgebildet werden können, sodass ein bleibender Schaden entstehen kann…

Beim Lesen der Internet-Infos erfasst uns Panik, ich werde schwach. Bei Halina ist die Subarachnoidalblutung im Gehirn aufgetreten, sie wurde viel zu spät ins Krankenhaus eingeliefert, unsere Tochter schwebt in großer Lebensgefahr, Erinnerungen an die letzten Weihnachtsfeiertage werden bei meiner Helene wach. Halina hatte Bluthochdruck und hörte nicht auf ihre Körpersignale.
In den nächsten zwei Tagen telefonieren wir laufend mit dem Krankenhaus Bethesda, mit Schwiegersohn und Enkel, die täglich mehrmals am Krankenbett sind. Es kommen keine guten Nachrichten. Der Zustand ist sehr kritisch, besorgniserregend … abwarten … abwarten …. Auf was warten? Auf den Tod? Die folgenden Stunden zermürben uns, wir finden keine Ruhe, können nicht schlafen, warten auf Anrufe. Wir reservieren telefonisch ein Gästezimmer für zwei Personen im Krankenhauskomplex. Ich fahre mit meinem Mazda zur Durchsicht, in der Autowerkstatt begegne ich einem guten Bekannten, dem ich mein Leid vortrage. Seine bedrückende Antwort: „Es hängt davon ab, wie schnell eure Tochter medizinisch versorgt wur-

de. Ihr müsst auf das Schlimmste vorbereitet sein. Ein ähnlicher Fall ist mir bekannt aus meinem Familienkreis, eine junge Mutter ist nach einer erfolgreichen Operation an Gehirnblutung nach einem Jahr verstorben. Ein anderer Fall, eine Frau, konnte nach Gehirnblutung nach einem halben Jahr wieder arbeiten, am Kassenstand im Markt. Der Genesungsprozess und der Grad der Behinderung infolge einer Gehirnblutung, ist davon abhängig, wie schnell der Betroffene medizinisch versorgt wurde."

Schweigend fahren wir auf der Autobahn, meine Helene weint. Was erwartet uns im Krankenhaus? Wie sieht unsere Tochter aus, wird sie uns erkennen? Fragen über Fragen quälen uns auf dem Weg und immer der furchtbare Gedanke, unser Kind liegt im Koma auf der Intensivstation im Krankenhaus. Unterhalb der Autobahnabfahrt in Wuppertal erwarten uns Schwiegersohn und Enkel, beide bereiten uns auf den ersten Anblick unserer Tochter auf der Intensivstation vor. Wir sollen nicht erschrecken, Halina liegt flach, röchelt oft, erkennt niemanden, wird beatmet, die Haare auf der linken Kopfseite sind abrasiert und eine Kanüle im Kopfschädel führt Gehirnblut ab. „Wir fahren erst nach Hause und dann zum Krankenhaus", sagt Schwiegersohn. Er spricht ganz locker, lächelt, als wäre nichts Schlimmes geschehen, nur eine vorübergehende Erscheinung, auch Stefan ist alles andere als traurig, er lacht, ist fröhlich gestimmt. Es kann aber auch sein, dass er sich freut, uns wiederzusehen. „Nein, Thomas, wir fahren gleich zum Krankenhaus, dort haben wir ein Zimmer reserviert und werden in der Schwesternpension so lange übernachten, wie es nötig sein wird." Unser Schwiegersohn ist verblüfft, bietet uns sein Schlafzimmer an und fügt hinzu: „Wir sind doch eine Familie." Wir trauen unseren Ohren nicht, was wir da hören, wir wollen keine Spannung schüren, nehmen sein Angebot an und bedanken uns. Not schweißt Menschen zusammen, aber wie lange hält eine Naht, wenn die Verbindung nicht haften will?

Der erste Anblick ist erschreckend, unsere Augen werden feucht, Tränen rollen, wir berühren die warmen Hände unserer Tochter, Halina liegt im Koma, wird künstlich beatmet, das Gesicht durch die Beatmungsmaske kaum sichtbar, der Schädel halbseitig rasiert, aus der linken Schädeldecke ragt ein Röhrchen heraus, daran ist ein Schlauch befestigt, der mit einem Gefäß verbunden ist, wo das Gehirnblut vermischt mit dem Gehirnwasser langsam hineintropft. Oh Gott! Ab dem 07.01.2005, täglich ab 14:00 Uhr, eher dürfen wir nicht auf die Intensivstation, bis zum späten Abend stehen wir am Krankenbett unserer Tochter.

Später entnehmen wir aus dem Operationsbericht: Am Nachmittag des 03.01.2005 erlitt Frau Diestel akut aufgetretene Nacken-Hinterkopfschmerzen. Nachdem sich die Patientin ins Bett gelegt habe, konnte der Ehemann die Patientin gegen 20:00 Uhr nicht mehr erwecken und habe den Notarzt gerufen. Dieser fand Frau Diestel tief komatös vor. Nach Sedierung und Intubation erfolgte die Einlieferung der beatmeten Patientin in unsere neurologische Klinik. Bei der Aufnahmeuntersuchung bot Frau Diestel eine Pupillenanisocorie links–rechts mit vorhandener Lichtreaktion beidseits. Hustenreflex positiv. Auf Schmerzreaktion Streckung der linken Extremitäten. In einer computertomografischen Untersuchung des Kraniums stellte sich eine ausgedehnte Subarachnoidalblutung mit Ventrikeleinbruch und Hydrocephalus internus dar… Frau Diestel wurde mit einer externen Ventrikeldrainage versorgt, worüber sich blutig tingierter Liquor entleerte … In einer angiocomputertomografischen Untersuchung des Kraniums stellte sich ein ca. 5 mm großes Aneurysma im Bereich der Arteria communicans anterior mit kleinem Tochteraneurysma dar. …

Am 04.01.2005 erfolgte bei Frau Diestel die Coilocclusion des Aneurysma. Während des weiteren intensivmedizinischen Verlaufes bot Frau Diestel in den Aufwachversuchen Strecksynergismen der Extremitäten und bildete einen deutlichen Vasospamus der hirnversorgenden Gefäße aus. Die Patientin entwickelte im weiteren Verlauf febrile Temperaturen, welche bei deutlich erhöhten Entzündungsparametern, radiologischen und mikrobiologischen Untersuchungen auf eine Pneumonie und einen Harnweginfekt zurückzuführen waren. Nach Rückbildung des Gefäßspasmus konnte Frau Diestel sukzessive von der Beatmungsmaschine abtrainiert werden und am 21.01.2005 extubiert werden. Es gelingt nicht, die Patientin von der externen Ventrikeldrainage abzutrainieren, sodass wir die Indikation zur Implantation einer dauerhaften Liquorableitung stellen. Nach ausführlichem Gespräch mit dem Ehemann, der zwischenzeitlich als Betreuer eingesetzt wurde, wünscht er den Eingriff und willigt schriftlich ein.

Viele Kabel verbinden Halina mit einem Monitor, auf dem alle Vitalwerte zu sehen sind. Wir erfahren, unsere Tochter hatte nicht nur das Aneurysma, ein Schlaganfall kam hinzu. Das Fieber steigt und fällt, von beiden Seiten kühlen wir den schlafenden Körper mit einem kalten nassen Waschtuch, die Atmung wird schneller, dann langsamer, dann das schreckliche Röcheln, es wird immer bedrohlicher. Uns befällt Panik, wir rufen die Krankenschwester, den Krankenpfleger. Wir müssen den Raum verlassen, der lästige Schleim wird abgesaugt, wir hören das auf dem Flur. Solche Szenen wiederholen sich fast jeden Tag, mit schwerem Herzen verlassen wir am späten Abend die Intensivstation und hoffen, am nächsten Tag unsere Tochter wieder lebend zu sehen. Nachmittags sind mehrere Arztvisiten am Krankenbett, meistens werden wir Angehörige nicht beachtet. Das Blut, leicht verdünnt mit Gehirnwasser, tropft und tropft. „Die Flüssigkeit muss wasserklar sein, dann erst kann das Röhrchen entfernt werden“, so einer der Mediziner. Wir fragen visitierende Ärzte, wie der Zustand unserer Tochter aus ärztlicher Sicht zu bewerten ist. Es kommen beruhigende und weniger beruhigende Antworten, aber auch solche: „Der Zustand Ihrer Tochter ist sehr ernst. Seien Sie froh, wenn ihre Tochter am Abend noch atmet“ oder „Seien Sie froh, wenn Ihre Tochter am Abend noch warm ist.“ Wir falten die Hände gen Himmel und beten unter Tränen: „O Gott, bitte nimm uns unsere Tochter nicht, lasse unser einziges Kind unter uns weilen, bitte erhöre uns. O Gott, bitte nimm uns unsere Tochter nicht weg …“ Jeden Abend vor dem Einschlafen bete ich für unsere Tochter damit sie am Leben bleibt, das ist mein, unser Kind. „O Herr, erhöre mich …“ Ich habe wieder zu Gott gefunden, ich glaube fest, erhört zu werden.

Unsere Augen sind stets zum Monitor gerichtet und beobachten die Vitalwerte, die sich ständig verändern. Panik kommt erneut auf, die Temperatur steigt auf 42°C mit weiter steigender Tendenz, meine Helene eilt um Hilfe, eine Krankenschwester kommt gerannt, bringt kaltes Wasser mit Zitrone. Von beiden Seiten kühlen wir den schwachen Körper, ein Sanitäter bringt einen Ventilator, stellt diesen unter die Zudecke. Wir kühlen und kühlen mit ständigem Blick zum Monitor und die Temperatur fällt zusehends.
Weitere Tage in hoher Spannung vergehen, die Gehirnflüssigkeit wird heller, das dauerhaft hohe Fieber wird auch für die Ärzte besorgniserregend. Man forscht nach der Ursache und vermutet das Röhrchen im Schädel, der Fremdkörper könnte das Fieber verursachen, das Röhrchen steckt zu lange in der Schädeldecke. Gehirnzellen sind durch die Blutablagerung beschädigt, Teile der Drainage sind durch diverse Ablagerungen verklebt, das Gehirnwasser fließt nicht vollständig in den

Körper ab, eine Minipumpe muss unter der Schädelhaut eingepflanzt werden. Der Kopf ist völlig kahlrasiert, Halina hat die Augen offen, die Pupillen ungleich, erkennt uns nicht, doch wir sind glücklich, schöpfen Hoffnung.
Schreckliche Paniken erleben wir täglich, am Abend sind wir geschafft, die Angst, wenn das Telefon klingelt … Keiner möchte der Erste sein, mit solch einer traurigen Nachricht konfrontiert zu werden.

Abend in der Wohnung

Nach etwa drei Wochen wird das schreckliche Röhrchen (es sieht aus wie ein Pfeil) entfernt. Eines Tages kommen wir auf die Intensivstation, Halina ist nicht da. Wir erschrecken. Die Schwester sagt: „Ihre Tochter wurde auf die neurochirurgische Station verlegt.“ Ist das ein gutes oder schlechtes Zeichen? Halina in einem Einzelbettzimmer liegt flach, abgemagert, manchmal murmelt sie etwas Unverständliches, kann ihre Extremitäten nicht bewegen, die Pupillen bewegen sich ungleichmäßig, sie wird künstlich ernährt, ein Bild, das man nicht vergessen kann. Helene berührt Halinchens Lippen mit einem Stück Schokolade, Halina drückt die weiß belegte Zunge raus, öffnet die Augen, Helene befeuchtet die Lippen. Neben dem Bett spielt ein Rekorder leise Musik, die Halina in gesunden Zeiten mochte. Es ist ein erschreckendes Bild, wenn Therapeuten mit unserer Halina arbeiten, Halina sitzt an der Bettkante völlig abgemagert, hat keine Haltung, der Kopf hängt gestützt am Brustkörper, sie kann von sich selbst aus Hände und Beine nicht bewegen, das tun die Therapeuten.
Drei Tage später ist unsere Halina erneut auf der Intensivstation, die Vitalwerte haben sich drastisch verschlechtert, sie kollabierte. Der Schleim wird in Abständen abgesaugt, wir beobachten die Vitalwerte, kühlen von Zeit zu Zeit den schlaffen Körper. Der Zustand stabilisiert sich, Halina wird wieder auf die neurochirurgische Station verlegt, ein Hoffnungsschimmer.

Unser Aufenthalt beim Schwiegersohn wird immer länger und unangenehmer, wir sind ihm von Tag zu Tag lästiger in seiner Wohnung, obwohl unser Schwiegersohn es gut findet, dass wir täglich mehrere Stunden am Krankenbett seiner Frau, unserer Tochter weilen. Meistens nach 20:00 Uhr, wenn wir das Krankenhaus verlassen, kommt Thomas nach seinem Feierabend zu seiner Frau für kurze Zeit. Bevor wir zwischen 12:00 und 13:00 Uhr ins Krankenhaus fahren, versorgen wir seinen Haus-

halt, bereiten warmes Abendessen für uns alle vor, waschen Wäsche, bügeln, halten die Wohnung sauber und am Abend nach der Rückkehr aus dem Krankenhaus tätigen wir Einkäufe und berichten über unsere Beobachtungen am Krankenbett unserer Tochter. Im Zuge der Haushaltsversorgung sind wir auch im Kelleraum, hier finden wir die Hartholz-Maske, Makonde-Schnitzkunst aus Mosambik, die Zierdeflasche mit einem Gecko im Alkohol aus Vietnam … Wir erkennen, wie stark sich unser Schwiegersohn von seinen Schwiegereltern abgekoppelt hat. Und Halina? Hat sie das so kampflos zugelassen? Oder hat sie weggeschaut, um Wutausbrüche zu verhindern und Frieden zu bewahren?
Thomas` schwieriger Charakter wird immer deutlicher. Wenn Thomas am Abend nach Hause kommt und wir unterhalten uns bei laufendem Fernseher, schaltet er diesen aus, reduziert die Raumbeleuchtung so stark, dass man nicht lesen kann. Er signalisiert damit, haut ab, jetzt bin ich da. Kritik oder Gegenargumente, besonders in seiner Wohnung, führen zu Wutausbrüchen. Fragen beantwortet unser Schwiegersohn nur kurz und wenig verständlich, bei Nachfrage wird er schroff, wie oft er noch antworten oder etwas dazu sagen solle, solche Szenen erleben wir oft. Es gibt auch Momente, wo wir uns friedlich unterhalten oder auch Karten spielen, gemeinsam Nachrichten oder einen Film anschauen.

Am 23.02.2005, immer noch im Wachkoma, wird unsere Halina zur REHA nach Hagen-Ambrock transportiert. Man sagt uns, Ambrock ist eine angesehene REHA-Klinik, dort wird sie gut versorgt und wir schöpfen Hoffnung, dass unsere Tochter die REHA in Ambrock weitgehend gesund verlässt. Ein kleiner Schritt ins neue Leben ist getan, so denken wir. Es scheint ein Geschenk des Himmels zu sein, dass Halina hier untergebracht wird, so denken wir! Wir fahren im PKW hinter dem Krankenwagen, in dem Halina transportiert wird, her. Tatsächlich, eine idyllische Berglandschaft breitet sich vor unseren Augen aus. Schwiegersohn, Mutter und Vater stehen auf dem Korridor der neurologischen Station der REHA, Halina liegt geschwächt in einem Zweibettzimmer, bekommt nichts mit. Eine ältere Frau liegt apathisch im Bett neben dem Fenster, ein älterer Herr, vermutlich der Ehemann, sitzt daneben, hält die Hand der kranken Frau. Ein Arzt und eine Ärztin kommen schnellen Schrittes auf uns zu und fragen, ob wir die Angehörigen von Frau Diestel sind, wir stellen uns vor. Die Ärztin, mit fremdem Akzent, fragt: „In welcher Krankenkasse ist Frau Diestel Mitglied?“ Wir antworten fast im Chor: „In der AOK.“ Darauf die Ärztin mit leichter Kopfbewegung: „Da bleibt sie hier nicht lange.“

„Warum denn nicht?“, fragen wir, auch fast wie im Chor. Die Antwort der Ärztin: „Die zahlen schlecht.“ Dann der Arzt: „Wir müssen Frau Diestel erst mal sorgfältig untersuchen, und wenn Sie später Fragen haben, können Sie sich an uns wenden, wir sind immer für Sie da.“ Und fort waren beide. Zufrieden sind wir nicht mit dieser Begegnung. „Da bleibt sie hier nicht lange“, hat die Ärztin gesagt. Oder werden wir doch zufrieden sein, wenn Halina weitgehend gesund das Objekt verlässt? Man sagte uns, Ambrock ist eine angesehene REHA-Klinik, dort wird unsere Tochter gut versorgt, wir verlassen die REHA-Klinik mit einem gemischten Gefühl.

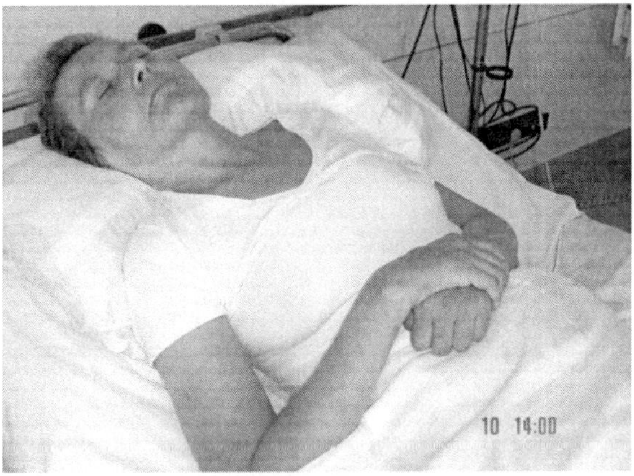

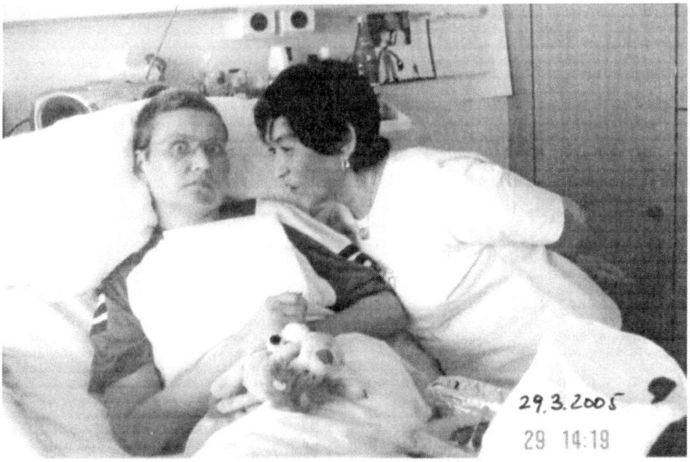

Halina im Krankenbett in der REHA Ambrock

In der Zeit vom 24. bis 26.2. und vom 24. bis 29.3., vom 28.4. bis 14.5. und vom 30. bis 31.5. sind wir von ca. 11:30 Uhr bis 21:00 Uhr bei unserer Halina am Krankenbett, in der Zwischenzeit sind wir in Zeitz, um nach dem Rechten zu schauen, am 17. März 2005 holen wir unseren Mercedes Limousine ab. Bald stellen wir fest, dass die REHA-Klinik Ambrock unseren

Erwartungen nicht entspricht. Es gab mehrere Vorfälle: Obwohl unsere Tochter ihre Hände nicht bewegen kann, wird ihr das Mittagessen an den Betttisch gestellt. Wir kommen um ca. 12:30 Uhr, das Essen ist kalt und nicht angerührt. Der Pfleger nimmt die Speisen weg und gibt der Hilfslosen Sondennahrung durch den Peck.

Wir sind vor der Mittagszeit bei unserer Tochter, die Kranke sitzt im Rollstuhl, hat Tränen in den Augen und sagt leise „Au, au“ und zeigt mit der zittrigen linken Hand auf die rechte. Wir schauen verwirrt hin und sehen unsere Tochter hält den vollen Urinbeutel am Kathederschlauch. Der Beutel ist nicht angehängt am Rollstuhl, das Füllgewicht zieht und verursacht Schmerzen im Unterleib. Ein Beweis, dass ein/e Pfleger/-in lange nicht da war (voller Beutel Urin).

In der Mittagspause erscheint die Logopädin und sagt: „Frau Diestel, jetzt werden wir Sprechen üben, sagen Sie mal ‚a‘.“ Unsere Tochter schweigt, die Therapeutin wiederholt die Aufforderung mehrmals und unsere Tochter schweigt weiter. Die Therapeutin steht auf und sagt: „Frau Diestel, Sie müssen ‚aaaaaa, aaaaaa‘ sagen“, und verschwindet, die sogenannte Sprachtherapie dauerte acht bis zehn Minuten einschließlich Unterhaltung.

Am 29.04.2005 entdeckt Helene am Gesäß und Knöchel einen wachsenden Dekubitus, ein herbeigerufener Pfleger will uns einreden, dass das kein Dekubitus ist. Es kommt zur harten Diskussion und schließlich stimmen sie uns zu, noch am gleichen Nachmittag wird eine Dekubitus-Matratze organisiert und die Wunden behandelt. Das schreckliche Bild vom Dekubitus am Gesäß zeigen wir mit Absicht nicht.

Wir sind vor der Mittagszeit bei unserer Tochter, erschrecken, Halina ist völlig nass, auch der Bettbezug in der Länge und Breite des Körpers, ich schaue nach einem Rohrbruch zur Decke. Nein, das ist der Körperschweiß, wieder ein Beweis, dass das Pflegepersonal lange Zeit nicht bei unserer Tochter war. Halina kann ihre Hände nicht nach oben bewegen. Der herbeigerufene Chefpfleger sagt uns eiskalt: „Für sechs solche Krankenfälle ist nur ein Pfleger/in da.“

Seit 12:00 Uhr sind wir bei unserer Tochter, bis zum Abend erscheint kein Pfleger, nach 19:00 Uhr bereitet ein Pfleger die Pflegebedürftige zur Nachtruhe vor, putzt ihr die Zähne mit einem Tupfer, nimmt dazu die Flüssigkeit vom Schlauch, der zum Körper der Kranken führt, und rubbelt damit kurz ihre Zähne, wischt das Gesicht ab, wechselt das durchgeschwitzte T-Shirt nicht, entleert den Urinbeutel, anschließend vermerkt der Pfleger im Bewegungs- und Mobilisationsplan an der Wand: „Frau Distel wurde am Nachmittag alle zwei Stunden gewendet.“. Das entspricht nicht der Wahrheit, es kommt zur harten Auseinandersetzung zwischen uns und dem Pflegepersonal.

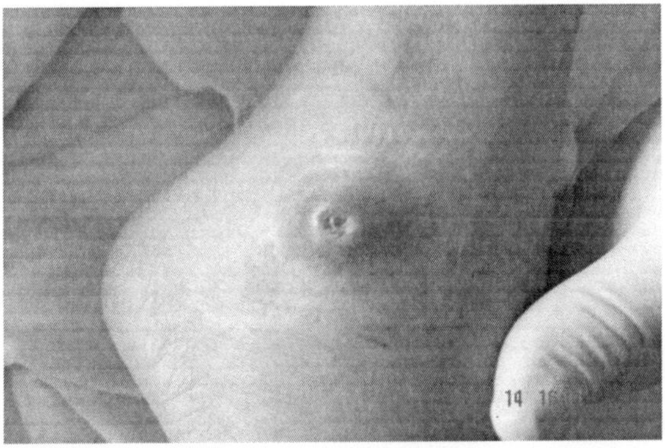

Dekubitus am Knöchel

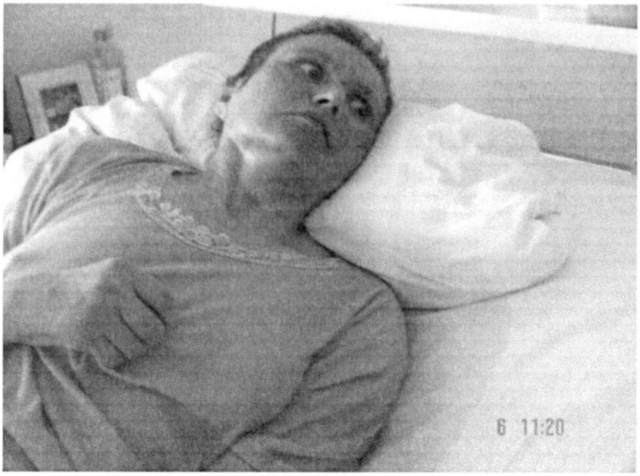

Verschwitzter Bettbezug

In der Zeit unseres Daseins am Krankenbett haben wir keinen Arzt bei unserer Tochter gesehen, unsere Bemühungen, einen Wundarzt herbeizurufen, bleiben ohne Erfolg.

Donnerstag, 28. April 2005, Nachmittag. Wir sind zum 45. Geburtstag unserer Halina aus Zeitz in der REHA Ambrock eingetroffen. In der Cafeteria sitzen Schwiegersohn und Halina im Rollstuhl bei Kaffee und Kuchen, Halina sieht sehr schlecht aus, spricht nicht, schaut ins Leere, wir wissen nicht, ob sie uns und die Umwelt hundertprozentig wahrnimmt. Wir kündigen unserem Schwiegersohn an, am Sonntag, den 1. Mai nach Zeitz zurückzufahren.

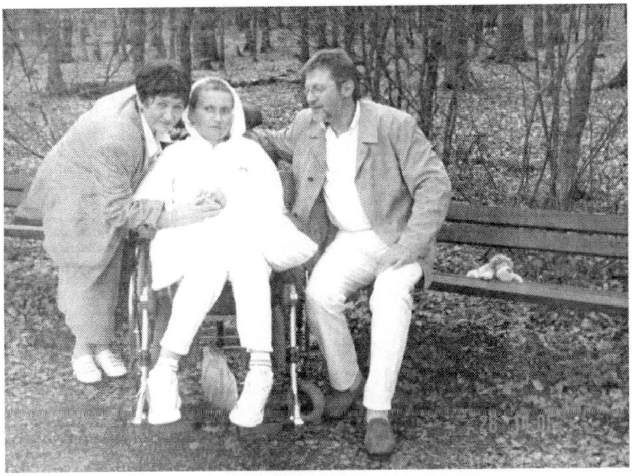

REHA-Park

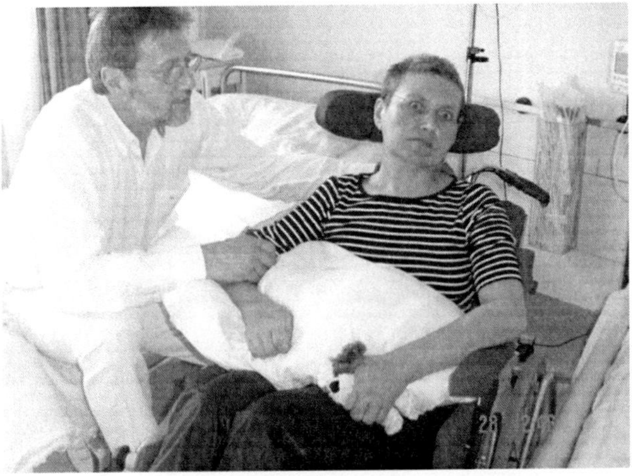

Krankenzimmer

Am Freitag, 29. April 2005, sind wir beide bei Halina am Krankenbett, beim Wenden entdeckt Helene bei Halina einen Dekubitus am Gesäß und rechtem Knöchel (bereits erwähnt).

Am späten Nachmittag erscheint der Schwiegersohn, wir berichten von der Entdeckung des Dekubitus sowie der Konfrontation mit dem Pflegepersonal und informieren ihn von der Absicht, die Rückreise nach Zeitz auf den 05.05.2005 zu verschieben. Schwiegersohn bekommt Wutausbrüche, brüllt uns am Krankenbett an: „Nein, ich brauche meine Ruhe, am 01. Mai fahrt ihr zurück, habt ihr gesagt", und tobt und tobt. Unsere Tochter ist erschrocken, läuft rot an, ihre Augen werden immer größer. Unsere Reaktion sind ruhige, aber bestimmende Worte: „Gut, Thomas, wir gehen aus deiner Wohnung, aber nicht von unserer Tochter." Nach unserer Gegenreaktion entschuldigt sich Thomas weinend noch im Krankenzimmer, auch in seiner Wohnung und bekennt sich zu seinem schwierigen Charakter. Aber er tut nichts dagegen.
Am 30. April 2005 nach dem Spaziergang, Halina im Multifunktions-Rollstuhl, sind wir wieder zurück auf der Station und werden vom Pflegepersonal informiert, dass Halina eine MRSA-Infektion hat, wir dürfen den Raum nur mit Schutzbekleidung und Mundschutz betreten, begeistert von der Ankündigung sind wir nicht.

Am 01.06.2005 wird unsere Tochter aus der REHA, fast noch im Wachkoma, als irreparabel mit einer MRSA-Infektion und Spitzfüßen entlassen und einem Pflegeheim empfohlen. Wir sind uns sofort mit Schwiegersohn einig, seine Frau, unsere Tochter in häusliche Pflege in seine Wohnung zu nehmen. Thomas sagt: „Nur mit eurer Hilfe werde ich das schaffen." Im Sanitätshaus bekommt Helene die erforderlichen Hilfsmittel und Adressen von Physiotherapeuten und anderen. Einen oder eine Physiotherapeuten/-in zu gewinnen ist schwierig, an Hausbesuchen besteht wenig Interesse, ist unser Eindruck. Die Physiotherapeutin Frau Beatrice Hansen verspricht zu kommen und leistet bis zum letzten Tag unseres Aufenthaltes in Wup-

pertal eine sehr gute Arbeit.
Die Nähe zum Schwiegersohn in seiner Wohnung ist schwer zu ertragen, seine Abneigung und Respektlosigkeit zu uns präsentiert er durch das Schneiden seiner Zehennägel am Tisch im Wohnzimmer, Ausscheidungen unserer Tochter wirft er in den Müllbehälter neben unserer Essecke und vieles andere. Schwiegersohn kann ungehindert arbeiten, Stefan unser Enkelsohn, kann unbesorgt studieren, beide sind bestens versorgt, wir kümmern uns um Therapeuten, bereiten Arztvisiten vor, holen in Apotheken und Sanitätshaus ein, achten auf frische und ausgewogene Nahrung für unsere Tochter. Stefan wiederholt oft: „Oma, es ist so schön, wenn ich nach Hause komme und das Abendessen vorbereitet ist“, oder Stefan ist sehr erfreut, wenn er später zur Uni fährt und Oma ihm ein tolles Frühstück unter die Nase stellt. Wir erleben auch, dass Schwiegersohn die Wohnungstür nach seinem Feierabend öffnet, uns erblickt und wütend sagt: „Ich muss raus, ich muss raus“, und verschwindet für kurze Zeit. Wir haben das Empfinden, unser Schwiegersohn kann sich mit der Tatsache nicht abfinden, dass wir durch das Schicksal seiner Frau in sein dunkles Leben eingedrungen sind und nicht er, sondern wir seine Frau pflegen und notgedrungen auch den Haushalt versorgen. Nach seinem Feierabend zwischen 19:00 Uhr und 19:30 Uhr sind wir unerwünscht in seiner Nähe, er befasst sich mit seiner Frau, wir dürfen uns entfernen. Schwiegersohn ist verschlossen, er gibt nie Informationen von sich preis, auch nicht über wichtige Vorgänge, die unsere Tochter betreffen: Vorsorgevollmacht, Erwerbsunfähigkeitsrente, Lebensversicherungen, Wechsel zur IKK … Er schweigt, hört aufmerksam zu, er hat selbst sein eigenes Klo.

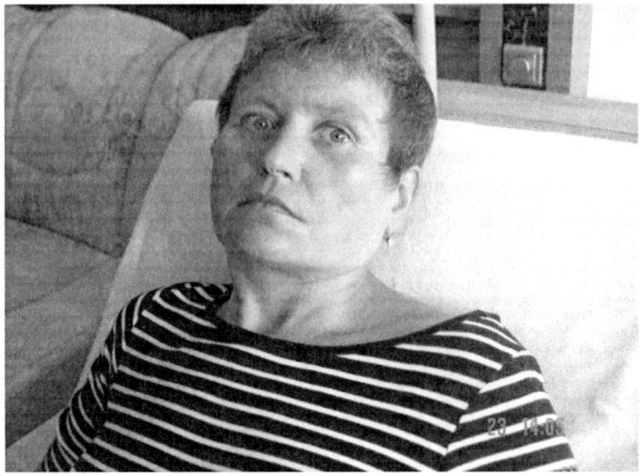

Halina in ihrer Wohnung in Wuppertal,
nimmt ihre Umgebung noch nicht vollständig wahr

Unser Schwiegersohn kann auch nett sein, am Vorabend unserer Kurzreisen nach Zeitz bedankt er sich mit dem Enkelsohn für die geleistete Arbeit, einmal mit einem schönen Präsentkorb und ein anderes Mal mit zwei Frühstücktassen einschließlich Untertellern, dazu zwei Teller. Gedacht wurde auch an unseren Hochzeitstag sowie unsere Geburtstage. Es gibt auch Zeiten, wo Thomas nett sein kann.

Am Mittwoch, den 07.12.2005, folgt die längst fällige Nachuntersuchung im Bethesda-Krankenhaus Wuppertal, die positive Diagnose ermutigt uns, die Wohnung zu verlassen.

Mutter und Sohn

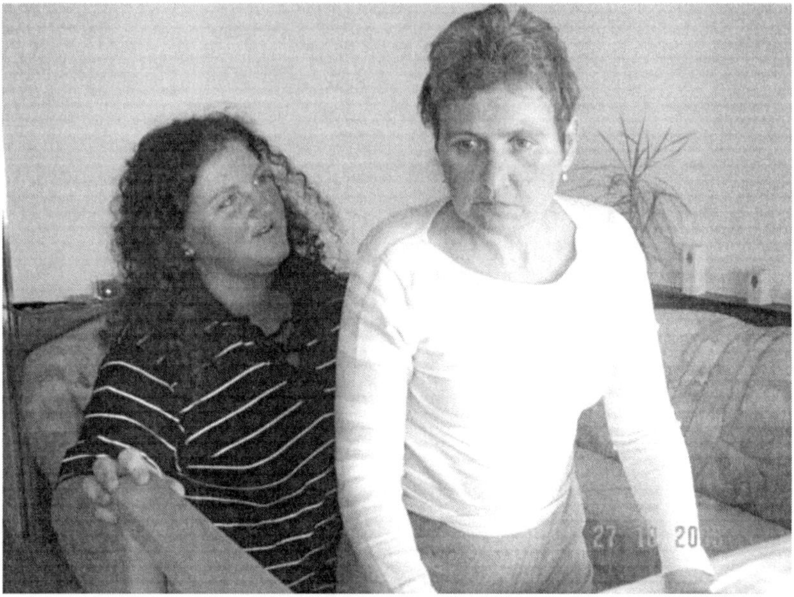

Therapie

Am 11.12.2005, unter dem Vorwand, alle gemeinsam Weihnachten bei uns zu verbringen, fahren wir nach Zeitz, in stiller Absicht, unsere Tochter bei uns weiter zu pflegen. Schon am nächsten Tag, ein Montag, nimmt Helene Kontakt mit unserem Hausarzt auf, er verschreibt die notwendigen Verordnungen, legt Hausbesuchstermine fest. Helene spricht mit Physiotherapeutinnen und Ergotherapeutinnen, vereinbart Hausbesuchstermine, sucht das Sanitätshaus auf, bestellt die erforderlichen Hilfsmittel.

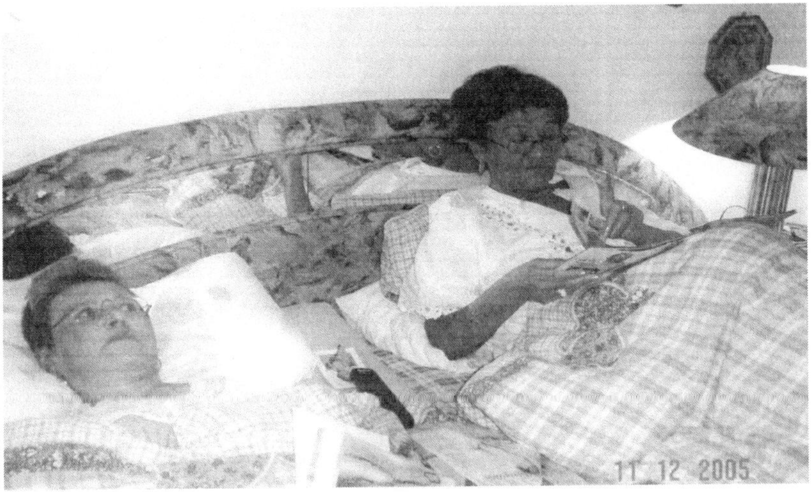

Erster Tag in Zeitz, Mutter und Tochter

Jetzt sind wir auf unserem Boden in Zeitz/Sachsen-Anhalt und springen nicht nach gehobenem Finger unseres Schwiegersohnes, obwohl er versucht, auf seine gewohnte Art mit uns umzugehen. Es gibt Auseinandersetzungen, wir werfen ihm Arroganz, Dominanz, Selbstsucht, Selbstgerechtigkeit, Verlogenheit, seine Fahrlässigkeit, Besserwisserei … vor.
An manchen Tagen erkennt uns Halina nicht, sie ist nicht in Zeitz, sondern in Remscheid oder in Wuppertal, sie besteht darauf, nicht bei ihren Eltern zu sein, ich bin nicht der Vati, sondern ein längst verstorbener Onkel, und Mutti ist eine längst verstorbene Tante. Wir sind sehr traurig und fragen uns, was aus unserer so lebenslustigen Halina geworden ist.
Halina klagt über Blasen- und Unterleibschmerzen, der Katheder fällt heraus, in der Zeit vom 17. bis zum 25. Februar ist unser Hausarzt fast jeden Tag bei Halina. Wir sind Herrn Dr. Schmidt sehr dankbar, er hat sich unserer Tochter sofort ange-

nommen und sie mit großem Herz bis zu seinem Ruhestand im März 2009 betreut. Halina hat wahnsinnige Schmerzen, der Katheder macht ihr zu schaffen. Beim nächsten Herausfallen lassen wir den Katheder nicht mehr zur Blase, der Hausarzt hält das für eine richtige Entscheidung und für uns Eltern beginnen schwere lange Arbeitstage. Halina wird in den ersten vier Wochen am Tag alle 20 Minuten zur Toilette gebracht, wir hieven sie vom Sessel in den Rollstuhl, vom Rollstuhl auf die Toilette, von der Toilette in den Rollstuhl und vom Rollstuhl in den Sessel. Wir verlassen die Wohnung nur für dringende Einkäufe. Die Arbeit hat sich gelohnt, die Schmerzen lassen nach, die Abstände zwischen den Toilettengängen werden länger.

Nach etwa drei Monaten in Zeitz wird Halina vom Katheder befreit, sie nimmt die Umwelt wahr, kann ohne Hilfe essen und trinken, sie kündigt ihre Bedürfnisse an, Antrieb, Psychomotorik und Exekutivfunktionen schreiten bei Halina gut voran. Physiotherapeutische Maßnahmen an den Spitzfüßen beidseits zeigen keine Veränderung, wir konsultieren das Sanitätshaus, ein Orthopäden-Meister empfiehlt Ultraflex-Orthesen, der Hausarzt prüft und unterstützt diese Empfehlung. Wir stellen den Antrag zur Kostenübernahme, die IKK lehnt eine Kostenübernahme ab, der Schwiegersohn zahlt für die Ultraflex-Orthesen über 4000 Euro an das Sanitätshaus. Die Orthesen werden geliefert, für uns Eltern eine weitere schwere Aufgabe, diese müssen von Hand bis 2x 150 Umdrehungen vor und nach jedem Toilettengang geschraubt werden, Halina darf auf Orthesen nicht stehen. Wochenlang plagen wir uns mit dieser Aufgabe und … wir sehen Fortschritte.

Der linke Fuß hat wieder Fersenkontakt, der rechte Fuß ist in seiner Spitzfußstellung reduziert und kann im vorderen Drittel belastet werden, wir freuen uns riesig. Wir machen Geh- und Treppensteigübungen in der Wohnung und im Treppenhaus, wir haben gute Therapeuten, gute Neurologen, den guten Psychologen Dr. Sonntag, gute Caritasbetreuung u. v. a. Halina öffnet sich und spricht mit dem Psychologen, Notar, Rechtsanwältin, Hausarzt, Caritas-Aufsicht, Therapeuten. Halina antwortet dem Psychologen: „Mein Ehemann stößt meine Bekanntschaften ab mit der Begründung, sie könnten mich beeinflussen.“ Auf die Frage, ob sie sich nicht wehren kann, antwortet unsere Tochter::„Nein, ich habe keine Chance, er fährt mir über den Mund, er wird zornig, ich habe Respekt (Angst) vor Thomas. Wenn ich nach seinem Willen handle, ist er lieb zu mir. Ich verspüre in mir stets den Drang, mich vor ihm beweisen zu müssen.“ Solche Aussagen hören wir häufiger.

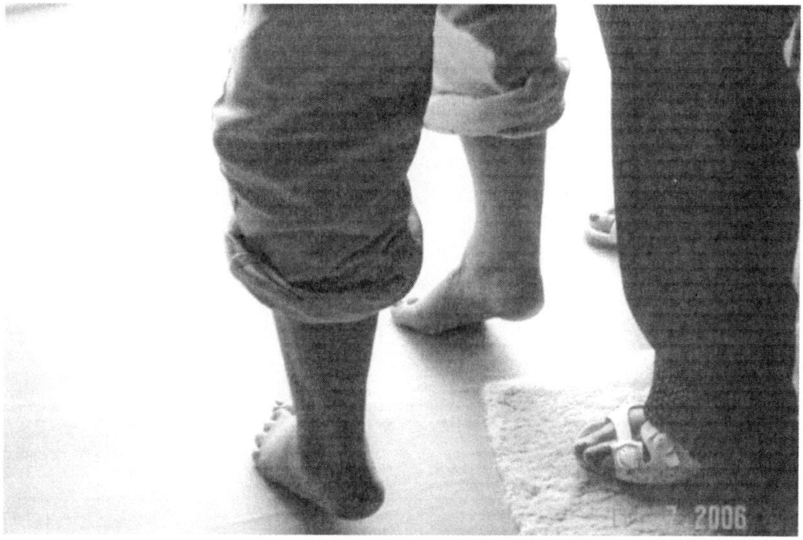

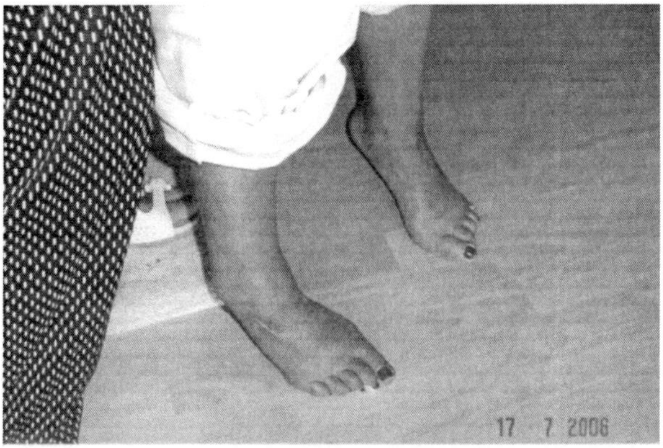

Vor der OP, der linke Fuß hat wieder Fersenkontakt

Unsere Tochter nimmt ihre Umwelt wahr

Die Kluft zwischen unserem Schwiegersohn und uns wird immer größer, wir verspüren eine deutliche Entfremdung unseres

Schwiegersohnes zu seiner Frau, seine Besuche sind nicht mehr so häufig. Wir sehen keine Möglichkeit zur sachlichen Kooperation, unsere mündlichen und schriftlichen Anliegen, die seine Frau betreffen, werden ignoriert, juristischer Beistand ist unausweichlich. Mit Schreiben vom 17.12.2006 beantragen wir als Eltern die Betreuung beim Amtsgericht: Sorge für die Gesundheit, Aufenthaltsbestimmung, Vormundschaft bei Operationsentscheidungen im Koma. Unser Schwiegersohn holt sich juristischen Beistand und der schmutzige Krieg nimmt seinen Lauf … Mit Schreiben vom 31.05.2007 sowie vorheriger Anhörung informiert das Amtsgericht Zeitz: „… Auch hat die Betroffene eine Vorsorgevollmacht erteilt (Anmerkung: uns Eltern) und wird insoweit ausreichend von den Bevollmächtigen vertreten …"
Halinas Schwiegereltern haben sie weder im Bethesda-Krankenhaus, in der REHA in Ambrock, zu Hause in Wuppertal noch jetzt in Zeitz besucht, obwohl die Entfernung von Merseburg bis Zeitz nur ca. 35 Kilometer beträgt.

Der rechte kontraktierte Spitzfuß macht uns Sorgen, die Spitzfußdeformität erweist sich als äußerst hinderlich beim Stehen und Gehen. Therapeutische Behandlungen bleiben ohne Erfolg, ein operativer Eingriff ist unumgänglich. Nach entsprechender präoperativer Vorbereitung erfolgt am 15.06.2007 in der orthopädischen Klinik in Eisenberg der operative Eingriff. Achillessehnenverlängerung, transmembraner Tibialis posterior-Transfer nach ventral auf das Os cuboideum …
Am 26.06.2007 verlässt Halina das Krankenhaus. Nach Heilung der Wunden und Entfernung des zirkulären Unterschenkelarticastgipses sind sehr gute Fortschritte in der Steh- und Gehstellung zu erkennen. Wir gehen nach und nach immer längere Strecken mit Halina. Im Kellergang, ca. 18 Meter lang, präsentieren wir Dr. Schmidt einen Parademarsch oh-

ne Gehhilfe, salutieren dabei, er schüttelt den Kopf vor Erstaunen. Einmal in der Nacht geht Halina unbemerkt, gestützt an der Wand, zur Toilette, sie verrichtet ihre Bedürfnisse und geht auf gleiche Weise zurück. Ein anderes Mal geht Halina unbemerkt vom Sessel im Wohnzimmer, auch gestützt an der Wand, zur Toilette und wieder zurück. In die Kaufhalle bewegt sich Halina mit Rollator.

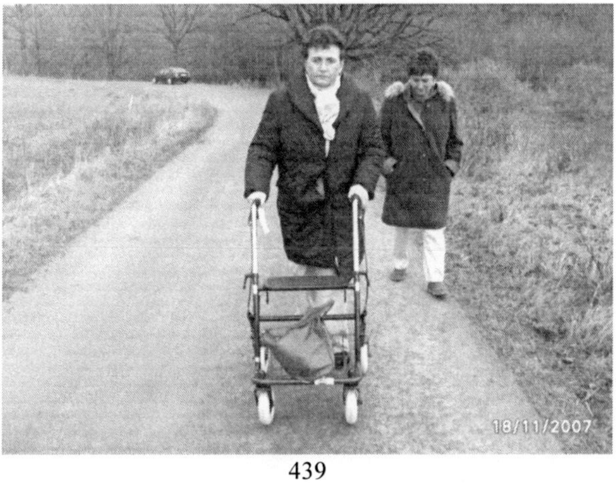

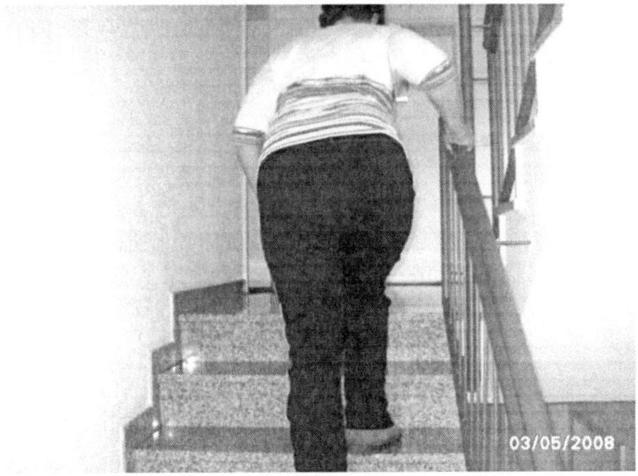

Beim Psychologen Dr. Sonntag steigen wir 16 Treppenstufen, beim Neurologen Dr. Puschmann betreten wir das Sprechzimmer ohne Gehhilfe, nur eingehakt. Wir üben täglich Exekutivfunktionen mit Therapeuten in der Wohnung, im Krankenhaus, wir beschäftigen uns mit Halina, führen Sie in den Alltag und achten auf ausgewogene Ernährung.

Wir sind zur Kur in Bad Kudowa in Polen und gehen eingehakt vom Zimmer in den Speisesaal, machen lange Spaziergänge, sind im Schwimmbecken. Wir machen Fotos und Videos vom Gehen im Freien, vom Treppensteigen. Halina hat ein gutes Wissen und Langzeitgedächtnis, sie kann Polnisch, Russisch, Englisch, korrigiert meine Schreibweise, kennt sich gut aus in Mathematik, Geografie, orientiert sich in der Politik und vieles andere mehr.

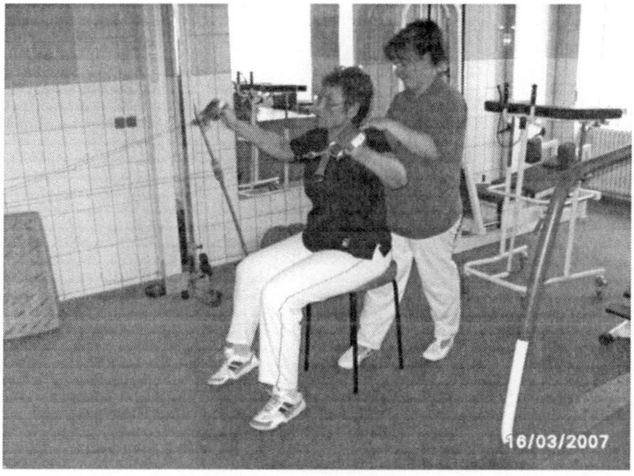

Es ist der 16.07.2007, ein angenehmer Tag, wir sind auf dem Balkon, jeder mit einer Zeitschrift oder einem Buch in der Hand. Plötzlich weint Halina bitterlich, wir müssen sie schütteln, um sie zu beruhigen. Wir fragen: „Warum weinst du, Liebes?“ Es kommt lange keine Antwort. Dann sagte Halina ganz ruhig: „Mutti und Vati, ich habe starke Gewissensbisse, neun Jahre lang habe ich euch unter Thomas` Regie rotzfrech den Rücken gezeigt und jetzt, wo ihr im hohen Alter seid, könnt ihr nicht, wie meine Schwiegereltern, frei hier sitzen und Däumchen drehen, ihr müsst mich versorgen und pflegen, alleine kann ich es nicht.“ Sie weint und weint. Am nächsten Morgen beim Kaffeetrinken in der Küche sagt Halina wieder fast unter Tränen. „Mutti und Vati, ihr seid die besten Menschen, die ich habe, ihr seid so lieb, so besorgt um mich, ich fühle mich wohl und frei bei euch.“
In schmutzigen Vorscheidungskrieg verhält sich unser Enkel nicht neutral, hält zum Vater.

Am 4.8.2007 ist im Alter von 95 Jahre meine Mutter friedlich eingeschlafen, meine Schwester war dabei. Am nächsten Tag fahre ich in meine alte Heimat, helfe meiner Schwester, die Beerdigung vorzubereiten und drei Tage später nach einem Requiem in der Kirche wird unsere Mutter zu Grabe getragen, ruht beim Vater.
Der Haushalt muss aufgelöst werden, aus Schränken stampfen wir die längst nicht mehr getragene Bekleidung in Säcke, zuvor kontrolliert Dorota jedes Kleidungsstück und findet Dollar-, D-Mark- und Zlotyscheine. Der von Mutter so geschätzte Fohlen-Pelzmantel, den sie 1946 vom gut laufenden Schwarzhandel mit Zuckeräpfeln kaufte, ist in den Händen meiner Schwester aus den Nähten gefallen, auch das schöne Küchenbuffet, wie Mutter stets sagte für 120 Reichsmark, 1934 gekauft, muss einen neuen Besitzer finden.

Requiem

Am Grab

23.01.2008, ca. 17:45 Uhr, nach einem langen Telefongespräch mit Stefan lässt die Konzentration bei Halina merklich nach, Halina wiederholt sich, fängt an zu zittern. Helene ruft vom

Korridor zu Halina: „Beende das Gespräch!“ Ich stehe neben Halina, um Hilfe zu leisten beim Aufstehen und Ankleiden. Daraufhin entbrennt Wut und Zorn in Stefan und er beschimpft uns Großeltern schreiend in den Hörer: „Euer Verhalten gleicht den Nazi- und DDR-Methoden.“ Selbst Halina, seine Mutter, ist empört, läuft rot an im Gesicht und sagt: „Vati, hast du gehört, was Stefan gesagt hat?“ Ich greife zum Hörer, will Stefan sprechen, vergebens, meinen Rückruf nimmt Stefan nicht an. Wir verlangen mehrmals von Stefan, sich für den Vorfall schriftlich zu entschuldigen, was er bis zum heutigen Tag nicht tat. Bis heute, über zehn Jahre, hat er seine Mutter nicht gesehen. Sein Vater wird sofort telefonisch über das Verhalten seines Sohnes informiert. „Das müsst ihr mit Stefan ausmachen“, ist seine Reaktion. Was noch ärgerlich ist, Stefan bestreitet diesen Satz, aber das ist seine Art, abstreiten, lügen, wir fühlen uns zutiefst verletzt.

Die Kraft, die noch in uns steckt, benötigen wir nicht für unsachliche Diskussionen, Streitigkeiten, Schriftverkehr, sondern für unsere Tochter, die durch unsere Pflege, Versorgung und Therapie gute Genesungsfortschritte macht. Fachleute staunen und sagen, ihr vollbringt Wunder. Allerdings sagen Prognosen, dass es noch zwei bis drei Jahre dauert, bis sich unsere Tochter selbstständig versorgen kann, die Voraussetzungen dafür sind vorhanden.

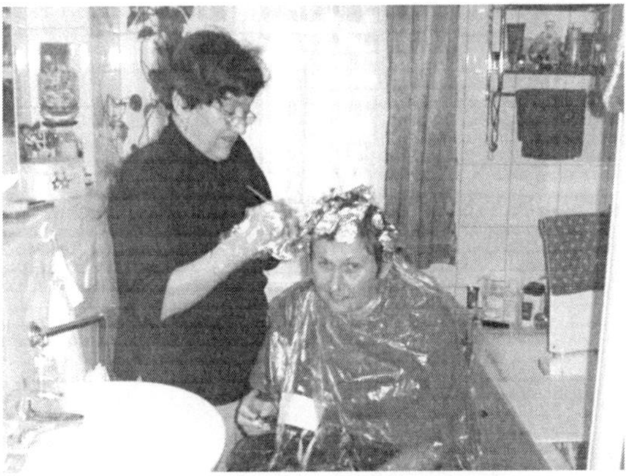

Unser Schwiegersohn zeigt weiter kein Interesse an einer Kooperation mit uns, reagiert auch nicht auf unseren Schriftverkehr, die Spannungen nehmen zu. Er versucht im Alleingang, Informationen über den Geisteszustand seiner Frau beim Psychologen einzuholen. Rein zufällig bei einer gemeinsamen Sitzung bei Dr. Sonntag werden wir mit der Frage konfrontiert: „Frau Diestel, Sie wissen doch, dass Ihr Mann und Sohn bei mir waren?“ Die Frage müssen wir mit klarem Nein beantworten. Dr. Sonntag schüttelt mit dem Kopf. Thomas hat wiederholt in unserem Beisein geweint und gesagt „Mit mir ist schwer auszukommen“, aber sein Hass auf uns ist zu groß, um sachlich und friedlich zum Wohle seiner Frau, unserer Tochter, mit uns zu kooperieren. Unser Verdacht liegt nah, dass unser Schwiegersohn ein psychisch kranker Mensch ist, er ist zu schwach, um von seinem Ego zu lassen, er kennt sein ungerechtes Verhalten zu uns. Er tut uns leid!

Seit Tagen beobachten wir bei Halina Steh- und Gehprobleme, das rechte Knie zu beugen funktioniert nicht ausreichend, das Treppensteigen bereitet Probleme. Meine Schwester Dorota ist zu Besuch da, wir spazieren im Freien, Halina in der Mitte, wir halten sie beim Gehen, plötzlich sackt sie ein, die Füße wollen sie nicht tragen, ein Passant bringt den Rollstuhl. Halina baut langsam ab!

Thomas will nicht kooperieren, er möchte mit gehobenem Finger bestimmen, doch diese Macht der Arroganz greift nicht bei seinen verhassten Schwiegereltern, er übt Rache am schwächsten Glied seiner Familie, an seiner kranken und schwer behinderten Ehefrau und diese Rache heißt: Scheidung. Diese wird am 18. März 2009 am Amtsgericht Wuppertal vollzogen, die Scheidung wurde schon in Wuppertal und Zeitz von mehreren Personen prophezeit.

In den folgenden Monaten kommt es zur sukzessiven Verschlechterung der motorischen Leistungen, dazu kommt eine zunehmende Spastik im rechten Bein, Antrieb und Motivation fehlen für eine größere Selbstständigkeit und Gehfähigkeit, das rechte Bein gehorcht Halina zunehmend schlechter. Spaziergänge werden kürzer, die Gänge unsicher, das trifft auch beim Treppensteigen zu, die Geh- und Gleichgewichtsübungen im

Kellergang müssen eingestellt werden, jetzt ist der Rollstuhl Halinas unverzichtbarer Partner. Beim Betrachten der ersten Röntgenbilder von 2005 macht Dr. J. Echazu in der Universitätsklinik für Neurochirurgie Jena am 12.08.2009 folgende Bemerkung: „Frau Diestel, ich müsste eigentlich ihren Personalausweis zum Nachweis ihrer Identität verlangen. Was ich hier auf dem Röntgenbild sehe, überlebt ein Mensch maximal 30 Minuten, ihre Blutung war sehr stark, Sie haben großes Glück, am Leben zu sein." Und zu uns Eltern: „Seien Sie glücklich, Ihre Tochter kann sehen, hören, essen und trinken, hat keine epileptische Anfälle, bewegt Hände und Beine, kann lachen …" Wir sind besorgt über Halinas Zustand, sowohl im Sitzen als auch im Stand ist eine zunehmende Dekompensation der Rumpfhaltung mit einem Rechtsüberkippen des Rumpfes zu beobachten. Gehen einige Schritte mit Unterstützung ist möglich, aber sehr ataktisch, es gibt eine Fallneigung nach hinten links.

Halina wird seit 2006 therapeutisch bestens versorgt von Frau Andrea Philipp im Krankenhaus Zeitz. Wöchentlich bekommt sie einzeln Wassergymnastik, Krankengymnastik an Geräten oder auf dem Fußboden und Rückenmassage, auch Ergotherapie ist dabei. Antrieb, Psychomotorik, Exekutivfunktionen, Konzentration haben stark nachgelassen, das Kurzzeitgedächtnis schwankt sehr, wir machen uns große Sorgen um Halina und entscheiden uns, zur privaten Konsultation des renommierten Neurochirurgen Prof. Dr. Kalff in der Universitätsklinik Jena vorstellig zu werden. Während der Fahrt nach Jena frage ich unsere Tochter: „Kannst du dich an den 03.01.2005 erinnern, den Tag deiner Erkrankung?" Halina überlegt. „Die letzte Kundin im Kosmetikstudio war eine Polizistin, sie war sehr unzufrieden von der Qualität der Fingernagelmodellage, die Kopf- und Nackenschmerzen haben an Stärke zugenommen.

Ungefähr gegen 14:00 Uhr informierte ich Thomas von meinen Kopfschmerzen."
„War das ein starker Schmerz?", frage ich. „Mutti und Vati, die Schmerzen waren unerträglich, ich dachte, der Kopf explodiert, ich konnte keinen Gedanken fassen, schwarz sah ich vor meinen Augen, alles drehte sich um mich herum, ich musste meinen Kopf auf den Tisch stützen, mein sehnlicher Wunsch war, schnellstens nach Hause, nach Hause. Irgendwann, es war schon dunkel, kam Thomas mit einem Bekannten, kurze Erinnerung von der Fahrt nach Hause habe ich noch, sonst keine mehr."
Am 10.02.2010 werden wir von Prof. Dr. Kalff in seiner Sprechstunde empfangen, er studiert Halinas Krankenakten, schaut und spricht mit Halina und mit uns Eltern, betrachtet die ihm vorliegenden MRTs. Prof. Dr. Kalff: „Das Ventil funktioniert palpatorisch einwandfrei, es besteht die linksbetonte spastische Tetraparese. Es handelt sich am ehesten um einen weiteren cerebral bedingten Abbau." Die Aussagen von Prof. Dr. Kalff über diesen Abbau stimmen uns nicht gut.

In der Zeit vom 03.05.2010 bis 07.05.2010 ist Halina in der Zentralklinik Bad Berka, Neurologische Klinik, mit Überweisung von Dr. Puschmann, um sie komplett durchzuchecken. Für die Dauer des Aufenthaltes mietet Helene als Betreuerin ein Bett neben Halina. Wir wollen wissen, wie unserer Tochter geholfen werden kann, um weitgehend ins aktive Leben zu kommen. Bei Untersuchungen, Arztvisiten ist Helene als Mutter dabei, korrigiert Halinas Antworten, weist hin auf die übergebene Krankenakte und Überweisung von Dr. Puschmann, das passt einigen Ärzten nicht. Der Arzt spricht und erklärt etwas, Halina erweckt den Eindruck, als hätte sie alles verstanden, mit Gesten bestätigt sie das Gesagte. Der Arzt ist zufrieden, aber Mutter nicht. Mutter zum Arzt: „Fragen Sie mal meine Tochter, was sie gesagt haben!“ Der Arzt fragt: „Frau Diestel, was habe ich zu Ihnen gesagt?“ Die Antwort lautet: „Ich weiß es nicht!“

„Halina hat ein stark gestörtes Kurzzeitgedächtnis, erhebliche Konzentrationsstörungen, eine gestörte Behinderungswahrnehmung, Harninkontinenz, Halina ist sehr langsam“, fügt Helene als Mutter hinzu. Wir haben den Eindruck, die behandelnden Ärzte sind nicht vertraut mit der übergebenen Krankenakte, dem Überweisungsschreiben von Dr. Puschmann und unserem kurzen schriftlichen Statement. Ein Therapieversuch mit Tolperison, beginnend mit 3x50 mg/d aufdosierend auf 3x100 mg/d ergab kein positives Ergebnis, eine weitere Erhöhung bis auf 3x150 mg/d wäre möglich. Der Versuch wurde später wegen Ergebnislosigkeit abgebrochen. Halina erhält Botulinumtoxin-Injektionen in Mm. Rectus femoris sowie vasti medialis und lateralis des rechten Oberschenkels mit einer zunächst milden Dosierung von ca. 33 IE/Muskel. Eine Wiedervorstellung zur erneuten Botulinumtoxin-Injektion, ggf. mit einer höheren Dosierung, erfolgt nach drei Monaten, auch danach kein Erfolg. Halina hat eine schwere kognitive Störung aller Teilleistungsbereiche. Gedankengänge und Handlungen versiegen besonders durch die schwere Gedächtnisstörung. Antrieb und Motivation fehlen für eine Selbstständigkeit und Gehfähigkeit, sie hat weiter Defizite der Behinderungswahrnehmung, sieht Doppelbilder und vieles andere. Der Aufenthalt in der Zentralklinik Bad Berka war ein Schuss in den Ofen.

Wir geben nicht auf, wir wollen wissen, wie es um unsere Tochter steht, welche Chancen sie noch hat, die Behinderung zu bekämpfen und ins aktive Leben zurückzukehren. Vielleicht sind unsere Vorstellungen absurd, unsere Tochter noch mal auf eigenen Füßen stehen zu sehen, aber welche Mutter oder Vater strebt nicht danach, ein gesundes Kind bei sich zu haben? „Die Hoffnung stirbt zuletzt“ gilt auch für uns. Wir stöbern erneut im Internet, konsultieren Therapeuten, sprechen mit Betroffenen, verfolgen TV-Sendungen zum Aneurysma und deren Heilchancen. In Kolberg/Polen, wo wir einen 3-wöchigen Kururlaub verbringen, sprechen wir mit Betroffenen im Rollstuhl, aber auch mit Betroffenen, die den Rollstuhl bereits verlassen haben. Alle Befragten berichten, die Zukunft eines plötzlichen SAB-Erkrankten hängt von der schnellen ärztlichen Ersthilfe ab. … Und wie war das bei Halina?

Im Kurhotel Kolberg „Pro Vita“

Halina war niemals krank, weder als Kind, Teenager noch Frau, ihre anfänglichen Kopfschmerzen am 03.01.2005 betrachtet sie vorübergehend als Folge des ungewohnten guten Essens und Trinkens während der Festtage und nicht zuletzt des stressigen, aber angenehmen Aufenthalts in München zum Jahreswechsel. Unserer Tochter müssen wir den Vorwurf machen, auf Körpersignale nicht reagiert zu haben. Bei der letzten Begegnung vor der Erkrankung sah Halina gesundheitlich sehr angegriffen aus, sie war sehr hektisch, die fahlen Augen, sie war abgemagert, zum Frühstück Kaffee und eine Kiwi, ihr hoher Blutdruck, zwei Verhütungspillen am Tag, bei irgendwelchen Schmerzen nahm sie Tabletten oder ließ sich injektieren, das konnte nicht gut gehen.

Durch einen Hinweis von Frau Andrea Philipp werden wir auf die Tagesklinik für kognitive Neurologie im Universitätsklinikum Leipzig aufmerksam. In der Zeit vom 12.07.2010 bis 21.07.2010 sind wir täglich zur teilstationären Behandlung in der Tagesklinik. Wir begegnen und sprechen mit Menschen mit gleichem Leiden. Gesprächspartner, nach einer Subarachnoidalblutung, berichten von der schnellen ärztlichen Erstversorgung und nur dank dieser schnellen Versorgung ist ihnen ein Rollstuhl und ein unselbstständiges Leben erspart worden. Das Ärzte- und Therapeutenteam ist sehr freundlich, sie hören uns zu, an den ersten Sitzungen nehmen wir als Eltern teil, an den folgenden ist Halina alleine. Täglich sind es vier Sitzungen mit je bis 45 Minuten: medizinische Untersuchungen, Psychopathologie, Neuropsychologie, Sprachtherapie, Ergo- und Physiotherapie, Orthoptik, Sozialtherapie. Es ist sehr anstrengend für uns, besonders für Halina. Das ist auch ein Konzentrationstraining, bei den Heimfahrten ist deutlich zu sehen, wie erschöpft Halina ist. Halina ist guter Stimmung, sie lacht häufig, erzählt viel, aber ihr fehlt Antrieb und Motivation für eine Selbstständigkeit und Gehfähigkeit. Die zusammenfassende Beurteilung der Klinik: Frau Diestel zeigte eine schwere kognitive Störung aller Teilleistungsbereiche. Gedankengänge und Handlungen versiegen besonders durch die schwere Gedächtnisstörung. Zusätzlich problematisch ist die erhebliche psychomotorische Verlangsamung, eine relevante Antriebsminderung selbst liegt nicht vor. Ideenmangel und psychomotorische Verlangsamung sowie die erwähnte Gedächtnisstörung und konzentrative Minderbelastbarkeit sind auch Ursachen für verebbende motorische Leistungen. Dazu besteht eine gestörte Körperwahrnehmung.

In den Jahren 2009, 2010, 2011, 2013, 2014 verbringen wir drei Wochen im Kurhotel „Pro Vita“ an der polnischen Ostsee in Kolobrzeg. Halina wird therapeutisch optimal versorgt: Fangopackung, Ganzkörpermassage mit heißem Stein, Magnetfeldtherapie, Rückenmassage, Salzinhalation, Schlingentisch, Tensstrom und Wirbelmassage für die Hände, ein Bad und Gymnastikraum stehen zu Verfügung.
Am 13.06.2011 stürzt Halina im Kurhotel „Pro Vita“ in den Nachmittagsstunden vom WC-Becken auf den Boden, bricht sich das rechte Schlüsselbein. Aufgrund des bestehenden Krankheitsbildes empfiehlt der polnische Chirurg die weitere Versorgung in Deutschland. Am 20.06.2011 im Zeitzer Krankenhaus die Diagnose: Klavikulafraktur.

Halina ist gesellig, hat schlagfertige Antworten, aber wenn sie gefragt wird, was sie soeben gesagt hat, schaut sie dem Fragenden in die Augen und sagt: „Ich weiß nicht.“ Sie hat ein gutes Wissen, verpasst kaum eine Sendung „Wer wird Millionär“, ihre Antworten sind oft treffend, sie blättert in Modekatalogen und sagt: „Mutti, wenn ich gesund werde, kaufe ich mir das oder das.“ So eine Aussage schmerzt uns Eltern, Halina ist sich nicht bewusst, dass sie nie wieder ins aktive Leben zurückkehren wird. Halina jammert nicht, klagt nicht, kennt ihren eigenen Körper nicht, lässt uns oder Ärzte nicht wissen, welche gesundheitlichen Probleme sie bewegen, sie kann sich nicht artikulieren.

Wir haben bemerkt, dass Halina eine geminderte Schmerzempfindlichkeit hat, beim Anstoßen oder einer anderen äußeren stärkeren Berührung sagt sie, dass es nicht wehtut. Einmal am Frühstückstisch zündet Halina die Kerze an, hält das brennende Streichholz zwischen beide Finger und verbrennt sich, sagt nichts. Wir fordern sie auf loszulassen, sie kann nicht, wir mussten sie befreien und sie hat nicht gejammert.

Halina hat ein sehr eingeschränktes Selbstbewusstsein, Meinung und Selbstwertgefühl und das macht uns große Sorgen. Sie bestätigt unüberlegt Meinungen anderer, gibt wertlose Versprechungen ab, gibt Antworten, die der Fragende erwartet, auch Unwahrheiten bringt sie zum Ausdruck. Auf die Frage, Halina, warum gehst du so langsam oder warum lässt du dich in den Sessel, Rollstuhl, Toilette fallen oder warum drehst du dich nicht im Bett usw., kommt die Antwort: „Man hat mir das nicht beigebracht.“ Halina ist ein pflegeleichter Patient, lacht viel, hat keine Ansprüche, ist ruhig, gibt sich mit allem zufrieden, hat keine Essensansprüche, kann sich mit Kreuzworträtseln lange beschäftigen. Ein Kreuzworträtsel muss man ihr in die Hand drücken. Wir beschäftigen uns Tag und Nacht mit Halina, hinzu kommt der Haushalt, manchmal befinden wir uns am Rande unserer Kräfte, wir sind einfach ausgelaugt.

Vom 23.05. bis 07.06.2012 machen wir Urlaub in Koserow auf Usedom an der Ostsee, diesmal ohne therapeutische Anwendung. Auf dem langen Korridor geht Halina mit dem Gehbänkchen, an der Wand machen wir diverse Übungen aus dem Programm unserer Therapeuten, Halina wird ständig bewegt. Beim Shoppen in Koserow halten wir vor einer Boutique. Helene geht hinein, nach kurzer Zeit präsentiert sie Halina draußen im Rollstuhl ein Kleidungsstück. Die nette Inhaberin Frau Angela Jaedtke fragt sehr zurückhaltend nach der Ursache der Behinderung. „Was, Gehirnblutung SAB? Vor einem Jahr im Juni in Berlin hatte ich auch eine schwere Gehirnblutung. Beim Einkauf bin ich umgefallen und wurde sofort ins Krankenhaus gebracht. Und im Oktober stand ich schon wieder in meiner Boutique.“ Wir tasteten ihren Kopfschädel ab und konnten die gleichen Merkmale erkennen wie bei Halina.

Der Aufenthalt in Koserow, besonders die zweite Hälfte, ist von schmerzhafter Unruhe geprägt. Vor dem Urlaub, am 24.04.2012, wurde in der Klinik für Neurochirurgie im Universitätsklinikum Jena eine MR-Angio-Untersuchung durchgeführt. Hier zeigte sich bereits der Hinweis auf eine geringe Re-Perfusion des Aneurysmahalses, sodass von Ärzten der Neuroradiologie eine Indikation zur Durchführung einer konventionellen Angiografie gestellt wurde. Wir verstehen darunter, dass eine Repturgefahr besteht.
Ein Termin zur Angiografie in der Universitätsklinik Jena steht fest, ein Nachcoiling ist nicht ausgeschlossen. Vom 18.06 bis 28.06.2012 befindet sich Halina auf der neurochirurgischen Station zur Behandlung, Helene hat ein Bett neben Halina als Betreuerin gebucht. Am 19.06.2012 erfolgt eine diagnostische Angiografie. Hier kann eine Re-Perfusion des Aneurysmahalses bestätigt werden. Aus neuroradiologischer Sicht ist hier die Möglichkeit eines Nachcoilings prinzipiell gegeben. Am 21.06.2012 erfolgt die Intervention (Operation) zum Nachcoiling. Nach der Operation wird Halina auf die Intensivstation verlegt, wir sind bei ihr. Halina erkennt uns, lächelt, ist ansprechbar. Oh, wie schön!
Am Morgen des 23.06.2012 ändert Halina ihr Verhalten, erkennt Mutti nicht, spricht durcheinander, wirkt bösartig, Halina

kollabiert, der Stationsarzt wird herbeigerufen. Es zeigt sich eine neu aufgetretene hochgradige Hemisparese bis Hemiplegie (Lähmung) des rechten Armes sowie eine deutliche Sprachstörung, sodass ein erneutes Cito-CVCT mit CTA und Perfusion durchgeführt wird. Auch ein MRT sowie eine MRT-Angiografie werden durchgeführt. Hier erkennt man Signalanhebungen im linken Mediaversorgungsgebiet infolge der Operation. Ein Gefäßabbruch kann nicht nachgewiesen werden. Halina wird erneut auf die Wachstation verlegt, wir sind beide bei ihr, sie wirkt apathisch, spricht nichts Zusammenhängendes. Plötzlich kollabiert Halina, wir rufen den Arzt. Die herbeigerufene Stationsärztin wird uns gegenüber unwillig. „Ich war soeben hier, da war alles in Ordnung", sagt die Ärztin. Es kommt zum heftigen Wortwechsel. Wir verlassen den Raum, Halina wird untersucht und versorgt. Die Plättchenaggregation (Blutgerinnung) wird getestet. Die Dosierung von Clopidogrel (Arzneistoff, der die Blutgerinnung hemmt), wird auf 150 mg verdoppelt.
Am 28.06.2012 verlassen Mutter und Tochter die Klinik für Neurochirurgie in Jena. Halina ist sehr schwach, kann die rechte Hand nicht bewegen, die starke Lähmung verhindert diese Funktion, sie kann nicht stehen, knickt ein, das rechte Bein schwenkt aus, sie muss auf den Rollstuhl gehievt werden, auf die Toilette, auf den Wannenlift, sie muss gestützt werden beim Treppensteigen, sie ist sehr langsam, nicht in der Lage, den Rollstuhl zu bewegen, sie hat Konzentrationsdefizite, die Stimmung bei Halina ist wechselhaft.

Der 17.3.2015, ein sonniger Tag, Halina ist im Liegestuhl auf dem Balkon und sonnt sich, plötzlich hat sie das Bedürfnis aufzustehen, verfehlt den Griff vom Gehbänkchen und stürzt zu Boden. Diagnose: komplizierter Schenkelbruch rechts. Mutter und Tochter belegen bis zum 21.3.2015 ein Zimmer im

Krankenhaus. Ein erheblicher Rückschlag für uns.

Oft fühlen wir uns alleingelassen, nicht selten gibt es Probleme mit Verordnungen bei Ärzten, Kranken- und Pflegekasse. Gespräche mit dem Hausarzt, der Caritasbetreuung und Therapeuten geben uns wieder Kraft. Natürlich leidet das Familienleben darunter sehr, man wird schnell gereizt, es kommt zum heftigen Wortwechsel, wir schreien uns an. Uns überwältigen Heulkrämpfe, wenn unsere Halina traurig da sitzt, mit sich nichts anfangen kann, ins Leere schaut, keinen Antrieb hat, kein Ziel. Dann folgt die Frage: Wo ist unsere lustige, aktive und selbstbewusste Halina? Sie muss zu allem aufgefordert werden, dann die verlangsamten Bewegungen, oftmals kommen auch trotzige Antworten. Die Pflege und Betreuung ist für uns Eltern, aber besonders für die Mutter eine tägliche Aufgabe und zugleich eine Herausforderung. So eine Pflege bringt viele Gefühle hervor, unter denen negative überwiegen. Wir fühlen uns erschöpft, traurig, hilflos und manchmal sogar wütend. Menschen, die unserer Tochter einst sehr nahestanden, haben sie verlassen. Menschen, mit denen wir über Jahre befreundet waren, distanzieren sich von uns, wir bekommen auch solche Hinweise wie: Gebt eure Halina in ein Pflegeheim, entlastet euch!
Dieses Angebundensein hat auch einen psychischen Aspekt. Es fällt uns schwer abzuschalten, selbst wenn wir für einige Stunden, Tage oder Wochen gemeinsam verreisen, wir sind immer für unsere Tochter da. Angst vorm Versagen, etwas Wesentliches versäumt zu haben, haben wir nicht. Wir sind auf dem Laufenden, informieren uns allseitig und jedem Hinweis gehen wir penibel nach.

Meine Helene ist ein Geschenk des Himmels, als Ehefrau, als Mutter ist sie ohne Zweifel perfekt, auch im früheren Berufsleben traf diese Bezeichnung zu. Als Ehefrau stand sie mir in meinem turbulenten Berufsleben immer zur Seite, auch wenn sie alleine war, meisterte sie anstehende Probleme perfekt, meine Helene ist penibel im Haushalt, die Kleidung, es gibt nichts, was sie nicht machen kann, auch handwerklich. Sie ist modebewusst, sorgt täglich für ausgewogene Speisen und sorgt sich um meine Gesundheit. Ich liebe meine Helene nicht weniger als im Jahr 1957.

Als Mutter ist meine Helene nicht zu übertreffen, sie hat unsere Tochter fürs Leben gut vorbereitet, leider wurde Halina ausgebremst. Helene hat sich durch das Schicksal unserer Tochter medizinische Fachkenntnisse angeeignet, diskutiert mit Medizinern auf Messers Schneide und oft bekommt sie Recht. In Krankenhäusern steht sie unserer Halina immer zur Seite, auch bei Arztvisiten, es gibt Ärzte, die sich mit Helene anlegen wollten, der Schuss ging nach hinten los. In der Uniklinik wurde Helene von Ärzten gefragt: „Frau Mosler, Sie sind in den 70er Lebensjahren. Woher nehmen Sie die Kraft und Energie?" Antwort: „Ich lebe für mein Kind!"

Neujahr 2018 in einer vietnamesischen Gaststätte

Es ist Februar 2018, in wenigen Tagen wird meine Helene 77, ich werde 84 Jahre alt, der biologische Körperverschleiß wird immer stärker, unser Leben ist auf unser Kind, im April 58 Jahre, fixiert. Unser Schicksal legen wir in Gottes Hände.

2018, Günter